W0261539

Anwendungsorientiertes DB-Archivieren

Springer
Berlin
Heidelberg
New York
Barcelona
Budapest
Hongkong
London
Mailand
Paris
Santa Clara
Singapur
Tokio

Axel Herbst

Anwendungs- orientiertes DB-Archivieren

Neue Konzepte zur Archivierung in Datenbanksystemen

Mit 33 Abbildungen

Dr.-Ing. Axel Herbst
Neuenheimer Landstraße 50
D-69120 Heidelberg

Vom Fachbereich Informatik der Universität Kaiserslautern genehmigte Dissertation „Anwendungsorientiertes DB-Archivieren. Neue Konzepte zur Archivierung von Daten in Datenbanksystemen".
ISBN-13: 978-3-642-64591-4   e-ISBN-13:978-3-642-60863-6

DOI: 10.1007/978-3-642-60863-6

Springer-Verlag Berlin Heidelberg New York
Die Deutsche Bibliothek – CIP-Einheitsaufnahme
Herbst, Axel:
Anwendungsorientiertes DB-Archivieren: neue Konzepte zur Archivierung in Datenbanksystemen / Axel Herbst. – Berlin; Heidelberg; New York; Barcelona; Budapest; Hongkong; London; Mailand; Paris; Santa Clara; Singapur; Tokio: Springer, 1997
ISBN-13: 978-3-642-64591-4

Umschlaggestaltung: Künkel + Lopka, Heidelberg
Satz: Reproduktionsfertige Vorlagen vom Autor
SPIN: 10629945   45/3142 543210   Gedruckt auf säurefreiem Papier

Meinen Eltern gewidmet

Vorwort

Diese Arbeit entstand in einem nicht alltäglichen Umfeld: In meiner Doppelrolle als wissenschaftlicher Mitarbeiter am Fachbereich Informatik der Universität Kaiserslautern (AG Datenverwaltungssysteme) und als von der IBM Deutschland Informationssysteme GmbH geförderter Doktorand konnte ich Industrieerfahrung sammeln und gleichzeitig meinen Forschungsschwerpunkt auf Datenbankarchivierung legen. Dies geschah zum weitaus größten Teil zwischen 1993 und 1996 im Kollegenkreis des Instituts für Datenbanken und Software–Engineering am Wissenschaftlichen Zentrum der IBM in Heidelberg (WZH).

Mein herzlicher Dank gilt meinem Doktorvater Herrn Prof. Dr. T. Härder für das Mittragen und die Fokussierung der Themenstellung sowie für seine Diskussionsfreude und hilfreiche Kritik, die ich als „fernbetreuter" Mitarbeiter um so mehr zu schätzen wußte. Ebenso ist es mir ein Bedürfnis, mich bei Herrn Prof. Dr. K. Küspert zu bedanken, der auf vielfältige Weise zum Zustandekommen und zur Ausrichtung meiner Arbeit sowie zu meiner Motivation beigetragen hat – als Manager am WZH, als fachlicher Gesprächspartner und schließlich als zweiter Berichterstatter.

Auch das Wohlwollen, das ich von anderen Seiten des IBM–Managements erfahren habe, war mir wichtig. Hier danke ich speziell den Herren G. Möse und H. von der Goltz. Einen nachhaltigen Einfluß auf meine Fachlaufbahn und die vorliegende Arbeit nahmen ehemalige und derzeitige Kollegen, insbesondere Herr Prof. Dr. V. Brosda und Herr Dr. F. Leymann. Für das angenehme Arbeitsklima und viele wertvolle Anregungen danke ich Herrn Dr. J. Erb und Herrn Dr. H. J. Renger sowie meinen WZH-Mitstreitern, allen voran den Herren P. Pistor, Dr. N. Südkamp, J. Günauer und Dr. N. Runge. Herr Dr. B. Müller war als persönliche „LaTeX–Hotline" unverzichtbar.

Für fruchtbare Diskussionen und die Zusammenarbeit in verschiedenen Projekten danke ich auch zahlreichen Freunden und Kollegen außerhalb der IBM, darunter: Dr. B. Malle, Dr. W. Käfer, U. Nink, Dr. H. Lührsen, Dr. P. Baumann, R. Schaarschmidt und W. Röder. Nicht vergessen möchte ich Herrn Rechtsanwalt Dr. I. Geis, der mir bei den juristischen Aspekten des elektronischen Archivierens zur Seite stand.

Unterstützung erhielt ich weiterhin durch tüchtige Diplomanden: Ohne Herrn A. Primbs, Frau C. Farrenkopf und Herrn K.–R. Wind wäre die prototypische Abrundung meiner Arbeit nicht in diesem Zeitrahmen möglich gewesen.

Ein großes Dankeschön geht an meine liebe Astrid, die nicht nur mit bewundernswertem Verständnis für den moralischen Beistand sorgte, sondern auch mehr über SDAI und log–strukturierte Tertiärspeichersysteme gelesen hat, als man es seiner Freundin und einer Nichtinformatikerin zumuten sollte.

Abschließend möchte ich Herrn Dr. H. Wössner und dem Team des Springer–Verlags für die gute Zusammenarbeit herzlich danken.

Heidelberg, im Januar 1997   Axel Herbst

Inhaltsverzeichnis

1. Einleitung

1.1 Umfeld und Einordnung der Arbeit

Ursprünglich galt ein *Archiv* als Aufbewahrungsort für historisch bedeutsame oder aus anderen Gründen als aufbewahrungswürdig eingestufte Gegenstände verschiedenster Art. Auf Papier geschriebene Unterlagen setzten sich erst im 13. Jahrhundert durch. Die Berufsgruppe der Archivare benutzt seit 1905 den Begriff *Archivierung* im Zusammenhang mit dem Fachterminus *Dokumentation*; hierunter wird das Sammeln, Ordnen, Wiederauffinden und Nutzbarmachen von *Dokumenten* verstanden [Hen92]. Während es bei der Dokumentation nicht primär darauf ankommt, daß die (Original–)Schriftstükke griffbereit bzw. verfügbar sind, stehen bei der Archivierung die geordnete Ablage und Aufbewahrung der Dokumente im Mittelpunkt. Diese klassische Auffassung von Dokumentation/Archivierung, insbesondere die Ausrichtung auf Dokumente, ist jedoch nur **Hintergrund**, nicht aber Gegenstand der vorliegenden Arbeit.

Je nach Kontext bezeichnet man heute nicht nur Schriftstücke, sondern auch auf elektronischen Datenträgern gespeicherte Dateien unterschiedlichen Typs als (elektronische) Dokumente [Chr85, Sä93, BR94]. Die Verallgemeinerung des Dokumentbegriffs ist u. a. darauf zurückzuführen, daß ein logisch abgrenzbares Dokument nicht mehr ausschließlich als physische Einheit, gebunden an genau ein Speichermedium, vorliegt [Dol92]. Damit einher ging die Ausweitung des Archivierungsbegriffs. In [Hed91] wird festgestellt: „Archivists have literally lost control over the definition of *archive*". Dies sollen **Beispiele** demonstrieren: Eine Patientenakte als aufzubewahrendes, multimediales Dokument kann Untersuchungsergebnisse in Form von analogen Röntgenbildern, digitale (un- bzw. semistrukturierte [TPL95]) Ausgaben eines Kernspintomographen und strukturierte Personendaten enthalten. Bei einer Belegarchivierung in betriebswirtschaftlichen Anwendungen werden neben den Originalunterlagen die zugeordneten Belegsätze (Registrierungsdaten, Bearbeitungs- und Darstellungsinformationen) aus *Datenbanken* ausgelagert [SR96]. Geeignete Auslagerungsmechanismen fehlen für die regelrecht explodierenden Datenbestände infolge der (zunehmend datenbankgestützten [NS96, Bak96]) Nutzung des WWW (World Wide Web). In [SK96a] wird dem Database-Publishing, d. h. dem Publizieren aus Datenbanken heraus, eine wachsende Bedeutung beigemessen – bei ungeklärten Fragen der langfristigen Vorhaltung des elektronischen Ausgangsmaterials. In prototypischen Datenverwaltungssystemen für die Fernerkundung/Satellitendatenerfassung fallen jetzt schon mehrere Hundert GByte pro Tag in zunächst unterschiedlichen Formaten an. In den nächsten Jahren wird ein täglicher Datenzuwachs im TByte–Bereich erwartet und eine datenbankmäßige Auswertung und Verwaltung einschließlich Archivierung der Datenbestände angestrebt [Sto94b, Kap94, BS95].

Auf *Daten, die in strukturierter Form in Datenbanksystemen* (DBS)[1] gespeichert und von dort aus zu archivieren sind, liegt der **Schwerpunkt dieser Arbeit**. Elektronische Dokumentarchivierung, also im wesentlichen das Digitalisieren von Schriftgut mit nachfolgender Abspeicherung in Form von Dateien, wird nur am Rande als Realisierungstechnik behandelt; viele dieser Verfahren sind in der Praxis bereits verbreitet [GSSZ93, Loe95] oder bilden ein eigenständiges Forschungsgebiet [RDMP94, Bay95].

Wo genau die Grenze zwischen **Speicherung und Archivierung** zu ziehen ist, läßt sich nicht allgemeingültig über verschiedene Anwendungsgebiete hinweg sagen. Datenarchivierung beginnt meist dort, wo die betreffenden Daten einen gewissen „Reifegrad" (z. B. Freigabe nach einer technischen Änderung) oder einen „inaktiven Zustand" erreicht haben. Sie werden dann logisch (für den Benutzer unterscheidbar) von den übrigen Daten getrennt und physisch (an einen anderen Ort bzw. auf geeignetere Speichermedien) ausgelagert. Dies gilt für Dokumente ebenso wie für beliebige Datenbankinhalte.

Archivierte Daten sind in aller Regel langfristig aufzubewahren und unterliegen einem deutlich anderen Zugriffsprofil als „aktive" Daten: Die Zugriffe sind weniger zeitkritisch, erfolgen seltener und im wesentlichen nur noch lesend. Wichtig ist, *daß* noch Operationen auf bzw. mit archivierten Daten ausgeführt werden, d. h., archivierte Daten weiterhin **genutzt** werden sollen: Entweder besteht die Nutzung in Auswertungen direkt auf einem Archiv, oder Anwendungen verlangen zuerst die Wiedereinlagerung in eine aktuelle Arbeitsumgebung.

Stellvertretend für viele **Anwendungsgebiete** (siehe oben) motivieren Archivierungsforderungen aus dem folgenden Umfeld die vorliegende Arbeit: Für Hersteller von technischen Erzeugnissen (*Produkten*, z. B. Fahrzeuge oder Einzelteile) ist es zunehmend wichtig, produktrelevante Informationen über Jahre und Jahrzehnte hinweg verfügbar zu haben [GKR+94, Nic95]. Dies hat u. a. betriebswirtschaftliche Gründe und trägt verschärften gesetzlichen Bestimmungen Rechnung [VS91, HM95]. In der Phase des Produktentwurfs kann man eine technische Zeichnung oder ein mit einem CAD–System erstelltes und bspw. als Datei vorliegendes *CAD–Modell* als zu archivierendes

---

[1] Strenggenommen ist ein DBS der Teil (in einigen Produkten „Instanz" genannt) eines Datenbank–Management–Systems (DBMS), der eine konkrete Datenbank (DB) verwaltet. In Anlehnung an z. B. [Hä78, LS87, HS95a] verwenden wir DBS und DBMS synonym, wenn aus dem Kontext hervorgeht, daß keine Bindung an eine gegebene DB vorliegt.

Dokument auffassen [Sam93, MM94]. Hierbei handelt es sich um spezielle Ausprägungen von *Produktdaten*[2] [GAP93, Bro95]. Neben CAD–Daten, die die Produktgeometrie festlegen, sind produktstrukturbestimmende Daten (Stücklistendaten) und verschiedene Stammdaten (z. B. Artikelstammsätze, Lieferantendaten) aufbewahrungswürdig. Diese Produktdaten haben eine klare Struktur, werden typischerweise feingranular in DBS verwaltet und sollten deshalb auch unter Kontrolle des DBS archiviert werden [EL90, BH93b, MMDF94]. Ein Grund für den wachsenden Anteil an Produktdaten, die modelliert werden und sich durch ein DB–Schema beschreiben lassen, ist die Verabschiedung der Normserie ISO 10303, besser bekannt als *STEP* (*Standard for the Exchange of Product Model Data*) [Owe93, And93b].

Die Modellierungssprache STEP/EXPRESS [ISO94b] wird in dieser Arbeit als DB–Schemabeschreibungssprache aufgefaßt [MSRD91, LRW93]. Dabei ist zu beachten, daß die tatsächliche bzw. zu erwartende Verbreitung von EXPRESS keinesfalls auf Produktdatenanwendungen beschränkt ist; die vorliegende Arbeit berücksichtigt auch keine spezielle „STEP–Semantik" [DY92, NFW93, BY95], sondern nimmt ausschließlich Bezug auf die produktdatenunabhängigen Teilnormen [ISO94b, ISO96a, ISO96b][3]. Hinter den beiden letztgenannten Teilnormen steht die Spezifikation der Zugriffsschnittstelle SDAI (STEP Data Access Interface). Vereinfacht dargestellt, erscheint EXPRESS als DDL und SDAI als DML eines DBS [Her93, Ley94, Nin95].

Die vorliegende Arbeit untersucht, wie die SDAI–Spezifikation um Archivierungsfunktionalität erweitert werden kann, so daß Daten in einem **EXPRESS/SDAI–DBS** (diese Bezeichnung ist treffender als *STEP-Datenbank*) nicht nur operational verwaltet, sondern auch archiviert werden können. Im Gegensatz zu dem dokumentorientierten Ansatz, STEP–Dateien an ein Archivsystem zu übergeben [HM94b, HSD+94], gewährleistet der Systemdienst *SDAI–integriertes Archivieren* u. a. die notwendige und datenbankübliche Formatunabhängigkeit [Her94a, FH95].

Abstrahiert man von EXPRESS und SDAI–integriertem Archivieren, besteht der **für DBS neue Archivierungsgedanke** darin, das Datenmodell und die Archivierungssemantik von DB–Anwendungen zu unterstützen, und zwar durch DBS–eigene Funktionen, die auch den Zugriff auf archivierte Daten gestatten. Diese Funktionalität kann in und mit heutigen Produkten nur auf DBS *aufgesetzt* werden, etwa in Form einer Sequenz von Kopieren, Auslagern und Löschen logischer Datenobjekte [IBM94, Rö96]. Vor dem erneuten Zugriff auf archivierte Daten müssen diese extern lokalisiert und explizit in die Datenbank zurückgeladen werden. Zu den Nachteilen einer solchen Vorgehensweise zählen der höhere Verwaltungsaufwand, die

---

[2] Die Begriffe Produktdaten [PS91], Produktmodelldaten [FLM91] und produktdefinierende Daten [GFH+94] werden in der Literatur nicht klar abgegrenzt. Wir verwenden sie synonym.

[3] Die Dokumente [ISO96a] und [ISO96b] sind noch in Arbeit und damit kein Bestandteil der zur Zeit verbindlichen Normserie.

kompliziertere Handhabbarkeit aus Sicht von DB–Anwendungen und die Anfälligkeit für Dateninkonsistenzen [KSH96].

Einerseits sind die im folgenden behandelten Konzepte für *anwendungsorientiertes DB-Archivieren* [Her94b, Her95a] somit grundlegend verschieden von „Archivierungsfunktionen", die derzeit in DBS anzutreffen sind: Sowohl in konkreten Systemen als auch in der Datenbankliteratur (z. B. [BHG87, LS87, GR93, Sto94a]) findet man unter dem Stichwort *Archivierung* Methoden zur Datensicherung[4] (Backup–Kopien der Datenbank, Archivierung von Log–Dateien). Andererseits dringt diese Arbeit nicht tiefer in Anwendungsbereiche und deren Spezifika ein. Eine stärker anwendungsbezogene Betrachtung allein der Thematik Produktdatenarchivierung ist u. a. deshalb äußerst vielschichtig, weil in der Praxis neben unstrukturierten Daten und diversen systemspezifischen Formaten und Datenmodellen weit mehr Normen als STEP vorzufinden sind und betriebswirtschaftliche Rahmenbedingungen berücksichtigt werden müssen [GFH$^+$94]. Dieser globalere Ansatz liegt der Dissertation von Malle [Mal96] zugrunde; Datenbankaspekte werden hier nur angerissen. In einer anderen, mit der vorliegenden Arbeit ebenfalls verwandten Dissertation untersucht Lührsen [Lü96] zwar die Abbildung von EXPRESS und (in geringerem Umfang) SDAI auf DBS, behandelt aber nicht das Thema Archivierung.

Anspruch der vorliegenden Arbeit ist ein Beitrag zur *Datenbank*forschung und -entwicklung durch das Aufgreifen und die Systematisierung der Archivierungsproblematik sowie durch die Angabe von Lösungsvorschlägen für relationale und EXPRESS/SDAI–DBS. Neben den verbreiteten Archivierungstechniken gaben vor allem die datenbankbezogenen Ansätze aus [BK89, Cod90, ZPD90, Sto91, CHL93, Jen94, Ver95] wichtige Impulse. Die Arbeit verallgemeinert und klassifiziert verschiedene Ansätze zur Integration von Archivierungsfunktionalität in ein DBS. Konzepte und Implementierungsaspekte werden anhand von Vorschlägen für *SQL-Spracherweiterungen* erklärt [HKS95] und fließen in SDAI–integriertes Archivieren ein.

Anwendungsorientiertes DB–Archivieren ist nicht zuletzt aus systemtechnischer Sicht sinnvoll: Die Datenvolumina der von DBMS verwalteten Daten steigen i. allg. weiter an [Moh93, Sel93a, Win94]; in [SSU95] ist am Beispiel des für 1998 geplanten Erdbeobachtungssystems EOS der NASA sogar von PByte–großen Datenbanken die Rede. Eine Auslagerung aktuell nicht benötigter Daten verringert den belegten (teuren) Speicherplatz und beschleunigt die Anfrageauswertung. In diesem Zusammenhang erweist sich die Verbindung der Archivierungsthematik mit aktuellen Untersuchungen im Bereich der **Integration von Tertiärspeicher in DBS** [Ols92, ML95, SS96, HS96a] als fruchtbar. Indem archivierte Daten auf Tertiärspeicher ausgelagert werden, ohne daß jedoch das DBS die Kontrolle über diese

---

[4] Bezugnehmend auf [MN93] schrieb Mohan in einer E-Mail an den Autor: „I should have used the word 'backup' rather than 'archive' in my paper!"

Daten verliert, setzt sich diese Arbeit mit der Aufforderung aus [CHL93] auseinander, Tertiärspeicher als „first class storage devices" zu akzeptieren.

Gegen die „Gleichberechtigung" von Sekundär- und Tertiärspeicher sprechen zunächst die gravierend anderen Leistungsparameter (z. B. Zugriffszeit, Datenübertragungsrate) und die eingeschränkte Funktionalität (z. B. einmalbeschreibbar, nur sequentiell lesbar) einzelner Tertiärspeichermedien im Vergleich zu Magnetplatten [Zab90, KPCD$^+$92, HS96b]. Jedoch entwickeln sich Magnetbandtechnologien und verschiedenste optische Speichertechnologien rasant, teils unter Ausbau des Kosten- und Kapazitätsvorteils gegenüber Magnetplatten [McC94, IBM95b, KB96]. Funktionalitätseinbußen können oft programmtechnisch kompensiert werden [FM96]. Durch den Einsatz von automatischen Band- und Plattenrobotern steigt die Speicherkapazität für Daten, die ohne manuelle Intervention im Zugriff gehalten werden können, zusätzlich an. Als Folge verschwimmt die Grenze zwischen Offline- und Online-Datenhaltung; auf sehr große Datenmengen ist jetzt ein quasi-direkter Zugriff (*nearline*[5]) realisierbar. Prognosen für das Jahr 2000 gehen von Tape-Farms aus, die aus Bandrobotern mit je 10 TByte Nearline-Speicher aufgebaut sein werden [Gra95]. Der Fakt, daß die längeren Zeiten beim Zugriff auf archivierte Daten eine untergeordnete Rolle spielen, aber so eine langfristigere und kostengünstigere Datenhaltung erreicht wird, provoziert geradezu neuartige DB-Archivierungskonzepte.

1.2 Vorgehensweise

Die Arbeit ist im weiteren wie folgt aufgebaut:

Kapitel 2 führt den Leser in die Problematik der (insbesondere elektronischen) Datenarchivierung ein, indem Gründe, Anforderungen und einschlägige Techniken erläutert werden. Zur Illustration dienen Aussagen von Unternehmen aus der Fahrzeugbranche. Die Idealvorstellung, Daten über mehrere Jahrzehnte zugreifbar und wiederverwendbar zu archivieren, wird dabei durch verschiedene potentielle Informationsverluste relativiert.

Kapitel 3 ist ausschließlich der Archivierung im Datenbankumfeld gewidmet. Unter anderem in Abgrenzung zum DB-Backup wird anwendungsorientiertes DB-Archivieren definiert. Drei Archivierungs- und Nutzungsmodelle verdeutlichen die erreichbare Qualität von DB- und Archivzuständen anhand von anwendbaren DB-Operationen und Integritätsbedingungen. Aus der Literatur bekannte und in einigen Systemen verfügbare Ansätze werden vorgestellt. Die Verallgemeinerung und Erweiterung der vorgefundenen Konzepte führt auf zwei orthogonale Klassifikationen. Die erste Klassifikation orientiert sich an der Funktionalität, die einer Anwendung geboten wird (z. B. wie erfolgt die Datenauslagerung); die zweite Klassifikation ist imple-

---

[5] in [KPCD$^+$92] zusätzlich als „robo-line storage" bezeichnet

mentierungstechnischer Art (datenbankbasiertes versus datenbankintegriertes Archivieren).

In **Kapitel 4** werden einzelne Konzepte der funktionalen Klassifikation aus Kapitel 3 in Sprachvorschläge für Erweiterungen von SQL umgesetzt und diskutiert. Dabei werden bewußt vereinfachende Annahmen getroffen. Eine Auflistung offener Fragen und eine abschließende Bewertung der vorgeschlagenen SQL–Erweiterungen runden das Kapitel ab.

Der umfangreichste Teil dieser Arbeit, **Kapitel 5**, behandelt SDAI–integriertes Archivieren als weitere Ausprägung anwendungsorientierten DB–Archivierens. Nach der Vorstellung datenbankrelevanter Konzepte der STEP–Teile EXPRESS und SDAI wird der Aufbau von EXPRESS/SDAI–DBS dargestellt. Notwendige SDAI–Erweiterungen um Archivierungsfunktionalität werden auf der Spezifikationsebene herausgearbeitet und auf das sog. C++–Binding von SDAI angewendet. Mit den diskutierten SDAI–Erweiterungen ist das Archivieren und der spätere Zugriff auf Daten gegeben, denen ein (beliebiges) EXPRESS–Schema zugrunde liegt. Implementierungsaspekte werden anhand eines auf dem ODBS ObjectStore [LLOW91] basierenden Prototyps vertieft.

Kapitel 6 ist der Tertiärspeicherintegration in DBS gewidmet, weil es sich hierbei um eine zentrale Implementierungsthematik von anwendungsorientiertem DB–Archivieren handelt. Es werden verschiedene Tertiärspeichertypen und ihre Charakteristika vorgestellt. Deren Heterogenität hinsichtlich Funktionalität und Leistungsverhalten führt auf den Ansatz, archivierte Daten in ein log–strukturiertes Tertiärspeichersystem (LTS) auszulagern. Das Kapitel schließt mit der Beschreibung eines prototypischen Anschlusses eines LTS an das DBS Postgres [YC95].

Das **Kapitel 7** faßt die Ergebnisse der Arbeit zusammen und gibt einen Ausblick. Hier werden zum einen ergänzende aktuelle Forschungsarbeiten erwähnt und zum anderen offene Fragen angegeben, die zu weiteren Untersuchungen anregen.

2. Einführung in die Archivierungsthematik

Nach [GSSZ93] spricht man von *elektronischer Archivierung*, wenn ein (Archiv-)System „Dokumente vollständig oder zumindest überwiegend in elektronischer, dem Rechner zugänglicher Form" abspeichert. Wir rechnen elektronische Archivierung neben klassischer Archivierung auf nichtelektronischen Medien zu den konventionellen Verfahren, weil sie in der betrieblichen Praxis zunehmend Verbreitung finden und von den ausschließlich datenbankbezogenen Archivierungskonzepten abgegrenzt werden sollen. Dieses Kapitel konzentriert sich auf technische Aspekte und Probleme konventioneller Archivierung. Die angegebenen Gründe für konventionelle Archivierung motivieren jedoch gleichzeitig anwendungsorientiertes DB–Archivieren (Kapitel 3). Aussagen über Archivierungszeiträume und Datenvolumina sowie allgemeine Anforderungen an Archivsysteme beruhen u. a. auf Analysen im Rahmen des Projekts ProSTEP [GKR$^+$94] und einer Initiative von PDES Inc. [Nic95].

2.1 Gründe für das Archivieren von Daten

Daten, insbesondere Produktdaten, werden vor allem aus folgenden Gründen langfristig[1] aufbewahrt bzw. archiviert:

2.1.1 Dokumentationszwecke

Ursachen für das Festhalten bzw. *Dokumentieren* von Zuständen sind unternehmensspezifische Regelungen wie z. B. die generelle Forderung nach Recherchierbarkeit als „Vorsichtsmaßnahme", interne Revisionen und Vereinbarungen zwischen Auftraggeber und Auftragnehmer [GKR$^+$94, Nic95, MMH96]. Auch die nachträgliche Ableitung bzw. Erstellung von (Produkt–)Beschreibungen gehört dazu [BKM94, GFH$^+$94]. Diesen Motivationen der Datenarchivierung ist gemeinsam, daß Originalzustände von Daten „eingefroren" werden. Es liegt eine vergleichsweise starke Trennung zwischen archivierten (freigegebenen, unveränderbaren) and aktiven (noch die Entwicklung

---

[1] In [GSSZ93] wird von „langlebigen Daten" gesprochen, wenn Daten mehr als zwei Monate aufbewahrt werden müssen. Eine allgemein anerkannte Definition gibt es nicht. Konkrete Beispiele für Archivierungszeiträume enthält Abschnitt 2.2. Den Begriff „Langzeitarchivierung" diskutieren wir in Abschnitt 2.4.

beeinflussenden, „lebenden") Datenbeständen vor. Von zentraler Bedeutung sind in diesem Zusammenhang auch juristische Gründe, die gesondert erläutert werden sollen.

2.1.2 Rechtsvorschriften

Einerseits existieren explizite gesetzliche Aufbewahrungspflichten und -fristen, wie z. B. 10 Jahre für automatisch erzeugte Buchungen nach *Handels- und Steuerrecht* [BBH+92] oder 30 Jahre für Daten, die unter das *Umwelthaftungsgesetz* fallen [Sal93]. Andererseits veranlaßt der Gesetzgeber zumindest implizit die Archivierung von Daten. Dies ist der Fall bei der seit 1990 in Deutschland verschärft geltenden *Produkthaftung* [Lan90, MH95]: Nicht nur Hersteller, sondern auch Zulieferer haften noch 10 Jahre nach Auslieferung eines Produkts verschuldensunabhängig für Schäden infolge von Produktfehlern. Als Entlastungstatbestände gelten u. a. der Nachweis über die Einhaltung von Rechtsvorschriften und die Nichterkennbarkeit eines Fehlers nach dem Stand von Wissenschaft und Technik zur Zeit des Inverkehrbringens des Produkts. Da die Beweislast beim Hersteller bzw. Zulieferer liegt, ist es in seinem Interesse, soviel Unterlagen wie möglich und so „dokumentenecht" wie nötig aufzubewahren [Sam93].

Konstruktionsdokumente und damit im juristischen Sinn prozeßrelevante Unterlagen sind zunehmend von CAD–Systemen generierte Daten. Sie zählen vor Gericht als *elektronische Dokumente*. Elektronische Dokumente werden zwar als Beweismittel zugelassen, besitzen aber nicht die Qualität eines zivilrechtlichen *Urkundenbeweises*, d. h., sie unterliegen der freien richterlichen Beweiswürdigung und stellen damit ein schwer einschätzbares Prozeßrisiko dar [Heu95, Gei96]. Angesichts des wachsenden Anteils an Daten, die ausschließlich in elektronischer Form vorliegen, wird in [FFG+93] dringend empfohlen, Dokumente auf elektronischen Datenträgern in ihrer Beweiskraft Urkunden gleichzustellen – vorausgesetzt, geeignete Verfahren stellen die Datenauthentizität sicher. In den USA, Großbritannien und in der Schweiz ist dies bereits der Fall. Zur Sicherstellung der Datenauthentizität werden elektronische Signaturen [BH93a], Softwareversiegelungen [Win93] und kryptographische Zeitstempelverfahren [HS91] diskutiert. Da einmal geschriebene Dateien auf WORM–Platten nicht zerstörungsfrei modifizierbar sind, kommt dieser Technologie unter juristischen Gesichtspunkten eine Schlüsselrolle zu[2]. In Deutschland gelten elektronische Datenträger, also insbesondere WORM–Platten, nur handels- und steuerrechtlich als grundsätzlich zulässiges Speichermedium [Zep93]. Ausnahmen sind u. a. Jahresabschlüsse und Eröffnungsbilanzen; hier bleibt die Papierform explizit vorgeschrieben.

Wenn ein Produkt/Produzentenhaftungsfall nicht über den zivilrechtlichen Urkundenbeweis geführt werden muß, sondern nur nachzuweisen ist,

---

[2] Es bleibt dann noch nachzuweisen, daß der Datenträger nicht komplett ausgetauscht wurde.

daß ein Prozeß im Sinne von *DIN/ISO 9000-9004* eingehalten wurde (um die Herstellung eines Produktes mit hinreichender Sorgfalt und bestimmter Qualität zu begründen), kommt es nicht auf die Originalität der Daten an [HS95b]. Dies erleichtert insbesondere die Beweisführung über Daten, die unter Kontrolle eines DBS archiviert werden [HM95].

2.1.3 Wiederverwendung

Datenarchive werden in den verschiedensten Anwendungsbereichen nicht mehr als „Endlager" gesehen, sondern als wertvolle Informationsquelle [Tre94, FJP90, Kow95]. Im Produktdatenumfeld sind es zunehmend betriebswirtschaftliche Überlegungen, die die langfristige Aufbewahrung mit der Absicht der weiteren Nutzung der Daten rechtfertigen oder notwendig machen. Konkrete Gründe reichen hier von der Sicherstellung der Ersatzteilversorgung über die Ableitung von Trendaussagen bis hin zur Beschleunigung von Neuentwicklungen durch Rückgriff auf Teillösungen [KKG90, Erb96]. In Daten wie z. B. technischen Zeichnungen, rechnerinternen 3D–Werkstückmodellen, Berechnungsergebnissen, Versuchsprotokollen usw. steckt ein Großteil des technischen Know–how, das ein Unternehmen zu bewahren bestrebt ist [VS91, HM94b]. Wie problematisch jedoch die Wiederverwendung von archivierten Daten unter technischen Gesichtspunkten ist, wird in Abschnitt 2.4 angesprochen.

2.1.4 Systementlastung

In [Nic95] erklären mehrere Unternehmen, daß Daten auch zum Zweck der Systementlastung archiviert werden (müssen). Entweder sind der verfügbare Magnetplattenspeicherplatz oder andere Kapazitätsgrenzen/Systemressourcen erreicht bzw. erschöpft, oder die Kosten der Datenhaltung machen die Auslagerung bestimmter Daten auf billigere Speichermedien unumgänglich. Eine Datenreduktion führt außerdem zu einer Beschleunigung der operationalen Verarbeitung auf verschiedenen Ebenen; sei es beim Schreiben von Dateien durch die schnellere Bereitstellung von zusammenhängenden Blöcken (auch im Fall von Plattenfehlern verkürzen sich die Zeiten für physische Relokationen) oder bei Datenbankzugriffen infolge einer effizienteren Anfrageauswertung auf weniger Daten (z. B. falls Tabellen–Scan über eine große Tabelle erforderlich).

Im Produktdatenumfeld sind Szenarien bekannt, in denen technische Datenverwaltungssysteme, auch CAD/CAM–Datenverwaltungssysteme und mit zusätzlicher Funktionalität *Engineering-Datenbanken* (EDB [EL90, EHSS91]) oder *Engineering-Data-Management-Systeme* (EDM-Systeme [MMH96]) genannt, sowohl für die operationale Datenhaltung als auch als Archiv genutzt werden [GFH+94]. Es gibt Systeme, die ganze Dateien (segmentiert) in „langen Feldern" (BLOBs: Binary Large Objects[3]) von DBS abspeichern. Ein

---

[3] Maximalgröße in einzelnen DBS derzeit 2 GByte [LG96]

Beispiel für ein solches System ist das in [FLM91] beschriebene CADNET. Im Laufe der Zeit erreichten hier die anwachsenden Datenvolumina die Kapazitätsgrenzen des zugrundeliegenden relationalen DBS, das auch nicht mehr auf eine neue Version umgestellt werden konnte [Mal96].

Generell ist die Verwaltung sehr großer Datenmengen in DBS – in [Moh93] spricht Mohan von mehr als 100 GByte pro SQL–Tabelle und mehreren TByte pro Datenbank – Gegenstand der Datenbankforschung [SSU91, Sel93a, CR95, SSU95]. Es ist jedoch nicht zu erwarten, daß die Mehrheit der DB-Anwendungen derart große Datenvolumina in ihrer Gesamtheit laufzeitkritisch verwalten muß. Eine Datenauslagerung hilft auch dabei, die regelmäßige „Backup–Last" zu verringern. (Die Zeitfenster für Datensicherung werden zunehmend kleiner.) Eine geeignete Datenarchivierungsfunktionalität trägt somit zur Beherrschung der Datenflut auch in DBS bei [Her95b, KSH96].

2.2 Exemplarische Anforderungen aus der Fahrzeugindustrie

Schätzungen über den *Umfang* der zu archivierenden Daten sind nicht nur unternehmensspezifisch, sondern darüber hinaus abhängig von einzelnen Anwendungen (z. B. Konstruktion, Konfigurations–Management, Produktionsplanung) und der Art der Daten (z. B. Dateien mit neutralen oder systemspezifischen Datenformaten, Datenbankinhalte). Uneinheitlich sind auch *Archivierungszeiträume*. Die für bestimmte Daten bereits erwähnten gesetzlich vorgeschriebenen Aufbewahrungsfristen sind oft als Minimalforderung anzusehen. Die folgenden exemplarischen Angaben veranschaulichen die Verschiedenartigkeit **quantitativer Anforderungen** an eine Datenarchivierung.

Im Rahmen einer Analyse unter Automobilherstellern schätzte die BMW AG die Gesamtheit der zu archivierenden *CAD–Modelle* eines Fahrzeugentwicklungsprojekts auf ca. 70 GByte [GFH$^+$94, GKR$^+$94]. Mit einem jährlichen, eher konservativ veranschlagten Zuwachs von 70 GByte über 20 Jahre hinweg ergibt dies ein Archivvolumen von ca. 1,4 TByte, zuzüglich von CAD–Zeichnungen und sonstiger produktbegleitender Daten (Abbildung 2.1).

In [Nic95] sind die Ergebnisse einer Umfrage unter 14 nordamerikanischen Organisationen, die an der Produktion von PKW, LKW, Unterseebooten oder Flugzeugen beteiligt sind, aufgelistet. Hier findet man u. a. die folgenden, voneinander isolierten Aussagen:

– Alle Daten werden 7 bis 20 Jahre lang archiviert; dies sind mehrere TByte.
– Gegenwärtig werden 500.000 bis 800.000 Dateien mit durchschnittlich 1,5 GByte archiviert. Die Archivierungsdauer beträgt 20 Jahre, nachdem das letzte Fahrzeug einer Modellreihe gefertigt worden ist.

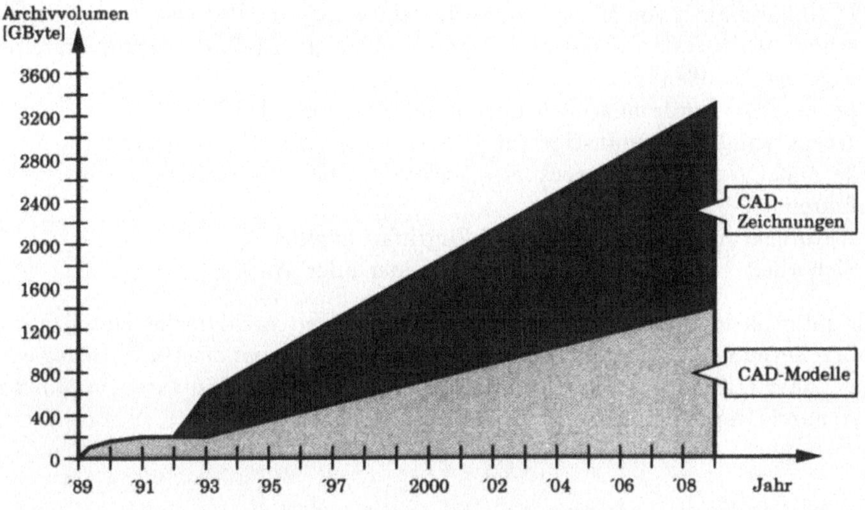

Abbildung 2.1. Umfang der zu archivierenden CAD–Daten aus
Fahrzeugentwicklungsprojekten (Schätzung der BMW AG)

- Je Produkt werden etwa 500 GByte (Rasterbilder und CAD–Modelle) archiviert, und zwar „auf ewig".
- Alle Entwurfsdaten werden über die Lebenszeit des U–Bootes, etwa 30 Jahre lang, archiviert.

Während die Mehrheit der hier befragten Organisationen Archivierungszeiträume von 7 bis 20 Jahren angibt, planen drei Unternehmen zwischen 20 und 40 Jahre ein. Sieben Unternehmen wollen Daten unbegrenzt lange archivieren.

Unter den **qualitativen Anforderungen** an eine Datenarchivierung greifen wir jene heraus, die systemorientiert sind und in mehr oder weniger abgewandelter Form immer wieder genannt werden [VS91, OV93, MM94, Mal96]:

- Systemunterstützung für Daten beliebigen Ursprungs
  (Datenübernahme aus verschiedenen Anwendungssystemen, in beliebigen Strukturierungsgraden und Formaten)
- Bereitstellung archivierter Daten in angemessener Frist
  (Wiederauffinden innerhalb der festgelegten Archivierungsdauer und Holen der Daten aus dem Archiv mit tolerierbaren Zugriffszeiten)
- Wiederverwendbarkeit archivierter Daten ohne Informationsverlust
  (z. B. Reproduzierbarkeit digitalisierter Bilder und Übernahmemöglichkeit in andere Dokumente, Aufbau neuer rechnerinterner Modelle aus alten (Teil–)Modellen)

- Unabhängigkeit von Hard- und Systemsoftware, vorzugsweise durch Unterstützung neutraler, genormter Schnittstellen innerhalb des Archivsystems und „nach außen"
(analog zur Forderung nach Datenunabhängigkeit bei DBS)
- Ausnutzung kostengünstiger und zuverlässiger Speichertechniken
- Je nach Verwendungszweck des Archivs: juristische Zulässigkeit des Verfahrens
- Autorisierungsmechanismen und Zugriffskontrolle
- Sicherheit vor Umwelteinflüssen wie Feuer oder Wasser

Die informationsverlustfreie Wiederverwendbarkeit archivierter Daten nach Jahrzehnten ist eine Idealforderung, die nicht realisierbar erscheint. Bevor wir dies näher erläutern, sollen der Stand der Technik und Tendenzen in puncto Datenarchivierung umrissen werden.

2.3 Verbreitete Archivierungstechniken

2.3.1 Archivierung auf nichtelektronischen Medien

Papier wird in absehbarer Zukunft ein bedeutender Informationsträger bleiben. *Papierarchive* werden schon aus historischen und juristischen Gründen weiter unterhalten (siehe Abschnitt 2.1.2). Ein entscheidender Vorteil von papiergebundenem Bild- und Schriftgut besteht darin, daß es vom Menschen prinzipiell ohne weitere Hilfsmittel erschlossen werden kann – abgesehen von der altersbedingten „Lesebrille", wie es de Kemp in [Kem94] auf den Punkt bringt. Bereits bei *analoger Mikroverfilmung* von technischen Zeichnungen, Texten etc. ist „Hardware", in diesem Fall ein einfaches Sichtgerät, zur Visualisierung vonnöten. Bei *Mikrofilm mit digitaler Aufzeichnung* ist die Interpretation ohne Rechner praktisch unmöglich. Mikrofilm wird auch als Archivierungsmedium für Ausgaben eines Rechnersystems verwendet: das Verfahren heißt *COM (Computer Output on Microfilm)* und wandelt (überwiegend digitale) Computerdaten in eine analoge, vom Menschen lesbare Form um. Einzelheiten dieser klassischen Archivierungstechniken sind u. a. in [Dol92, OV93, fWV94, Mal96] zu finden. Wir bewerten sie abschließend im Vergleich zu nichtelektronischen Techniken in Abschnitt 2.4.

2.3.2 Elektronische Archivierung mit dedizierten Systemen

Verbreitete Techniken der elektronischen Archivierung gehen von einem **dedizierten, autonomen Archivsystem** aus, das primär die kostengünstige und langfristige Speicherung von Dateien unterstützt. Wenn die Ablage und das Wiederauffinden von elektronischen Dokumenten stärker im Vordergrund stehen, werden *Dokument-Management-Systeme* als Spezialfall von Archivsystemen gesehen. Die Einstufung eines Archivsystems als *Imaging-System* betont das Vorhandensein von Systemkomponenten zur Überführung von Papierdokumenten in Rasterdaten sowie zur späteren Visualisierung und Reproduktion. Scanner, Plotter und hochauflösende Graphikstationen zählen dazu. Die „Images" (nicht nur Dateien, die Pixelfolgen enthalten) werden in sog. Ablage–Servern in Formaten wie z. B. TIFF[4] oder FAX–Gruppe–3/4[5] gespeichert [Mv96]. Auch *Digital–Libraries* werden mitunter zu Archivsystemen gezählt. Diese Systeme sind die „elektronischen Nachfolger" traditioneller Bibliotheken, indem sie vor allem die Recherche nach im Original an einem anderen Ort existierenden Dokumenten (in [BOVW95] bspw. deutschsprachige Schriften des 17. Jahrhunderts) und deren Bereitstellung in elektronischer Form – meist über Weitverkehrsnetze – unterstützen. In [GW96] jedoch werden Digital–Libraries von *Digital–Archives* u. a. dahingehend unterschieden, daß Digital–Archives Vorkehrungen für eine langfristige Speicherung und den langfristigen Zugriff treffen müssen, was bei Digital–Libraries nicht der Fall sein braucht. Hier spiegelt sich offenbar die traditionelle Rollenverteilung zwischen Archivaren und Bibliothekaren auf technischer Ebene wider. Eine exakte Klassifikation von Archivsystemen ist nicht möglich, da sich die angesprochenen Funktionalitäten überdecken und die Terminologie bisher nicht einheitlich gebraucht wird [Sä92, GSSZ93, SSP94, Mas94, Loe95, LM95, ABY95].

Wie bereits erwähnt, ist die Abgrenzung zwischen operationaler Speicherung und Archivierung im allgemeinen schwierig. Es liegt nahe, einige aus der Dokumentverwaltung bekannte Konzepte zur *Modellierung*, zum *Retrieval* und zur *effizienten Speicherung* auf Archivsysteme im engeren Sinn anzuwenden. Es stellt sich jedoch heraus, daß die stärkere Ausrichtung auf kostengünstige, langfristige und juristisch zulässige Datenhaltung in Archivsystemen mit einer Beschränkung der genannten Konzepte einhergeht. Dies soll im folgenden unter Verweis auf angrenzende Arbeiten und Systeme verdeutlicht werden.

Für die (Büro–)Dokumentverarbeitung liegt mit *ODA*[6] und *DFR*[7] ein genormtes **Dokumentmodell** (Datenmodell mit dem zentralen Modellierungskonzept „Dokument") vor, das prototypisch auf verschiedenen DBS und Datenverwaltungssystemen implementiert wurde [STPS95, RDMP94, CS87]. Während ODA ein Beschreibungsmittel für den Aufbau bzw. die Struktur des Dokumentinhalts ist (in diesem Punkt vergleichbar mit *SGML*[8] [Smi92]), werden mit DFR die Beziehungen zwischen Dokumenten model-

---

[4] *Tag Image File Format*, ein flexibles, erweiterbares Rahmenformat für Rasterbilder und Graphiken

[5] von der CCITT empfohlene und in Telefaxgeräten angewendete komprimierende Codierung

[6] *Office Document Architecture* (ISO/IEC 8613); neuerdings auch *Open Document Architecture* genannt

[7] *Document Filing and Retrieval* (ISO/IEC 10166)

[8] *Standard Generalized Mark-up Language* (ISO 8879)

liert und Zugriffsoperationen standardisiert, und zwar ohne Bezugnahme auf Dokumentinterna. Die Abbildung von DFR–Operationen (z. B. zur Navigation in einer modellierten, mehrstufigen Dokumenthierarchie) auf kommerzielle Archivsysteme ist nicht trivial, weil dort kaum Modellierungskonzepte angeboten werden. Marktübliche Archivsysteme stellen in der Regel nur „Behälter" für Dateien bereit, die in einer übergeordneten Verwaltungseinheit gruppiert werden können. Bei einer Spezialisierung des Archivsystems auf physische Dokumentspeicherung sind dies bspw. sog. *Storage–Groups* (Speicherbereiche, Aktenschränke) [Dan93], ansonsten typischerweise sog. *Folder* (Ordner, Aktenmappen) [Gla93]. Dokumenten zugeordnet sind Beschreibungsinformationen, die zum **Wiederauffinden** von Dokumenten herangezogen werden. Die Trennung zwischen Beschreibungsinformationen einerseits und den eigentlichen Dokumenten andererseits spiegelt sich häufig in einer funktionalen und auch systemtechnischen Trennung zwischen Retrieval–Server und Ablage–Server wider [GSSZ93]. *Inhaltsbezogene Anfragen* [N+93, Fal94] sind oft nur über die separat im Retrieval–Server abgelegten Beschreibungsinformationen möglich. Diese Informationen werden entweder zusätzlich eingegeben (Attributierung) oder während einer Aufbereitungsphase für bestimmte Dokumenttypen aus der Datei extrahiert (automatische Indizierung). Letzteres ist derzeit nur mit Einschränkungen und auch nur dann verfügbar, wenn die Dokumentstruktur bekannt ist. Ein Beispiel hierfür ist die Volltextsuche (Volltext–Retrieval) in ASCII–Textdateien, bei der nicht sofort im Dokument selbst gesucht, sondern zuerst ein Textindex aufgebaut wird. Je nach Wortvorkommen im indizierten Dokument liegt der Speicherbedarf für einen Textindex nicht selten sogar über dem für das im Ablage–Server plazierte Dokument. Erste Produkte sind in der Lage, SGML– und Dokumente in anderen neutralen Formaten zu indizieren und nach benutzervorgegebenen Kriterien Beschreibungsinformationen (z. B. Datum, Autor des Dokuments, ausgewählte Substrukturen) für den Retrieval–Server abzuleiten [Tex96]. Forschungsarbeiten untersuchen darüber hinausgehende Funktionalitäten, z. B. flexible Auswahl von SGML–Dokumenten ohne detaillierte Kenntnis der konkreten Struktur [CACS94], Aufbau von mehrdimensionalen Indexen für Bildinhalte [Chi94], Integration von Signaturzugriffsmethoden für Textdokumente in relationale [CS89] und erweitert–relationale DBS [ZPD90], Navigation in semantischen Netzen über einer Dokumentmenge [WKVB95], wissensbasierte Dokumentrecherche [CFP95].

In [TPL95] wird ein Klassifizierungsverfahren für un- bzw. semistrukturierte Daten angegeben, das am Beispiel von UNIX–Dateien zu 47 Klassen führt. Im Zusammenhang mit Archivsystemen ist eine hierzu orthogonale und viel gröbere **Datenklassifizierung** gebräuchlich, die mit der Unterscheidung zwischen „formatierten" und „unformatierten" Daten nach z. B. [MW91] vergleichbar ist: Unter die Kategorie *CI (Coded Information)* fallen alle im Rechner erzeugten oder insbesondere über Tastatur eingegebenen, redundanzarm codierten Daten [Sä93, Loe95]. Die (unscharfe) Abgrenzung zu

NCI (Non-Coded Information) besteht darin, daß NCI ein Oberbegriff für solche Daten ist, „die der Rechner nicht ohne weiteres selbst interpretieren kann" [GSSZ93] – im wesentlichen sind Rasterdaten gemeint. Vorteile der Transformation von NCI in CI liegen in der besseren Weiterverarbeitbarkeit von CI–Daten und in der Reduktion des Datenvolumens. Dies wird an typischen Beispielen wie der Vektorisierung von Rastergrafik und der Zeichenerkennung mit anschließender ASCII–Codierung gescannter Texte deutlich (OCR–Umwandlung) [Sä92]. Nachteilig wirkt sich bei der Konvertierung von NCI in CI aus, daß Informationsverluste bei der Konvertierung nicht ausgeschlossen werden können. Auch aus juristischen Gründen wird deshalb eine *verlustfreie Komprimierung* [RV93, Pin90] von NCI–Daten bevorzugt; Imaging–Systeme bieten sie als Standardfunktionalität an [Zep93, Mas94]. Die Archivierung von CI–Daten auf optischen Platten einschließlich automatischer Indizierung ist als Technologie unter dem Namen *COLD (Computer Output on Laser Disk)* bekannt [AHBE$^+$92, SSP94]. Ein COLD–System kann ein eigenständiges Anwendungspaket sein oder auch eine Komponente eines Archivsystems bilden, das sowohl CI– als auch NCI–Daten verwaltet.

Grundlegende Arbeiten zur **Speicherung** von Dokumenten auf optischen Platten erfolgten zu einer Zeit, als diese höchstens einmal beschreibbar waren (WORM–Platten) [Chr85]. Heutige Ablage–Server unterstützen meist auch magneto-optische (MO–)Platten [Zab90]. In [RRP95] wird ein Langzeitspeichersystem für Daten vom Weltraumteleskop „Hubble" beschrieben, das zwar in hohem Maße betriebssystemunabhängig ist, aber keine anderen Speichermedien als WORM–Platten zuläßt. Um von den Fortschritten in der Archivspeichertechnologie profitieren zu können, müssen Archivsysteme Schnittstellen aufweisen, die zumindest *Geräteunabhängigkeit* sicherstellen. Dieser Spezialfall *physischer Datenunabhängigkeit* ist in DBS seit [TK78] von entscheidender Bedeutung und fällt bei Archivsystemen aufgrund der breiteren Medienlandschaft bei Tertiärspeichern und aufgrund der längeren Zeiträume noch stärker ins Gewicht. Ein Schritt in Richtung *logischer Datenunabhängigkeit* ist *Formatunabhängigkeit* im Verständnis von [KMMW93]: In diesem Beitrag werden „medienspezifische Abstrakte Datentypen" (MADTs) vorgeschlagen, die eine redundante Speicherung von Dokumenten in verschiedenen Formaten, optimiert für den jeweiligen Externspeicher und die auszuführenden Operationen, erlauben. Das anvisierte Multimedia–Speicherungs-System MOSS [KMMW94] übernimmt die Transformation zwischen Speicherungs- und Verarbeitungsformat. Dieser Ansatz geht von der Kenntnis aller typspezifischen Operationen auf Multimediaobjekten aus. Sofern die MADT-Vielfalt nicht beschränkt wird, ist im Laufe der Zeit eine hohe Systemkomplexität zu erwarten.

In der Praxis schlägt sich die Forderung nach Geräteunabhängigkeit von Archivsystemen in der Entwicklung und Ausnutzung von **Standards** nieder. Systemhersteller verweisen gern auf Konformität zu dem *„IEEE Mass Storage*

Systems Reference Model"[9] [CH93], obwohl diese Spezifikation nicht primär für Speichersubsysteme von Archivsystemen vorangetrieben wird. In der Tat verbirgt die Implementierung der nach „außen" sichtbaren sog. *Bitfile–* Schnittstelle zur Entgegennahme und Bereitstellung beliebiger Dateien bzw. Datenströme sämtliche Geräteeigenschaften [Fal88, Her93, KB96]. Allerdings ist die Funktionalität dieser Schnittstelle aus Anwendungssicht derart niedrig, daß weitere, höhere Schnittstellenstandards erforderlich sind. Hierzu zählen das allgemein an Akzeptanz gewinnende *„SAP ArchiveLink"* [BEG95] und das *„X/OPEN Backup Services API"* (XBSA) [Ope95]. Letzteres geht zurück auf das *„Backup, Archive and Restore Model"* [CS93] und ist derzeit weitgehend umgesetzt im System ADSM [CRH95]. Das Analogon zu Bitfiles im IEEE–Referenzmodell sind *BLOB*s in XBSA – sie nehmen die Datenströme aus der Anwendung auf. BLOBs in XBSA bilden den zentralen Bestandteil von *XBSA–Objekten*. Wie Bitfiles im Referenzmodell werden auch BLOBs in XBSA nicht durch das Archivsystem interpretiert. Innerhalb dieser BLOBs ist keine Adressierbarkeit gegeben, d. h., es kann nicht wahlfrei auf Teilabschnitte eines archivierten Datenstroms zugegriffen werden. Die Datenübertragung zwischen Archiv und Anwendung kann jedoch sequentiell in „Bruchstücken" erfolgen, deren Größe sich nach der im Anwendungsprogramm bereitgestellten Puffergröße richtet. Wie bei Archivsystemen mit einem stärkeren Bürodokumentbezug kann nach XBSA–Objekten nur über die separat abgelegten Beschreibungsinformationen gesucht werden.

In [HM94a] präsentieren wir eine allgemeine, an Abstrakte Datentypen angelehnte Spezifikation von **Archivobjekten** *AO*:

$$AO = \langle ID, AOC, AOD, F \rangle$$

Hier steht *ID* für einen archivweit eindeutigen Identifikator (*Identifier*), die Abkürzung *AOC* (*Archive Object Content*) für den Dokumentinhalt und *AOD* (*Archive Object Description*) für Beschreibungsinformationen. Schließlich bezeichnet *F* die Menge der auf Archivobjekte anwendbaren Funktionen. Anders als in [KMMW93] schlagen wir eine *minimale* Anzahl *generischer* Funktionen (u. a. **create**, **describe**, **putContent[Item]**) vor, die für alle Archivobjekte an der Anwendungsschnittstelle des Archivsystems bereitgestellt werden. Auf diese Weise können die Systemkomplexität beschränkt und die Zahl notwendiger Eingriffe ins Archivsystem reduziert werden. Über [Ope95] hinausgehend, plädieren wir aber für eine grobgranulare, d. h. die jeweils die grundlegenden Substrukturen berücksichtigende Interpretation von *AOC* in Abhängigkeit des Typs eines Archivobjekts. Ein Attribut, das den Typ festlegt, ist Bestandteil von *AOD*. Wir sehen zunächst vordefinierte Typen für Dokumente in Standardformaten wie STEP [Sch91], CGM [Mv96], SGML und ODA [Smi92] vor. Die Motivation hierfür liegt in der Annahme, daß der prinzipielle Aufbau dieser Formate über längere Zeit

---

[9] im Jahr 1994 umbenannt in *„Open Storage System Interconnection Model"*

stabil bleibt und somit die grobgranulare Interpretation (Bereitstellung typ-
abhängiger „Items") durch das Archivsystem einen vertretbaren Wartungs-
aufwand bedeutet. Auf den Sonderfall „Bitfile" als Typ eines Archivobjekts
kann allerdings nicht ganz verzichtet werden. Der Typ „Bitfile" wurde in
Anlehnung an das oben erwähnte IEEE–Referenzmodell konzipiert. Hier
stellt er aber die notwendige Ausnahme dar, die dann greift, wenn keines der
anderen unterstützten Standardformate anwendbar ist. Ein weiterer, speziell
verwalteter Typ "MetaObject" dient zur Archivierung der einem Objekt
zugeordneten Metadaten. Im Falle STEP wird bspw. das der STEP–Datei
zugeordnete EXPRESS–Schema referenziert. Bei einem SGML–Dokument
ist die strukturbestimmende DTD (Document Type Description) gemeint.
Üblicherweise existieren viele Objekte zu einem "MetaObject": Eine DTD
gibt abteilungs-, unternehmens- oder gar branchenweit den Rahmen für bestimmte Arten von Textdokumenten vor, z. B. die DTD „MAJOUR" (Modu-
lar Application for Journals)[10] im wissenschaftlichen Verlagswesen.

Zusammenfassend erlaubt der Ansatz aus [HM94a], typgebundene *AOC*–
Substrukturen zu adressieren und zwischen einem längerfristig stabilen Archiv
und einer Anwendungsumgebung zu übertragen. Gleichzeitig werden die Archivierung von Dokumenten in Standardformaten und die Mitarchivierung
von Metadaten gefördert – Vorgehensweisen, die zunehmend praktiziert und
in Abschnitt 2.4 nochmals aufgegriffen werden.

2.3.3 Sonstige elektronische Archivierungstechniken

Über den Einsatz dedizierter Archivsysteme hinaus gibt es „Speziallösungen"
zur Archivierung elektronisch vorliegender Daten. Wir sehen zwei grundsätzliche Ansätze, die wiederum im Produktdatenumfeld zu finden sind. Zum
einen – Fall 1 – werden **Archivierungsfunktionen** in unternehmensspezifische Datenverwaltungssysteme (z. B. KVS, GIS, CADNET) oder in kommerzielle EDM–Systeme **integriert** [Cur94, MMH96, Mal96]. Hier liegt der
Schwerpunkt auf der logischen Archivierung (ohne physische Datenauslagerung) von solchen Daten, die ohnehin verwaltet werden. Zum anderen – Fall
2 – werden unmittelbar die **Dienste des Betriebssystems** zur persistenten
Datenspeicherung benutzt. Anwendungsbezogene Archivierung, Archivzugriff und Archivverwaltung müssen dann separat implementiert werden. In
beiden Fällen sind die zu archivierenden Daten aus Sicht des Speichersystems
(entweder DBS oder Dateisystem) *unstrukturierte Dateien*, d. h. Dateien
„ohne offensichtliche Satzstruktur" [GR93] – selbst wenn aus Sicht einer Anwendung die oben angesprochenen Standardformate vorliegen.

Bzgl. **Fall 1** haben wir bereits in Abschnitt 2.1.4 erwähnt, daß CADNET
Dateien, die CAD/CAM–Daten enthalten, auf BLOBs eines relationalen
DBS abbildet. Da Semantik und Struktur dieser Daten dem DBS nicht

---

[10] beziehbar über http://www.springer.de/author/sgml/help-sgml.html

bekannt sind, kann das DBS auch keine anwendungsorientierte, BLOB–interne Adressierbarkeit, das Sperren von BLOB–Teilen oder gar inhaltsbezogene Anfragen unterstützen. Eine Konsistenz zwischen CAD/CAM–Daten (in den BLOBs) und sog. Org–Daten (in Feldern elementaren Datentyps) wird insofern sichergestellt, als beide Datenkategorien unter Kontrolle des gleichen DBS liegen. Ihre Archivierung erfolgt, indem sie gemeinsam „eingefroren" werden [FLM91], und zwar wird eine logische Statusänderung in CADNET registriert, ohne die BLOBs umzuspeichern. Auf die Notwendigkeit einer DBS–Entlastung durch Datenauslagerung haben wir bereits hingewiesen. Werden die Dateien nicht in einem DBS gespeichert, sondern von dort aus nur über ihren Namen referenziert und separat verwaltet, stellt sich das Konsistenzproblem in schärferem Maße. Man beachte, daß nicht nur bei fehlendem Transaktionsschutz unterschiedliche Änderungszustände zwischen DB–internen Daten und externen Dateien auftreten können, sondern auch infolge nachträglicher Speichermedienfehler (Problem der konsistenten Datensicherung und Wiederherstellung in verteilten, heterogenen Umgebungen [GR93]).

Bzgl. **Fall 2** wird u. a. in [OV93, Nic95] argumentiert, daß Systeme, die Daten ausschließlich auf Magnetplatten speichern, bei zunehmenden Datenvolumina zu teuer werden. Zum Einsatz kommen deshalb Betriebs– bzw. Dateisysteme mit ergänzenden Speicherverwaltungssystemen, die eine Hierarchie persistenter Speichermedien unterstützen. Für IBM–Mainframes wurde z. B. das Speicherkonzept *SMS (System Managed Storage)*, das bereits Magnetbänder als systemverwaltete Speichermedien einbezieht, durch die Zugriffsmethode *OAM (Object Access Method)* auf optische Plattenarchive ausgedehnt [Gel89, HMGT90]. Von einem Administrator definierte Regeln bestimmen in Abhängigkeit von Alter, Referenzverhalten oder absoluten Zeitpunkten die *automatische, transparente Migration* der Daten innerhalb einer definierten **Speicherhierarchie**. Eine logische Trennung derart „archivierter" Daten von aktuellen Daten liegt nicht vor. Im Workstation–Umfeld sind Systeme wie z. B. UniTree, Epoch oder Legato/NetWorker als Erweiterungen lokaler UNIX–Dateisysteme und als zentrale File–Server im Netz anzutreffen [Hei93, CDK⁺95, KB96]. Die Migration lokaler Dateien in eine tiefere Speicherhierarchiestufe erfolgt nur, wenn die Dateien zuvor mittels UNIX–Werkzeugen (`ftp` oder Kopieren über NFS) in das separate Dateisystem übertragen worden sind. Anwendungen müssen nicht nur die Kopiervorgänge veranlassen und darüber Buch führen, sondern auch die Originaldateien löschen bzw. wiederherstellen. Die aufwendige Archivdatenverwaltung bzw. Buchführung über Dateien und Datenträger ist noch umfangreicher, wenn eine unmittelbare Integration einzelner Tertiärspeicherkomponenten in das Betriebssystem vorliegt (z. B. Bandlaufwerk mit Gerätetreiber). Große Archivdatenmengen verlangen den Anschluß von Robotersystemen, und auch dann ist es meist nur eine Frage der Zeit, wann deren Speicherkapazität ausgebaut werden muß oder neue Subsysteme zur Ergänzung einer Speicherhierarchiestufe erforderlich sind.

2.4 Fazit mit Ausblick auf Langzeitarchivierung

Die angesprochenen Archivierungstechniken erfüllen die Anforderungen aus Abschnitt 2.2 in unterschiedlichem Maße. Einerseits liegen massive *Nachteile der klassischen Archivierung* in der unbefriedigenden Datenbereitstellung (einschließlich Recherche, Zugriffszeit, Einzelzugriff), Administration (keine automatische Indexpflege bis hin zur Unterhaltung der Räumlichkeiten, in denen Archivalien untergebracht sind) und Weiterverarbeitbarkeit der Daten (in anderen Dokumenten, Kopieren ohne Qualitätsverlust). Kostenvergleiche der Speicherung von NCI–Daten auf Papier vs. Magnetplatte sprechen zwar nicht uneingeschränkt *für elektronische Archivierung* [GW96]; bei CI–Daten ist der Kostenvorteil magnetischer Speicherung jedoch unumstritten [fWV94]. Dies liegt an der wesentlich kompakteren Codierung: Während eine Seite in einem Bildformat zwischen 50 und 100 KByte belegt, sind es bei einem Textformat zwischen 2 und 5 KByte [Les94]. Für ASCII–Texte demonstriert Gray eine 30mal billigere magnetische Speicherung[11], und zwischen Magnetplatten und -bändern liegt nochmals ein Faktor von 50 – die Kosten für einen Bandroboter eingerechnet [GB95].

Andererseits wurde auf die hohe Beweiskraft von Papierdokumenten mehrfach hingewiesen. Das entscheidende Argument *gegen elektronische Archivierung* ist jedoch die Gefahr von Daten– bzw. Informationsverlusten. Typische Informationsverluste bei der einmaligen, bewußt gesteuerten Konvertierung von nichtelektronischen in elektronische Speicherungsformen bzw. von NCI– in CI–Daten wurden in Abschnitt 2.3.2 angesprochen und sind hier nicht gemeint. Vielmehr drohen Verluste infolge der langen Archivierungszeiträume. Die Größenordnung einiger Jahrzehnte soll als Anhaltspunkt dienen. Der Begriff *Langzeitarchivierung* wird i. allg. nicht an eine konkrete Zeitdauer geknüpft (in [EHSS91] etwa nur als Abgrenzung zur Archivierung während der Entwicklungsphase verwendet). Das **Kernproblem** elektronischer Langzeitarchivierung besteht in der Werterhaltung im Sinne von *Lesbarkeit, Interpretierbarkeit* und *Wiederverwendbarkeit* archivierter Daten über Zeiträume hinweg, die größer sind als die „Lebensdauer" von Anwendungssystemen und von einzelnen Hardware- und Softwarekomponenten eines Archivsystems. Dieses Problem wird dadurch verschärft, daß sich Anwendungskontexte und Spezifikationen (einschließlich Integritätsbedingungen, Meta- und Datenmodelle sowie verschiedenste Formate) im Laufe der Zeit ändern.

Wir gehen davon aus, daß die Vermeidung von Datenverlusten ($\rightarrow$ Lesbarkeit) eine Voraussetzung für die Vermeidung von Informationsverlusten

---

[11] pro Blatt 3 ¢ im Aktenschrank vs. 0.1 ¢ auf Festplatte (24000 Blatt Papier vs. 8 GByte)

($\rightarrow$ Interpretierbarkeit) darstellt, was wiederum eine notwendige, aber nicht hinreichende Bedingung für uneingeschränkte Wiederverwendbarkeit ist. Eine Formalisierung dieses Sachverhalts ist weder durchgängig möglich noch besonders hilfreich. Shannon'sche Informationstheorie [SW49] bspw. geht kaum über eine syntaktische Betrachtung hinaus, weil hier nur Aussagen über das Auftreten von Zeichen in Zeichenfolgen formuliert werden können. Auch Methoden zur Spezifikation formaler Semantik können Bedeutungsinhalte von Daten in der Regel nicht klären und scheitern spätestens als Beschreibungsmittel der Pragmatik, die zum Zeitpunkt der Archivierung mit den Daten verbunden war. Erst durch die Kenntnis von *Metadaten* wird aus Daten **Information** [HL93]. Metadaten verstehen wir an dieser Stelle als Daten, die entweder die implizite Bedeutung von Anwendungsdaten [EN94] oder ihre Struktur/Verwaltung/Speicherung [MR86] auf einer höheren Abstraktionsebene extensional beschreiben. Insofern bedeuten Daten- und auch Metadatenverluste Informationsverluste. Solche Verluste können bei Langzeitarchivierung an verschiedenen Stellen auftreten:

Physikalische Alterungsprozesse begrenzen die **Haltbarkeit elektronischer Speichermedien**. Schätzungen über Verfallszeiten basieren auf Laborversuchen, die künstlich eine Alterung der Medien herbeiführen. In der Realität konnte z. B. die von Herstellern optischer Platten typischerweise garantierte Lebensdauer von 30 Jahren nicht überprüft werden. Nach Presseberichten des „National Archive" begann ein 15 Jahre altes Magnetband zu schmelzen, als es in ein Bandgerät mit zehnfacher Spulgeschwindigkeit eingelegt wurde. Eine CD–ROM zeigte bereits nach 10 Jahren Zerfallserscheinungen [Hon95]. Provokative Aussagen in [Rot95], daß Magnetbänder nur eine Lebensdauer von 1–2 Jahren hätten, lösten massive Proteste aus; das „National Media Laboratory" in den USA hält 10–20 Jahre für realistisch [Edi96]. Für optische Bänder wurde in [Spe88] eine ausreichend verläßliche Haltbarkeitsdauer des Mediums von 25 Jahren prognostiziert. Aktuellen Untersuchungen zufolge sind es sogar mehr als 50 Jahre [Pod95]. Jüngste Patentanmeldungen für HD–ROM (High Density Read Only Memory) sprechen von spektakulären 5000 Jahren [Nö95, LSA95].

Das Kernproblem elektronischer Langzeitarchivierung ist durch innovative Langzeitspeichermedien allein nicht gelöst: Schließlich werden darauf nur Bitmuster konserviert. Die **Lesbarkeit** der binären Information erfordert in gleichem Maße beständige, zusätzliche Hardware. Datenträgerkomponenten (Kassetten, Spulen) und die auf deren Formfaktoren abgestimmten Laufwerke müssen verfügbar und funktionsfähig bleiben. Externe Speichereinheiten müssen an den Zielrechner kommunikationstechnisch anschließbar sein. Die Systemsoftware zur Aufnahme des Bitstroms muß die physikalischen Aufzeichnungsformate (u. a. Layout von Sektoren, ECC–Schema) unterstützen. Man beachte, daß Protokolle, die zwischen dem Controller eines externen Speichergeräts und dem Zielrechner definiert werden, zum Teil plattformabhängig, nicht durchgängig normiert und ebenfalls der Evolution unterworfen sind (z. B. SCSI–1 1986 verabschiedet, heute SCSI–3 in Arbeit, außerdem Befehlssatz IPI–3 in Normung, IDE, SSA, FC–AL etc. eingesetzt [Nas95, Met96a]).

Weitaus schwieriger als die Sicherstellung der Lesbarkeit von Bitfolgen ist die Gewährleistung ihrer **Interpretierbarkeit** durch verschiedene Softwareschichten. Dies reicht von der Identifizierbarkeit des Codes (8–Bit–Zeichencode: ASCII oder EBCDIC? 16–Bit–Unicode? Eine – welche? – Binärcodierung von Integer–Werten?) bis hin zur Erkennung und Erschließung von Textdokumentformaten wie LaTeX oder HTML. Bei *systemspezifischen Formaten*, wie sie im Bereich Textverarbeitung/Graphik häufig anzutreffen sind [Mv96], ist die Verarbeitbarkeit der Dokumente in hohem Maße von der *Version* des erzeugenden Programms abhängig. Gelegentlich wird vorgeschlagen, die erzeugenden Programme – in Ermangelung anderer vollständiger und konsistenter formaler Spezifikationen [Hal90] – gemeinsam mit den Dokumenten zu archivieren. Dies mag in Einzelfällen sinnvoll sein, weil es die Entwicklung von Emulatoren für obsolete Programme fördert [MR92, Rot95, Rot96]. Der Ansatz der direkten Interpretation der archivierten Dokumente durch *archivierte Software* ist jedoch i. allg. weder praktikabel noch konsequent: Einerseits entsteht ein neues Mengen- und Verwaltungsproblem durch die Vielzahl an Systemen und Systemversionen. Andererseits sind Übersetzbarkeit und Ablauffähigkeit der Programme umgebungsabhängig (von Compiler, Laufzeitbibliotheken, Betriebssystem) und würden schließlich die „Archivierung" des Bedieners der Hardware und ihrer Ersatzteile nach sich ziehen. Im Bereich des CAD wird die hohe Verbreitung nicht offengelegter, proprietärer Datenformate schon nach kurzer Zeit kritisch, nämlich beim Datenaustausch und bei der geplanten Einführung einer neuen Version bestimmter CAD–Systeme. Die unzureichende Abwärtskompatibilität neuer Systemversionen gegenüber älteren Formatversionen zwingt CAD–Anwender zu schritthaltenden Konvertierungen der CAD–Datenbestände. Bei jeder Konvertierung infolge eines Versionswechsels wird laut [Mal96] „im allgemeinen von einem Verlust von 15 % der Daten ausgegangen". Man beachte, daß die oben beschriebenen, praktizierten Archivierungstechniken systemspezifische Formate zulassen und insbesondere die Ablage von CAD/CAM–Daten in BLOBs dies fördert. Systemveranlaßte Datenkonvertierungen erfordern einen hohen technischen und organisatorischen Aufwand. Einige Unternehmen zögern deshalb den Übergang zu einer neuen Systemversion hinaus. Insgesamt bewerten wir systemspezifische Datenformate zum Zweck der Langzeitarchivierung als ungeeignet [GKR+94, HM94a, Nic95].

Bekannte Nachteile *neutraler Datenformate*, wie z. B. Postscript, ODIF, HDF, FITS, STEP–Dateiformat, sind u. a. eine geringere Funktionalität und höherer Speicherbedarf [BFGR93, Far94, Sch91]. Ihre Überlegenheit besteht in der (zumindest wesentlich höheren) Hersteller-, System- und Plattformunabhängigkeit. Die Entwicklung neutraler Formate erfolgte in erster Linie zum Datenaustausch; üblich ist auch die Bezeichnung Datenaustauschformat.

Rechtsverbindliche Standards, im Deutschen korrekterweise *Normen*, sichern darüber hinaus eine längerfristige Stabilität[12]. Normierte Datenaustauschformate kommen deshalb als Archivierungsformate in Betracht [Mas94, HM94b, GFH+94]. Über Jahre hinweg ändern sich aber auch normierte Formatdefinitionen, wenngleich Standardisierungsgremien abwärtskompatible Normerweiterungen anstreben. Einen ersten Schritt in Richtung Formatunabhängigkeit bieten *selbstbeschreibende Formate*. Hierunter versteht man Datenformate, bei denen geeignete **Metadaten** (z. B. das Codierungsschema des anschließenden Datenstroms) offengelegt und mitcodiert werden, und zwar in einer vom Menschen lesbaren und interpretierbaren (!) Form. Anwendungssysteme erreichen nur über Zugriffsschnittstellen volle Formatunabhängigkeit (vgl. Abschnitt 2.3.2). Bestehen bleibt in diesem Fall die Abhängigkeit von logischen Datenschemata, Datenmodellen und Metamodellen. Im IRDS[13]-Standard werden diese Abstraktionsebenen mit L3, L2 bzw. L1 bezeichnet; die Anwendungsdaten sind der Schicht L4 zugeordnet [HL93]. Wie bereits angedeutet, ist die Kenntnis von (Meta–)Daten der Schicht $Ln-1$ Voraussetzung für die Erschließung der Semantik der Daten der Schicht Ln[14]. Um Informationsverluste zu vermeiden, ist es ratsam, mindestens L3–Daten (das Schema der Anwendungsdaten) und möglichst auch L2–Daten (je nach Kontext das Datenmodell oder Metadatenschema) zusammen mit den L4–Daten elektronisch zu archivieren. Für L1–Daten (der Beschreibungsformalismus für L2) werden in der Regel Verweise auf anderweitig aufbewahrte Dokumente, etwa Handbücher oder DIN–Normen, genügen. Aufbauend auf diesen Metadaten ist prinzipiell auch dann noch die Entwicklung von Interpreterbzw. Konvertierungsprogrammen für archivierte Anwendungsdaten möglich, wenn die Systeme, die die Daten ursprünglich erzeugt haben, nicht mehr existieren. Abschnitt 5.3.1 erläutert IRDS in Verbindung mit STEP.

Die **Wiederverwendbarkeit** archivierter Daten in einer (in der Regel *neuen*) Umgebung ist eine schärfere Forderung als die diskutierte Interpretierbarkeit. Die Semantik der Daten kann nicht vollständig durch Metadaten im Sinne von IRDS beschrieben werden: Bedeutungsänderungen bei Attributausprägungen einer Tabelle haben keine Schemaänderungen zur Folge. Ein anderes Beispiel für nicht formalisierbares Wissen sind Definitionsänderungen von Schlagwörtern, die zur Indizierung von Dokumenten herangezogen wurden. Sich ursprünglich qualifizierende Dokumente werden dann nicht mehr aufgefunden. Schließlich kann die Einlagerung archivier-

---

[12] Für eine zwar auf SQL bezogene, aber durchaus allgemeingültige Widerlegung/Relativierung typischer Argumente *gegen* Standardisierung bzw. Normierung siehe [Mel96b]. Im folgenden werden wir nicht weiter zwischen Norm und Standard unterscheiden.

[13] *Information Resource Dictionary System* (ISO/IEC 10027); vom DIN wird voraussichtlich nur die Weiterführung von IRDS im ECMA–Standard 149 (PCTE), der zum ISO–Standard avanciert, übernommen.

[14] $n \in \{2, 3, 4\}$ / IRDS begrenzt die Anzahl der Abstraktionsebenen aus pragmatischen Gründen auf 4.

ter Daten in eine veränderte Umgebung *Integritätsbedingungen* verletzen. Bestenfalls wird dies bemerkt; bei einer weniger zentralen Spezifikation und Überwachung von Integritätsbedingungen, z. B. in einzelnen Anwendungsprogrammen statt in einem DBS, kann ein Fehlverhalten von Systemkomponenten die Folge sein.

Archivierungszeiträume für Daten von Jahren und Jahrzehnten übersteigen nicht nur die Lebensdauer von Anwendungssystemen, sondern auch die des Archivsystems. Es sollte deutlich geworden sein, daß die Haltbarkeit elektronischer Speichermedien weit weniger entscheidend ist als die Frage, wann Daten infolge von Informationsverlusten durch überlebte Formate, Schemata, Datenmodelle und Metamodelle obsolet sind. Der einzig realistische Ansatz scheint daher die **andauernde Erneuerung (Refresh)** aller an der Archivierung beteiligter Komponenten zu sein. In [Lyn94] wird argumentiert, daß man es sich *nicht* leisten kann, auf „perpetual technology refreshing" zu *verzichten*. Die ständige Auffrischung bezieht sich nicht nur auf den Einsatz neuer Speichertechnologien und Betriebssysteme, sondern betrifft u. a. auch die funktionale Weiterentwicklung eines Archivsystems. Ein Umkopieren von Daten von einem Medium auf ein anderes unter Beachtung von Schnittstellen ist nur eine (notwendige und teure) Teilmaßnahme. Der Gesamtkomplex an organisierten Maßnahmen zur periodischen Übertragung digitalen Materials von einer Hardware- und Softwarekonfiguration bzw. von einer Rechnergeneration auf die nachfolgende wird in [GW96] als *Migration* bezeichnet. Eine Aufgabe der im Dezember 1994 ins Leben gerufenen interdisziplinären Arbeitsgruppe „Task Force on Archiving of Digital Information" besteht in der Erarbeitung von Migrationsstrategien, und zwar zunächst schwerpunktmäßig für Archivobjekte, die adäquat in gedruckter Form repräsentierbar sind. Obwohl derartige Archivalien prinzipiell auf Mikrofilm erhalten werden können, suchen Bibliothekare und Archivare gemeinsam mit Informatikern nach akzeptablen elektronischen Lösungen. Im Fall andersgearteter elektronischer Archivalien, z. B. Videos, Modelle der Virtuellen Realität und beliebige Datenbankinhalte, die miteinander in Beziehung stehen und geographisch verteilt sind, besteht zum elektronischen Archivieren kaum eine Alternative. Ein aktuelles und zugleich die zukünftige Entwicklung andeutendes Beispiel hierfür sind Tagungsunterlagen, die ausschließlich elektronisch vorliegen und zahlreiche Hypertext–Links auf entfernt gespeicherte elektronische Dokumente beinhalten – etwa von der „1st IEEE Metadata Conference" unter URL
`http://www.llnl.gov/liv_comp/metadata/events/ieee-md.4-96.html`.

3. Archivierungskonzepte in Verbindung mit DBS

Konventionelle Datenarchivierung einschließlich elektronischer Dokumentarchivierung unterscheidet sich deutlich von dem, was im Datenbankumfeld weithin unter Archivierung verstanden wird. Hier gibt es nur vereinzelt Ansätze, die sich konzeptionell an die in Kapitel 2 behandelten Vorgehensweisen beim Archivieren und Wiederzugreifen auf Dokumente anlehnen. In diesem Kapitel definieren wir – abgrenzend von herkömmlicher Archivierungsunterstützung in DBS – *anwendungsorientiertes DB–Archivieren*, geben Archivierungs- und Nutzungsmodelle für Datenbankinhalte an und führen Klassifikationsschemata ein. Zuvor müssen grundlegende Datenbankkonzepte geklärt werden.

3.1 Grundlegendes zu DBS

3.1.1 Transaktions- und Fehlermodell

DBS werden u. a. deswegen eingesetzt, um die bei Dateiverwaltung auftretenden Redundanzen (durch Speicherung semantisch äquivalenter Daten und sogar von Kopien an mehreren Stellen) und Dateninkonsistenzen (durch unkoordinierte Aktualisierungen) auszuschließen. Nicht nur für den Mehrbenutzerbetrieb von zentraler Bedeutung ist das Konzept einer **DB–Transaktion** zur logischen Klammerung einer Folge zulässiger DB–Operationen. Härder und Reuter prägten in [HR83] die bekannte **ACID**-Formel, die die Eigenschaften einer DB–Transaktion zusammenfaßt:

Atomarität meint die logische Ununterbrechbarkeit der (ausschließlich) durch eine Transaktion bewirkten DB–Zustandsänderung nach dem Prinzip „Alles oder Nichts". Konsistenz (**C**onsistency) steht für die Überführung der DB in einen (nicht notwendigerweise verschiedenen) konsistenten Zustand, sofern zuvor (am *BOT (Begin of Transaction)*) ein konsistenter Zustand vorlag. Das Konsistenzkriterium ist die Erfüllung aller datenmodellinhärenten und explizit vom Benutzer spezifizierten *Integritätsbedingungen*. Integritätsbedingungen sind wesentlicher Bestandteil des *DB–Schemas* – des formalen Abbilds des modellierten Ausschnitts aus der Realität („Miniwelt"). Isolation fordert, daß gleichzeitig laufende Transaktionen keinerlei Auswirkungen aufeinander haben, solange sie nicht beendet sind (Zeitpunkt des *EOT (End* *of Transaction)*). Fehler, die während der Abarbeitung einer Transaktion auftreten und die die eben genannten Eigenschaften einer Transaktion zu gefährden drohen, werden durch DBMS–internes *Recovery* (Wiederherstellung) weitgehend automatisch behandelt. Bei Systemfehlern (z. B. Stromausfall, Netzversagen, DBMS–Fehlfunktion), die den Externspeicher nicht korrumpieren, können bereits einige Eingriffe des DB–Benutzers bzw. des DB–Administrators (DBA) erforderlich sein, idealerweise nur der Neustart des DBMS. Zur Gewährleistung der **Dauerhaftigkeit** von Datenänderungen über EOT hinaus, insbesondere als Behandlungsmaßnahme im Fall von Plattenfehlern, unterstützt ein DBMS *Backup* (Datensicherung) und Medien–Recovery. Hier ist der Eingriff eines Benutzers bzw. DBA unvermeidlich. Recovery–Verfahren wurden in der Datenbankliteratur ausgiebig diskutiert. Die Klassifikation von Recovery in R0 bis R6 geht auf Reuter [Reu81] zurück, Küspert [Küs85] untersuchte eingehend die Erkennung und Behandlung von Fehlern im laufenden DB–Betrieb. Hvasshovd [Hva96] studierte Recovery–Strategien für zentrale (nicht nur parallele) DBMS mit hohen Verfügbarkeitsforderungen. Von Gray und Reuter [GR93] stammt letztlich *die* Monograhie zum Thema Transaktionsverarbeitung.

Weitere zentrale Datenbankkonzepte sind Datendefinition und Datenmanipulation. Die konkret anwendbaren DB–Operationen hängen vom unterstützten Datenmodell ab. Wir betrachten im folgenden den relationalen und objektorientierten Fall, also relationale DBS (RDBS) und objektorientierte DBS (ODBS).

3.1.2 Datendefinition und -manipulation in RDBS und ODBS

Die theoretische Fundierung von RDBS liegt im **relationalen Datenmodell** (Relationenalgebra, Tupelkalkül), was u. a. in [Cod70, Mai83, Mai88, Vos94] studiert werden kann. Als aktuelle Bibliographie sei [Dat95] empfohlen. Dem Leser sollte an dieser Stelle jedoch mindestens bekannt sein, daß Daten konzeptionell in Tabellenform organisiert sind. Eine *Tabelle* ist als (implementierungsorientiertes) Synonym zu einer (mathematischen) *Relation* zu sehen, sofern die Mengeneigenschaft gewahrt wird, d. h., keine Duplikate bzgl. der Zeilen (Tupel) erlaubt werden. Tabellenspalten sind benannt (Attribute). Jedem Attribut ist pro Tupel höchstens ein Wert aus dem mit dem Attribut assoziierten Wertebereich (Domäne) zugeordnet. Als Domänen sind nur atomare Datentypen zugelassen, so daß sich auch nur flache Tabellen bzw. Relationen in erster Normalform ergeben.

Die Mehrheit der eingesetzten RDBS ist mit der deskriptiven, mengenorientierten Datenbanksprache **SQL** (Structured Query Language) als Benutzerschnittstelle ausgestattet [Sha90, DD93, HS95a, HKS95]. SQL ist seit der ersten Hälfte der 80er Jahre Gegenstand der **Normung**. Die erste, noch weitgehend unvollständige SQL–Norm wurde 1987 veröffentlicht. Die erste „richtige" SQL–Norm folgte 1989, als *SQL1* oder *SQL/89* bezeichnet. Die meisten Datenbankhersteller paßten sich in den folgenden Jahren dieser

Norm an und richteten ihre Produkte danach aus; heute können dementsprechend fast alle RDBS SQL1–Konformität vorweisen. Der nächste große Normungsschritt fand 1992 mit Verabschiedung von *SQL2* bzw. *SQL/92* statt. Um den beträchtlichen Umfang dieser Norm strukturell zu untergliedern und eine schrittweise Implementierung der verlangten Konzepte zu ermöglichen, wurde SQL2 in drei Ebenen eingeteilt: „Entry SQL", „Intermediate SQL" und „Full SQL". Heutige RDBS erfüllen größtenteils – wenn überhaupt – nur „Entry SQL". Die Normungsgremien arbeiten unterdessen an der nächsten Stufe, *SQL3* genannt, mit deren Verabschiedung in den nächsten zwei Jahren zu rechnen ist. SQL3 geht umfangmäßig weit über SQL2 hinaus und wird u. a. objektorientierte Konzepte hinzufügen [Pis93, Mel94, Mel96a]. Die Sprache SQL (wenn nicht explizit angegeben, unterscheiden wir die einzelnen Normen nicht weiter) untergliedert sich bzgl. der **Funktionalität** grob in drei Teile:

– Der *Datendefinitionsteil* ermöglicht es insbesondere, Tabellen und Sichten (Views) via **CREATE** zu erzeugen, Zugriffsrechte zu vergeben, Schlüsselattribute zu benennen und mit jedem Normungsschritt komplexer werdende Integritätsbedingungen zu formulieren, u. a. : Typintegrität, referentielle Integrität, Ein–Tupel–Integrität (**CHECK**–Klausel) und tabellenübergreifende Bedingungen (**ASSERTION**–Klausel).

– Der *Datenbankanfrageteil* beinhaltet das zentrale **SELECT...FROM...WHERE**, mit dessen Hilfe Daten aus Tabellen gelesen und Auswertungen auf den Daten (ad–hoc oder über Programme) erstellt werden können. Hierbei handelt es sich um die Realisierung der relationalen Operatoren Selektion, Projektion und Verbund (Join), wobei Duplikate nur bei zusätzlicher Angabe von **DISTINCT** unterdrückt werden.

– Der *Datenmanipulationsteil* erlaubt (via **INSERT**, **UPDATE**, **DELETE**) das Einfügen neuer Daten in Tabellen sowie das Ändern und Löschen von Daten.

Der Datendefinitionsteil – i. allg. bei jeder Datenbanksprache, nicht nur bei SQL – wird *DDL (Data Definition Language)* genannt. Mit der gebräuchlichen Abkürzung *DML (Data Manipulation Language)* ist meist sowohl der Datenbankanfrageteil als auch der Datenmanipulationsteil gemeint.

In **ODBS** sind die Bezeichnungen *ODL (Object Definition Language)*, *OML (Object Manipulation Language)* und *OQL (Object Query Language)* verbreitet [ZM90, Bla95, Cat96]. In [Bee90, Heu92] wird zur Charakterisierung von ODBS der (statische) *Strukturteil* vom (dynamischen) *Operationenteil* unterschieden. Während der **Strukturteil** von RDBS lediglich den Tupel- und Mengenkonstruktor enthält, um normalisierte Relationen zu erzeugen, sind in ODBS zusätzlich Listen- und Multimengenkonstruktoren[1] zu finden,

---

[1] Diese Konstruktoren zur Beschreibung des Typvorrats in einem DB–Schema sind nicht zu verwechseln mit dem Konstruktorbegriff aus objektorientierten Programmiersprachen, die zu einer gegebenen Typ- bzw. Klassendefinition „auf einen Schlag" ein komplexes Objekt bzw. eine Instanz erzeugen.

die darüber hinaus beliebig oft und in beliebiger Reihenfolge angewendet werden können. Auf diese Weise ergeben sich komplex strukturierte, aus Komponenten zusammengesetzte *Objekte* als zentrales Modellierungskonzept. Auch mögliche *Vererbung*sbeziehungen zwischen Objekten, die durch Instanziierung einer Typ- bzw. *Klassenhierarchie* hergestellt werden können, zählen zum Strukturteil eines ODBS. Als letztes statisches Merkmal von ODBS, auf das wir im Rahmen bekannter Archivierungsansätze zu sprechen kommen werden, führen wir *Objektidentität* an. Im wesentlichen besagt dieses Konzept, daß jedes erzeugte Objekt unabhängig von seinem Zustand (determiniert durch Werte von Objektkomponenten) und unabhängig von seinem Speicherort eine abstrakte Identität besitzt [KC86]. Typische Implementierungen der Objektidentität beruhen auf direkten oder indirekten Referenzierungen der Objekte über sog. Surrogate. Dies sind systemvergebene, unveränderbare Schlüssel. Je nach System werden Surrogate – meist unter dem Namen *OID (Object Identifier)* – für den Benutzer sichtbar gemacht oder nur intern verwendet [HD93]. Identität dieser Art fehlt im relationalen Modell, das streng wertebasiert ist; die Identifikation von Tupeln in RDBS erfolgt über Werte von (Primär–)Schlüsselattributen.

Der gravierendste Unterschied im **Operationenteil** bei ODBS im Vergleich zu RDBS ist das Vorhandensein von objektspezifischen Operationen – den *Methoden* einer Klasse. Generische, d. h. typunabhängige Operationen wie `SELECT, INSERT, UPDATE, DELETE` sind in vielen ODBS überhaupt nicht implementiert. Als OML/OQL fungiert dann die objektorientierte Programmiersprache, in der die DB–Anwendungen geschrieben werden. Typische Verarbeitungsmuster in ODBS beginnen mit dem „Einstieg" über ein z. B. namentlich[2] bekanntes Objekt, von dem aus alle weiteren Objekte durch Traversierung entlang von materialisierten Beziehungen (Referenzen) erreicht werden: Statt deskriptiver Spezifikation überwiegt navigierende Verarbeitung. Zur Manipulation eines aufgefundenen Objekts werden dann die Methoden benutzt – bei vollständiger *Einkapselung* (Datenkapselung zur Abstraktion von der Implementierung eines Objekts) ist dies der einzige Zugriffs- und Manipulationsmechanismus. ODBS, die zwar die Konstruktion komplexer Objekte erlauben, aber keine objektgebundenen Methoden im Operationenteil vorsehen, werden von Dittrich als *strukturell objektorientiert* klassifiziert [Dit88]. Bei *verhaltensmäßig* (und damit auch bei *voll*) *objektorientierte*n ODBS sind Methoden hingegen Bestandteil einer Klasse und deshalb Teil eines logischen DB–Schemas.

Dieser Grundlagenexkurs soll nicht ohne den Hinweis auf die „politisch" motivierten Aufsätze, die als **ODBS–Manifestos** bekannt sind, beendet werden. Der Merkmalskatalog [ABD$^+$89] fordert u. a. Objektidentität, Einkapselung und Berechnungsvollständigkeit, insgesamt einen „revolutionären" Bruch mit relationaler Tradition. Dagegen propagiert [fADF90] einen „evolu-

---

[2] Das ODBS realisiert eine Abbildung, die zu einem persistenten Objektnamen eine OID liefert.

tionären" Übergang von RDBS zu ODBS und sieht SQL als Ausgangspunkt objektorientierter Erweiterungen. Die Einführung von komplexen Typen und Vererbungskonzepten wird ebenfalls als sinnvoll erachtet. Navigation wird im Gegensatz zu [ABD+89] kategorisch abgelehnt, da nur eine deskriptive und mengenorientierte DML Datenunabhängigkeit und Optimierbarkeit erlaubt. Benutzerdefinierte Primärschlüssel sollen vorrangiges Identifikationsinstrument bleiben. Einen Überblick über verschiedene evolutionäre Erweiterungsansätze für RDBS in Richtung ODBS gibt z. B. [Loc93].

Wir haben in RDBS, ODBS und auch in erweitert–relationalen DBS (darunter dem „object–relational" [SM96] DBS Postgres, das offenbar als Prototypsystem der Dritten Generation im Sinne von [fADF90] gesehen wird) Archivierungsansätze gefunden, die über die herkömmliche Archivierungsunterstützung in DBS hinausgehen.

3.2 Herkömmliche Unterstützung der Archivierung in DBS

3.2.1 DB–Backup

Bezogen auf DBS wird Archivierung gewöhnlich mit **Datensicherung** gleichgesetzt. So ist z. B. laut [BHG87] eine *„Archive Database"* eine Datenbank, auf die in periodischen Zeitabständen Duplikate derjenigen Daten übertragen werden, die in der Primärdatenbank auf persistente – aber nicht vor Medienfehlern sichere – Speicher geschrieben wurden. In [MN93] wird der Prozeß des Kopierens von Teilen einer Datenbank *„Archiving"* genannt. Die Erstellung einer Sicherungskopie ist ebenso als **Backup** bekannt [LS93, IBM94, Kho93, EN94]. Backup und Archivierung werden im Datenbankumfeld also (zumeist) synonym verwendet. Werden Backup–Kopien von *Archivkopien* unterschieden, dann nur zur Betonung der Aufbewahrung letzterer an einem entfernten oder besonders geschützen Ort. Das Zurückladen von Backup- bzw. Archivkopien heißt **Restore**. Restore mit anschließender Anwendung von (Archiv-)*Protokolldateien* (*Log-Dateien*) auf Kopien der Datenbank („Database Dump") ist die klassische Form der Wiederherstellung einer Datenbank bei Externspeicherfehlern. Auch im Deutschen hat sich hierfür der Begriff Medien- bzw. Archiv-**Recovery** eingebürgert [Reu81]. Bei zusätzlichen Sicherheitsvorkehrungen wird von *Katastrophen-Recovery* gesprochen. Es ist zu beachten, daß Backup in Verbindung mit Medien–Recovery nicht die einzige Möglichkeit zur Schadensbegrenzung bei Plattenfehlern ist. Durch *Plattenspiegelung* erreicht man eine höhere Ausfallsicherheit des Gesamtsystems, da Medienfehler einer Platte durch das automatische Umschalten auf die Spiegelplatte(n) abgefangen werden können [OWS93]. Bei OLTP–Anwendungen (Online Transaction Processing), z. B. bei Reservierungs- oder Kontenbuchungssystemen, wird (begrenzte) *Datenreplikation durch das DBS* bevorzugt: Entscheidender als der höhere Änderungsaufwand durch das unmittelbare Propagieren von Datenänderungen, die am Primärsystem ausgeführt wurden, an ein entferntes Backup–System, ist die schnelle Übernahme der Verarbeitung durch das Backup–System bei einer „Katastrophe" (z. B. Totalausfall eines Rechenzentrums) [KHGMP91, PGM94, Rah94].

In Anlehnung an [Stö95] unterscheiden wir Datenbankarchivierung im Sinne von Backup nach der **Art** und **Vollständigkeit der Archivkopien** sowie nach dem **Betriebszustand des DBS** während des Backup–Vorgangs.

Wie bereits angedeutet, werden Archivkopien der Arten *DB–Kopie* und *Log–Datei* für Medien–Recovery benötigt. Zusätzlich müssen je nach DBMS bestimmte *Parameter–* bzw. *Konfigurationsdateien* archiviert werden, die wir im weiteren nicht betrachten. Im Falle von DB–Kopien gibt es weiterhin die Unterscheidung nach der Sicherungsbreite bzw. dem **Granulat des Backup**: Optionen dafür sind die Gesamtheit *aller Datenbanken* eines DBMS, eine *komplette Datenbank* oder bestimmte *Ausschnitte* aus einer Datenbank, bei relationalen Systemen insbesondere ein Table–Space[3].
Zur Art einer Archivkopie orthogonal sehen wir ihre Vollständigkeit: Entweder es handelt sich um *vollständige* Kopien oder um (ggf. aufbereitete) Kopien, die nur die Änderungen gegenüber früheren Sicherungen aufzeichnen. *Inkrementelles* DB–Backup kopiert nur diejenigen Seiten einer DB, die seit dem letzten vollständigen oder inkrementellen Backup (einer festlegbaren Stufe [Inf94]) aktualisiert wurden. Bezogen auf den DB–Log besteht die Möglichkeit, nur den Abschnitt aufzubewahren, der die Einträge seit dem Start des zuletzt als sicher archiviert geltenden Backup enthält (entspricht einem inkrementellen Dump des Logs [Hä78]). Üblich ist es, mehrere *Generationen* von DB–Kopien und Logs aufzubewahren, um hinreichend weit in die „Vergangenheit zurückgehen" zu können. Mit anderen Worten, es muß eine unversehrte DB–Kopie aufgefunden werden können, von der aus ein Recovery möglich ist [Reu87].
Der Betriebszustand des DBS während des Backup–Vorgangs kann zwar in *online* und *offline* eingeteilt werden, charakterisiert damit allerdings nur sehr grob die Beeinflussung der normalen DB–Verarbeitung. Vielmehr reicht das Kontinuum der Möglichkeiten vom ausschließlichen Ablaufen des Backup–Prozesses (nach dem „Herunterfahren" des DBS) über die zulässige Weiterarbeit im Einbenutzerbetrieb, das exklusive Sperren nur der vom Backup betroffenen DB–Teile bis hin zu kaum bemerkbaren Einschränkungen für parallele Transaktionen, wenn der Backup–Prozeß nur sog. „Latches" (mit Semaphoren vergleichbare Sperren geringerer Funktionalität) setzt [MHL+92, MN93].

Ein **Backup**, das während des laufenden DB–Betriebs erstellt wird, liefert eine DB–Kopie, die nicht *transaktionskonsistent* ist [GMB+81]. Ein sog. „fuzzy" Dump einer DB enthält möglicherweise DB–Seiten, die zu

---

[3] Verwaltungseinheit für Tabellen; fällt unter physischen DB–Entwurf [Gra93], da trotz logischer Gruppierung das Anlegen von Tabellen in einem Table–Space Performance- und Speicherplatzgründen folgt

Transaktionen gehören, welche nach dem Start des Backup–Vorganges abgebrochen wurden (Seitenersetzungsstrategie *STEAL*: Seiten wurden aus Platzgründen aus dem DB–Puffer verdrängt). Auch bei erfolgreich beendeten Transaktionen können noch nach EOT Schreiboperationen ausstehen, um Seiten auf nichtflüchtigen Speicher zu schreiben (bei EOT–Behandlung *NO-FORCE*: kein synchrones Durchschreiben der Seiten erforderlich) [HR83]. Das WAL–Protokoll (Write Ahead Log) verlangt lediglich, daß Datenänderungen vor dem erfolgreichen Abschluß der Transaktion (in der Commit-Phase) persistent im Log protokolliert sind; zu effizienten Implementierungen siehe z. B. [Moh95]. Aus diesem Grund verbietet sich der naive Ansatz, DB–Dateien und Log–Dateien mit Mitteln des Betriebssystems „am DBS vorbei" zu kopieren. Online–Backup muß dem DBS also mindestens mitgeteilt werden (im Fall Oracle durch `ALTER TABLESPACE <name> BEGIN BACKUP` [Ora92]), damit es sowohl ggf. gepufferte Log–Einträge als auch DB–Seiten abgestimmt[4] auf Platte schreibt. Auch spezielle Backup–Programme, die zum DBMS gehören und das Kopieren der DB auf andere Speichermedien mitübernehmen, sind in kommerziellen Systemen zu finden (z. B. `COPY` bei DB2/MVS [Cru84]), aber nicht durchgängig verfügbar. Neue Produktentwicklungen versprechen die Parallelisierung des Herausschreibens der Backup–Daten [Ora96].

Recovery auf der Grundlage einer aus dem Archiv beschafften Online–Backup–Kopie erfordert demnach immer die Anwendung von Log–Informationen auf die DB–Kopie. Der Vorteil eines Offline–Backup besteht in der wesentlich kürzeren Zeit, die für das Recovery benötigt wird, da zumindest eine transaktionskonsistente DB–Kopie im Archiv vorliegt[5] und Log–Einträge „nur" zum Herstellen eines aktuelleren konsistenten DB–Zustandes herangezogen werden. Analog zum Backup gibt es unterschiedliche Betriebszustände des DBS während des Recovery und verschiedene Recovery–Granulate, deren Wahl vom konkreten Fehlerfall abhängt (z. B. nur einzelner Block auf Platte defekt, in dem keine Systemdaten gespeichert sind). Je nach DBMS wird Archiv–Recovery in verschiedenen Graden, insbesondere beim Auffinden und Einspielen der Logs, durch Hilfsprogramme unterstützt. Werden Log–Informationen hinreichend lange (d. h. seit dem letzten Backup) lokal auf Platte gehalten, erübrigt sich ihr Restore aus dem Archiv. Speicherplatzmangel infolge anwachsender Log–Dateien und die Hoffnung, daß Archiv–Recovery nur sehr selten erforderlich ist, führen in der Praxis zum frühzeitigen Entfernen der nicht länger unmittelbar benötigten Logs [GR93]. Die Minimalforderung besteht darin, soviel Log–Einträge (Undo– bzw. Redo–Informationen für Transaktionen) online zu halten, um die noch nicht an die physische DB propagierten Änderungen nachzuziehen. Einige Systeme bieten

---

[4] Durchführung eines (wenigstens unscharfen) Sicherungspunktes (sog. Checkpointing) [GMB$^+$81, Reu87]

[5] Ein Optimierungsschritt besteht in dem kontinuierlichen Nachfahren der Logs *im* Archiv. Dies setzt aber gewisse DBMS-Funktionalität voraus, ggf. muß ein komplettes „Archiv–DBMS" installiert werden.

an, Log–Dateien ringpufferartig zu verwalten, ohne einem anderen Prozeß vor dem Überschreiben die Möglichkeit zu geben, Log–Einträge zu sichern [Vel95, Cha96]. Für (Prototyp–)Anwendungen, die ohne Medien–Recovery auskommen, kann diese Option durchaus akzeptabel sein. Wenn Log–Dateien jedoch archiviert werden, sind bestimmte Komprimierungen sinnvoll: Undo–Informationen (z. B. „Before Images" von DB–Seiten) erfolgreich beendeter Transaktionen können aus dem Log entfernt werden.

Die **Sicherung/Archivierung** von Log–Dateien und DB–Kopien erfolgt bei großen Datenbanken zumeist auf kostengünstige Archiv- bzw. Tertiärspeicher. Oft sind dies Magnetbänder, die vom Sicherungsprozeß direkt, d. h. ohne Umweg über eine Dateiverwaltung, beschrieben werden. Der je nach Datenzuwachs und Backup–Frequenz anfallende Verwaltungsaufwand für die Zuordnung von Archivkopien zu konkreten Speichermedien sowie das Risiko von Bedienerfehlern kann durch den Einsatz automatischer Bandarchive minimiert werden. Höhere Geräteunabhängigkeit erreicht man durch transparente hierarchische Speicherverwaltungssysteme (siehe Abschnitt 2.3.3) oder geeignete dedizierte Archivsysteme (siehe Abschnitt 2.3.2). Die letztere Vorgehensweise sei kurz am Beispiel des Backup von „**DB2 for Common Servers**" mit **ADSM** skizziert [IBM95a]: Bei der Wahl des Offline–Backup (vs. Online–Backup) muß zuerst das Beenden aller DB–Anwendungen mittels `FORCE` sichergestellt werden. Anschließend wird das Backup–Programm mit geeigneten Parametern, von denen wir nur eine Auswahl angeben, über die graphische Benutzeroberfläche, die Befehlszeile oder über das API aufgerufen:

```
BACKUP DATABASE database-alias
            [TABLESPACE tblspace-name
                        [{,tblspace-name} ...] [ONLINE]
            [USE ADSM]
```

Ohne Zwischenspeicherung in temporären Dateien, für die ansonsten ausreichend Plattenplatz bereitgestellt werden müßte und Größenbeschränkungen des Dateissystems gelten würden, wird der Datenstrom an einen ADSM–Client geleitet. Ein ADSM–Server übernimmt die Ablage der DB–Kopie in einer zentral verwalteten Speicherhierarchie. Die notwendige Archivierung zugeordneter Log–Dateien kann über ein sog. User–Exit–Programm, das während des Backup einer Datenbank von DB2 angestoßen wird, automatisiert werden. Es ist zweckmäßig, in dem (selbst zu schreibenden) User–Exit–Programm wiederum das ADSM–API zu verwenden, um auch die Log–Dateien in der von ADSM verwalteten Speicherhierarchie abzulegen. Das Zurückladen der (richtigen!) Log–Dateien für das Recovery obliegt dem Benutzer, da es im Dienstprogramm `RESTORE` bzw. `ROLLFORWARD` von DB2 (Version 2) nicht integriert ist. Weitere Details können in [IBM95a] und [IBM94] – hier auch bzgl. des Backup von Oracle, Informix–OnLine und Sybase – nachgelesen werden. In [Eic96] liegt der Schwerpunkt auf der Automatisierbarkeit des ADSM–basierten Backup/Restore von Informix–

OnLine und DB2. Darüber hinaus bewertet [Eic96] ADSM als XBSA–
Implementierung (vgl. Abschnitt 2.3.2).

3.2.2 EXPORT/IMPORT–Funktionalität

Keines der uns bekannten RDBS bietet ein feineres Backup–Granulat als
Table–Space – auch „dbspace" [Inf94] oder Segment [Syb94] genannt. Sofern
ODBS Medien–Recovery überhaupt unterstützen, kann in der Regel nur
eine ganze Datenbank gesichert und wiederhergestellt werden. (Selbst bei
einem kommerziell relativ erfolgreichen System wie ObjectStore [LLOW91]
wurde erst in der Version 4 (Anfang 1996) die Verwendbarkeit von Logs für
Medien–Recovery ermöglicht.) Gründe für grobe Backup–Granulate liegen im
schnelleren Ablaufen der Datensicherung und in der einfacheren Implementierung aller am Recovery beteiligten DBMS–Komponenten. Im relationalen
Fall können die Daten, die logisch zu einer Tabelle gehören, physisch über
mehrere Dateien verteilt sein, und auch eine Datei kann Daten von mehreren
Tabellen enthalten. Das Auffinden und das selektive Bereitstellen der entsprechenden DB–Seiten sind mit Laufzeitkosten verbunden, die bei größeren
Backup–Granulaten nicht in dem Umfang anfallen. Dennoch gibt es Anwendungen, die ausgewählte Tabellen sichern wollen, und zwar unabhängig von
deren Plazierung in einem Table–Space. Dies kann nur mit EXPORT– bzw.
IMPORT–Funktionen des DBMS simuliert werden und führt dazu, daß diese
Datenaustauschprogramme gelegentlich zu den Backup–Programmen gerechnet werden [Pac95, Eic96].

Während ein EXPORT–Hilfsprogramm Daten aus einer Tabelle auswählt
und in eine Datei schreibt, fügt IMPORT Daten von einer EXPORT–Datei
in eine DB ein. Eine kritische Beschränkung ist die vom Betriebssystem ggf.
vorgegebene maximale Größe einer EXPORT–Datei. In den meisten UNIX–
Derivaten können heute nur Tabellen exportiert (und importiert) werden, die
kleiner als 2 GByte sind. Daß zur Auswahl der zu exportierenden Daten ein
Prädikat verwendet werden kann, wie es in SELECT–Anweisungen von SQL
zulässig ist, deutet auf die Implementierung der EXPORT–Funktion hin: Es
handelt sich um ein Transaktionsprogramm, das selbst unter Zuhilfenahme
von SELECT–Aufrufen realisiert ist. Analog laufen bei IMPORT INSERT–
Operationen ab, die die betroffenen Tabellen exklusiv sperren. Die Beeinflussung der laufenden DB–Verarbeitung ist offensichtlich. Laufzeitverbesserun-
gen werden durch optimierende IMPORT–Programme (z. B. bei DB2 LOAD,
bei Informix tbload) erzielt, die entweder formatierte DB–Seiten direkt in
die DB einbringen oder für die IMPORT–Daten nicht alle DB–Aktionen
auslösen, die bei „normalem" IMPORT angestoßen werden (u. a. Trigger
nicht aktivieren, kein Logging). Dies impliziert allerdings weitere Einschränkungen, z. B. kein Einfügen in Views und auch keine trivialen Datentyp-
konvertierungen (etwa zwischen verschiedenen numerischen Formaten). Die
jeweiligen Tabellen und Indexe müssen bei optimierenden IMPORT–Programmen in der Regel existieren. Beim Importieren von Daten beschränkt

sich die Kontrolle des DBMS auf die Überprüfung von Integritätsbedingungen. Es liegt in der Verantwortung des Benutzers bzw. DBA, die richtige (Version einer) EXPORT–Datei bereitzustellen. Dies ist insbesondere dann nicht trivial, wenn EXPORT/IMPORT mit Archiv–Recovery kombiniert wird, da im Log keine Zuordnungsinformationen protokolliert sind.

3.2.3 Schlußfolgerung

Die in DBS heute verbreitete „Archivierungsfunktionalität" unterscheidet sich von dem eingangs motivierten Archivierungsverständnis zusammenfassend in folgendem:

Traditionelle Archive sind selbständig benutzbare Räume oder Systeme. Archivalien werden dort abgelegt und bei Bedarf mit den im wesentlichen gleichen Techniken aufgesucht wie vor der Archivierung (z. B. Schlagwortsuche in „lebenden" und archivierten Aktenbeständen). Dagegen wird auf herkömmliche „Archivdatenbanken" nur im Fehlerfall zugegriffen, und zwar i. allg. über spezielle Dienstprogramme und nicht über die sonst üblichen DB–Operationen (DML–Befehle). Archivierte Dokumente sind dem Benutzer vertraute Objekte. Archivierte Log–Dateien und DB–Kopien hingegen sind physische Einheiten des DBS, die in keinem DB–Anwendungsprogramm eine Rolle spielen. Die Funktionen EXPORT und IMPORT können zwar auf (logische) Tabellen angewendet werden, sind aber aus anderen Gründen (u. a. Entzug der Kontrolle und Zugriffsmöglichkeit durch das DBS, keine Abstimmung mit Log, Formatabhängigkeit) nur zum Datenaustausch prädestiniert. In erster Linie ist es Aufgabe des DBA, für Datensicherung/Archivierung zu sorgen. Die entsprechenden Dienstprogramme des DBS kopieren Daten, statt sie ins Archiv zu verschieben. Eine gewünschte Systementlastung (siehe Abschnitt 2.1.4) findet auch dann nicht statt, wenn gesonderte Archivspeichermedien verwendet werden.

An dieser Stelle können wir das Neue an *anwendungsorientierten* DB–Archivierungskonzepten gegenüber Backup und Recovery bzw. Export und Import aufzeigen. Es folgt eine bewußt allgemein gehaltene Definition, um sowohl die wenigen bekannten Systemansätze als auch weiterführende Konzepte einordnen zu können.

3.3 Anwendungsorientiertes DB–Archivieren

3.3.1 Definition

Anwendungsorientierung eines DB–Archivierungsdienstes bedeutet die Unterstützung einer solchen Archivierungsfunktionalität, wie sie von der konventionellen Archivierung her bekannt ist – natürlich unter Berücksichtigung von DBS–Spezifika. Ein Unterschied zur konventionellen Archivierung liegt in der Art und Strukturiertheit der Archivalien. Digitalisierte technische

Zeichnungen oder andere als Datei vorliegende elektronische Dokumente sind eher untypische DB–Objekte. Viele DB–Anwendungen arbeiten mit feingranular strukturierten Daten, die Instanzen eines DB–Schemas sind. Auf solchen Daten liegt jedenfalls der Schwerpunkt dieser Arbeit. In Fortführung der ursprünglichen Begriffsbildung in [Her94b] („application–oriented database archiving") und Präzisierung der Darstellungen in [Her95a, Her95b] definieren wir wie folgt:

Anwendungsorientiertes DB–Archivieren ist ein von einem DBS[6] bereitgestellter Dienst zum Archivieren von Daten, die im DBS gespeichert sind, mit folgenden Charakteristika:

- Archivieren logischer Datengranulate
  DB–Anwendungen identifizieren (mittels DB–Operationen) die zu archivierenden Daten auf der Grundlage und in der Terminologie des jeweiligen Datenmodells und DB–Schemas bzw. in Übereinstimmung mit einer (wie auch immer gearteten) Datenorganisation. Im relationalen Fall sind die logischen Datengranulate Tupel, Tabellen oder Views; in semantischen Datenmodellen z. B. Klassen, Entities oder Beziehungen. Es gibt auch anwendungsorientierte Aggregations- bzw. Gruppierungskonzepte, die sich nicht (allein) auf DB–Schemaebene ausdrücken lassen: In EXPRESS/SDAI–DBS findet man als logische Datengranulate z. B. sog. SDAI–Modelle. Nur von *Datenmodellintegration* als Charakteristik zu sprechen, wäre folglich weniger allgemeingültig.

- Benutzerveranlassung
  Das Starten des Archivierungsvorgangs ist nicht ausschließlich vom Alter der Daten, dem Datenvolumen o. ä. abhängig; Archivierung kann auch durch andere „Reife"–Kriterien (z. B. Zeitpunkt der Freigabe einer technischen Änderung) ausgelöst werden. Nur aus Anwendungen heraus ist bekannt, welche Daten *ab wann* archiviert werden sollen. Also muß das DBS dem Benutzer (einschließlich Anwendungsprogrammierer, Anwendungsadministrator oder DBA) Funktionen (DDL– oder DML–Befehle) anbieten, mit denen er entweder bewußt oder ereignisgesteuert die Archivierung veranlaßt.

- Datenauslagerung
  Aktuelle und archivierte Daten werden grundsätzlich voneinander getrennt. Für Anwendungsdaten wird beim Archivieren eine *move*-Semantik (d. h. ein Verschieben der Daten in ein abgrenzbares, näher zu bestimmendes Archiv) gefordert, während für verschiedene Formen von Metadaten in der Regel eine *copy*-Semantik genügt. Bspw. sollten DB–Schemainformationen ohne Löschung im DB–Katalog in das Archiv kopiert werden. Das Archivieren muß so geschehen, daß die aktuelle DB transaktionskonsistent bleibt. Auf Archivseite kann es Abstufungen bzgl. einer Archiv–DB mit

---

[6] Wir schließen eine geeignete DBS–Erweiterung (etwa SDAI–Aufsatz) ein, da dies aus Sicht der Anwendungen, die die Daten verarbeiten und archivieren, ein Implementierungsdetail ist; siehe Abschnitt 3.5.2.

Archivschema (einschließlich der Gültigkeit von Integritätsbedingungen)
geben. Wenn nicht explizit vom Benutzer verlangt, berühren Anfragen, die
gegen die aktuelle DB gestellt werden, nicht die archivierten Daten. Die
Auslagerung erfolgt vorzugsweise auf kostengünstige Tertiärspeicher – also
nicht nur logisch, sondern auch physisch an einen anderen Ort.

– Archivzugriff
Archivierte Daten müssen langfristig über ein DBS – mit DB–Operationen
– zugreifbar sein, um eine Wiederverwendung der Daten unabhängig vom
Erzeugersystem zu unterstützen. Ob und wie es gelingt, die ursprünglichen
DB–Anwendungen (z. B. statistische Auswertungsprogramme oder Versor-
gung von CAx–Systemen) lauffähig zu halten, ist nicht Gegenstand der
Charakterisierung des integrierten DBS–Dienstes. Es muß aber möglich
sein, die archivierten Daten unter Kontrolle des DBS zu belassen und
ggf. neue DB–Anwendungen, z. B. Konvertierungsprogramme für eine veränderte Systemumgebung, schreiben zu können. Ein evtl. erforderliches
Zurückladen archivierter Daten von Archivspeichermedien wird über das
DBS gesteuert und vom DBS durchgeführt. Es wird erwartet, aber nicht
vorausgesetzt, daß archivierte Daten plötzlich einem wesentlich anderen
Zugriffsprofil unterliegen: Seltene, zeitunkritische und lesende Zugriffe überwiegen.

3.3.2 Archivierungs- und Nutzungsmodelle M1–M3

Die vorstehende Definition von anwendungsorientiertem DB–Archivieren gibt
einen *Rahmen* vor, innerhalb dessen verschiedene Archivierungs- und Nutzungsmodelle aufgestellt werden können. Die folgenden Modelle, M1–M3 genannt, stellen die Archivierungs- und Nutzungsvielfalt zwar nicht erschöpfend
dar, eignen sich aber gut zur Veranschaulichung verschiedener Vorgehensweisen beim Archivieren und zur Diskussion der jeweiligen Konsequenzen.

Wir gehen für M1–M3 davon aus, daß aus der Datenbank DB_1 mit DB–
Schema S_1, in dem die Menge I_1 an Integritätsbedingungen definiert ist,
Daten archiviert werden sollen. DB–Operationen seien (ohne Beschränkung
der Allgemeinheit) SQL–Befehle. Eine geeignete SQL–Spracherweiterung
erlaube das Archivieren aus und das Wiedereinlagern in DB_1. Als Archiv
resultiere eine Datenbank DB_2 mit dem zu diskutierenden Archivschema S_2
und Integritätsbedingungen I_2. Sowohl DB_1 als auch DB_2 befinden sich unter
Kontrolle des gleichen DBMS.

Archivierung besteht *konzeptionell* aus zwei Schritten:

1. Auswählen der zu archivierenden Daten (SELECT) und Löschen in DB_1
   (DELETE)
2. Einfügen der Daten in DB_2 (INSERT)

Man beachte, daß diese konzeptionelle Aufteilung und die Angabe der SQL–
Befehle hier nur zur Erläuterung der Semantik dienen. (Wir schlagen speziell
auf das Archivieren abgestimmte Erweiterungen von SQL in Kapitel 4 vor.)

Bezüglich der Transaktionslogik muß gefordert werden, daß DB_1 durch das Archivieren *transaktionskonsistent* bleibt, d. h., keine Integritätsbedingungen aus I_1 verletzt werden. Anfragen an DB_1 liefern jedoch keine archivierten Daten mehr.

Für die Stellung und die Qualität von DB_2 (im Sinne von anwendbaren Operationen) ergeben sich mehrere Alternativen (siehe Abschnitte 3.4 und 3.5.1). Für M1–M3 wollen wir nur den Fall betrachten, daß die **Nutzung** archivierter Daten ein Zurückladen aus DB_2 an die „ursprüngliche Stelle" erfordert, d. h., die archivierten Daten sollen wieder Teil von DB_1 werden. Dann geschieht auch das Zurückladen konzeptionell zweigeteilt:

1. Auswählen der Daten aus DB_2 (SELECT)
2. Einfügen in bzw. – falls nicht mehr vorhanden – Erzeugen von DB_1 (INSERT)

Die Assoziation des SQL–Befehls SELECT suggeriert zwar, daß DB_2 ein klar definiertes DB–Schema S_2 besitzt und Integritätsbedingungen (jetzt I_2) streng einzuhalten sind, um beliebige DB–Operationen anwenden zu können, aber dies ist nicht zwingend erforderlich: Solange die Verarbeitung ohnehin nur nach dem Zurückladen in DB_1 erfolgt, d. h., ein geeigneter Auswahlmechanismus für DB_2 existiert und ansonsten keine DB–Anwendungen direkt auf DB_2 aufsetzen, spielen die Definition von S_2 und die Kontrolle von I_2 nur eine untergeordnete Rolle. Aus diesem Grund haben wir auch bei Schritt 2 beim Archivieren ein mögliches Fehlschlagen wegen existierenden Integritätsbedingungen I_2 vernachlässigt.[7]

3.3.2.1 M1: abgeschlossener Kontext. Das (einfachste) Modell M1 besteht darin, daß *abgeschlossene Kontexte* komplett, d. h. ohne einschränkendes Selektionsprädikat, ausgelagert werden. Ein abgeschlossener Kontext ist ein solcher Teil von DB_1 (DB–Schema und dazugehörige Daten), der für sich allein I_1 erfüllt und in keiner semantischen Beziehung zu einem anderen Teil von DB_1 steht. Unter semantischen Beziehungen verstehen wir sowohl in S_1 dokumentierte Zusammenhänge zwischen Teilschemata (z. B. in Form einer referentiellen Integritätsbedingung) als auch weitere, nur aus der Anwendung heraus bekannte Abhängigkeiten zwischen Teilschemata (z. B. „sinnvolle" Auswertung von DB_1 erfordert bei Anfrage an Tabelle $X \in S_1$ auch Anfrage an Tabelle $Y \in S_1$). Werden bspw. Tabellen unter logischen Gesichtspunkten in einem Table–Space gruppiert, bilden diese Tabellen typischerweise einen abgeschlossenen Kontext. Da zur Abgrenzung eines abgeschlossenen Kontextes Anwendungssemantik herangezogen werden muß, kann keine formale Definition angegeben werden. Ein Spezialfall eines abgeschlossenen Kontextes ist offensichtlich die gesamte Datenbank DB_1.

Im Modell M1 kann das **Archivschema** S_2 ohne Einschränkung so definiert werden, daß es zum Archivierungszeitpunkt mit S_1 identisch ist.

---

[7] Die Diskussion kann auch so geführt werden, daß bzgl. DB_2 Transaktionskonsistenz gefordert wird, aber $I_2 = \emptyset$ gilt.

Nicht archivierte Daten haben lediglich leere Tabellen zur Folge, ändern aber nicht das DB–Schema. In puncto **Integritätsbedingungen** gilt insbesondere $I_1 = I_2$, und zwar problemlos: Abgeschlossene Kontexte verletzen weder als Teil von DB_2 (per Definition) noch bei der Auslagerung aus DB_1 (geforderte Transaktionskonsistenz) Integritätsbedingungen.

Auch die **Wiedereinlagerung** eines abgeschlossenen Kontextes bereitet vergleichsweise wenig Probleme: Nur zwischenzeitlich in DB_1 eingebrachte Daten können beim *INSERT*–Schritt zu Konflikten führen, z. B. die Primärschlüsselintegrität verletzen. Hier kann einerseits argumentiert werden, daß bei der Nutzung der archivierten Daten genau diese – und nicht die ggf. in DB_1 vorhandenen – Daten sichtbar sein sollen. Wir weisen andererseits darauf hin, daß auch die Vereinigung wiedereingelagerter mit vorhandenen Daten möglich ist, wenn *übergreifende Integritätsbedingungen* (Abschnitt 4.3) eingeführt werden.

Unterlag S_1 einer **Schemaevolution**, während S_2 eingefroren war, gibt es zwei Vorgehensweisen: Entweder muß S_1 „überschrieben" werden, d. h., es wird auf den alten Stand S_2 (mit alten DB–Anwendungen) zugegriffen, oder es gelingt die Umsetzung der Daten von S_2 nach S_1, um neue DB–Anwendungen mit alten Daten versorgen zu können. Bei der ersten Vorgehensweise liegt das Problem darin, die alten Anwendungen lauffähig zu halten („Refresh" der Programme). Bei der zweiten Vorgehensweise müssen Anpassungsprobleme gelöst werden, die um so größer sind, je weiter S_1 und S_2 „auseinandergedriftet" sind. Die Datenanpassung an ein geändertes DB–Schema erfordert Vorgaben vom Benutzer/DBA (Umkehrabbildung der Schemaänderung) und bedeutet in der Regel Informationsverluste.

3.3.2.2 M2: nicht abgeschlossener Kontext / grobe Granularität. Werden abgeschlossene Kontexte *nicht komplett* ausgelagert, wollen wir dies unter dem Archivierungs- und Nutzungsmodell M2 zusammenfassen. Die archivierten Kontexte sollen aber immer noch so *grobgranular* sein, daß die erwarteten Auswertungen auf diesen Daten mit hinreichender Qualität durchgeführt werden können. Typische Archivierungsgranulate in M2 sind – bezogen auf RDBS – ganze Tabellen oder solche Views, die Basistabellen durch Selektionsprädikate einschränken. Es sei nochmals erwähnt, daß bzgl. DB_1 keine Abstriche an der geforderten Transaktionskonsistenz infolge der Auslagerung erlaubt sind, d. h., die Integritätsbedingungen I_1 bleiben in DB_1 erfüllt. Als Anwendungsbeispiel für einen nicht abgeschlossenen, grobgranularen Kontext führen wir die Selektion aller Datensätze einer „Verkaufstabelle" $V \in S_1$ an, die die Verkäufe (Angabe von verkauftem Artikel, Produzent, Menge, Datum) eines bestimmten Jahres repräsentieren. In S_1 sollen exemplarisch zwei Integritätsbedingungen i_1 und i_2 gelten: Zum Zeitpunkt des Verkaufs eines Artikels (beim Einfügen in V) sorge i_1 dafür, daß Angaben über den Produzenten vorliegen, d. h., ein entsprechender Datensatz in der „Produzententabelle" P existiert oder dort eingefügt wird. Diese Information verliere aber im Laufe der Zeit an Bedeutung, so daß eine spätere

Löschung der Produzentendaten erlaubt sei. Folgerichtig wird i_1 über einen Trigger realisiert und nicht als Schlüssel-/Fremdschlüsselbeziehung zwischen V und P abgebildet. Nachdem V mindestens n Sätze enthält, werde i_2 mit der Forderung ergänzt, daß V trotz Löschens oder Archivierens nicht weniger als n Sätze aufweisen soll (z. B. zwecks statistischer Auswertungen vorgegebener Güte).

In M2 ist das **Archivschema** S_2 in der Regel nicht mit S_1 identisch. Zwar kann S_2 die gleiche Tabellenstruktur wie S_1 aufweisen, aber es gelten nicht die gleichen **Integritätsbedingungen** ($I_1 \neq I_2 \rightarrow S_1 \neq S_2$). Im Anwendungsbeispiel sollte weder i_1 noch i_2 in I_2 übernommen werden: Weniger als n Sätze dürfen archiviert werden und damit Inhalt von $V \in S_2$ sein, bzw. ein „Einfügen" in $V \in S_2$ ist auch dann zulässig, wenn Details zum Produzenten fehlen. Daher ist es sogar ratsam, auf P ganz in S_2 zu verzichten. Noch weitergehende Abweichungen zwischen S_1 und S_2 sind denkbar, z. B. das Anlegen einer separaten Archivtabelle V pro Jahr. Wenn also schon ein Archivschema S_2 dem Benutzer sichtbar gemacht wird bzw. entworfen werden muß, sollte es auf die Archivierungsgranulate abgestimmt und bzgl. Integritätsbedingungen weniger restriktiv sein.

Die **Wiedereinlagerung** eines nicht abgeschlossenen Kontextes in DB_1 ist problematischer als in M1: Die Daten müssen an S_1 angepaßt werden und I_1 erfüllen. Bezogen auf das Anwendungsbeispiel darf i_1 nicht dahingehend interpretiert werden, daß der Trigger zum Einfügen in P beim *INSERT*-Schritt der Wiedereinlagerung in V aktiviert wird. Bezogen auf i_2 gibt es Probleme, wenn weniger als n Sätze archiviert wurden – was in M2 zulässig ist – und keine Vereinigung mit in DB_1 vorhandenen Daten erfolgen darf (siehe Primärschlüsselproblem in M1). Läßt sich Konsistenz gemäß I_1 nicht wieder herstellen, müssen die betroffenen Integritätsbedingungen in I_1 explizit außer Kraft gesetzt werden. Dann besitzt die aus dem Archiv wiedergewonnene DB_1 nicht die gleiche Qualität wie vor dem Archivieren, was zu einer Einschränkung der Nutzung führen kann. Im Anwendungsbeispiel würde sich etwa die Güte der statistischen Auswertung verringern. Werden jedoch Vorkehrungen für die spätere Vereinigung aktueller mit archivierten Daten getroffen (u. a. Prävention von Primärschlüsselkonflikten), ergeben sich diese Nutzungsbeschränkungen nicht.

Die Aussagen in M1 zur **Schemaevolution** gelten gleichermaßen in M2. Zusätzlich ist zu beachten, daß – wie oben diskutiert – S_1 und S_2 bereits zum Archivierungszeitpunkt voneinander abweichen. Das DBMS muß beim Wiedereinlagern auch dann eine Umsetzung der Daten von S_2 nach S_1 vornehmen, wenn sich S_1 nicht geändert hat. Bei Änderungen an S_1 ergibt sich im Anschluß an diese Umwandlung wiederum eine der beiden genannten Vorgehensweisen: entweder die alten, lauffähig gehaltenen Anwendungen auf das alte DB–Schema aufsetzen oder neue Anwendungen mit den wiedergewonnenen, aber an das veränderte DB–Schema angepaßten Daten versorgen.

3.3.2.3 M3: offener Kontext / feine Granularität. In Modell M3 wird
die für M2 charakteristische grobe Granularität der auszulagernden Daten
nicht gefordert, d. h., es wird auf die weitgehende Kontextabgeschlossenheit
archivierter Daten verzichtet. Wir betonen die Nichtbeachtung von Zusammenhangs- und Integritätseigenschaften im Archivierungsgranulat durch die
Bezeichnung *offener Kontext*. In M3 sind also beliebige Tupel und Views
(*feingranular*) archivierbar, sofern die Transaktionskonsistenz von DB_1 (I_1)
durch die Auslagerung nicht gefährdet wird.

Wenn in M3 von einer Archiv–DB mit **Archivschema** gesprochen wird,
dann unter dem Zugeständnis, daß die dort aufbewahrten Daten keine **Integritätsbedingungen** erfüllen brauchen. Im Extremfall gilt $I_2 = \emptyset$. Die
alleinige Nutzung ausgelagerter Daten – ohne Bereitstellung von Zusatzinformationen bzw. ohne Wiedereinlagerung – ist entweder nicht beabsichtigt
oder soll zumindest nur in stark eingeschränktem Maße erfolgen (z. B. nur
Untermenge lesender DB–Operationen).

Feingranulare Kontexte, die dennoch in annähernd gleicher Qualität wie
vor der Archivierung aus DB_1 wieder in DB_1 ausgewertet werden sollen[8],
reagieren auf **Schemaevolution** von S_1 empfindlicher als grobgranulare
Kontexte: Ihre Interpretation ist aufgrund der fehlenden Kontexteigenschaft
ohnehin problematisch und an den ursprünglichen DB–Zustand, insbesondere an das zum Archivierungszeitpunkt geltende S_1, gebunden. Es soll
weiterführenden Untersuchungen vorbehalten bleiben, den Grad der Automatisierbarkeit von Datenanpassungen und den Umfang von Informationsverlusten bei Wiedereinlagerung offener Kontexte in eine veränderte DB–
Umgebung zu studieren.

3.4 Verwandte Ansätze

Im folgenden geben wir publizierte oder in existierenden Systemen vorzufindende Ansätze an, die unsere Definition von anwendungsorientiertem DB–
Archivieren wenigstens teilweise erfüllen. Für einen Vergleich der unterschiedlichen Ansätze ist es hilfreich, einen Bezug zu den Archivierungs- und Nutzungsmodellen M1–M3 herzustellen. Außerdem bereiten wir eine funktionale
Klassifikation von anwendungsorientiertem DB–Archivieren vor, in die wir
die einzelnen Ansätze im Anschluß einordnen. Die Untergliederung dieses
Abschnitts entsteht durch die Konkretisierung der definierenden Charakteristik *logische Datengranulate*: Bei den *hierarchischen* und *netzwerkorientierten*
DBS existieren unseres Wissens nach keine über DB–Backup hinausgehenden

---

[8] Die offensichtlichen Schwierigkeiten beim Aufsetzen von DB–Anwendungsprogrammen auf inkonsistente Daten (zumindest im allgemeinen Fall inkonsistent
bzgl. I_1) sollen nicht zum generellen Ausschluß von M3 führen. Vielmehr
sind weitere Forschungsarbeiten gefragt, die Verarbeitungsklassen (Klassen
anwendbarer DB-Operationen) in Abhängigkeit von Konsistenzabstufungen
ermitteln.

Archivierungskonzepte. Deshalb beginnen wir die Darstellung relevanter Ansätze mit einer Erweiterung, die für RDBS vorgeschlagen wurde. Daran schließen sich Ansätze in erweitert–relationalen DBS und ODBS an.

3.4.1 Codds Vorschlag für Archivierung in RDBS

Unabhängig von der stufenweisen SQL–Normung bezeichnet Codd die Gesamtheit seiner Veröffentlichungen über das relationale Datenmodell bis zum Jahr 1978 als Version 1 (kurz RM/V1). Seine Vision ist es, daß die Vielzahl an Erweiterungen, die er als Version RM/T [Cod79] publizierte, anteilig und schrittweise in Versionen RM/V2, RM/V3 usw. Eingang finden und von RDBS–Herstellern implementiert werden. Selbst ein „RM/V2–DBS" gibt es heute (noch?) nicht. Wir gehen dennoch auf Codds Vorschläge für **RM/V2** in puncto Archivierung ein und halten uns dabei eng an den Originaltext in [Cod90], um die begrenzte Funktionalität und den geringen Detailliertheitsgrad aufzuzeigen. Ohne weitere Erklärung findet man unter dem Kapitel „Prinzipien des Entwurfs von DBMS" auf S. 357 von [Cod90]:

> **„Automatic Archiving**
> The DBMS supports the automatic archiving of data when it reaches an age specified by the DBA. The frequency of archiving is also specified by the DBA (e.g., once every quarter of a year). It must also be possible to re-activate any relational snapshot that has been archived."

Ohne direkte Bezugnahme auf diese allgemeine und unpräzise Forderung an ein DBMS, Daten in Abhängigkeit ihres Alters zu festlegbaren Zeitpunkten archivieren zu können, werden auf S. 167 zwei Befehle vorgeschlagen:

> **„The ARCHIVE Command**
> This command stores a specified R-table in the archive storage, and attaches to it either the specified name or, if such a name is not supplied, the name of source R-table with the present date appended [...]. It also attaches the name or identification of the source database from which it was archived."

> **„The REACTIVATE Command**
> This command, invoked for an R-table that was previously archived, copies the specified R-table from archive storage into storage that is more readily accessible. The reactivated copy becomes part of the database specified in the REACTIVATE command. Alternatively, if the database name is omitted, it once again becomes part of the source database. If in the process an R-table with the same name (including archiving date where applicable) is encountered in the receiving database, it is over-written."

Codd verwendet „R-table" für eine beliebige Tabelle einschließlich Views. Die knappen Erläuterungen, die dem ARCHIVE– und REACTIVATE–Befehl vorausgehen, enthalten die Motivation für die Einführung dieser Befehle: Einsparung von Plattenplatz durch Auslagerung „fast oder vollständig inaktiver Daten". Dieser Aspekt ist Teil unserer Definition von anwendungsorientiertem DB–Archivieren. Auch logische Datengranulate (Datenmodellbezug) und Archivzugriff liegen vor – wenngleich nur rudimentär, denn Anfragen an archivierte Daten sind erst nach deren Reaktivierung möglich, d. h. nach deren Zurückladen in eine DB. Zu den offenen Fragen zählen die Angemessenheit der Identifikation von Tabellen mit der Konsequenz ihres Überschreibens (in beiden Richtungen) und das Systemverhalten beim Archivieren und Reaktivieren von insbesondere nichtaktualisierbaren („non updatable") Views. Was im Fall zwischenzeitlicher Änderungen am DB–Schema passieren soll, wird nicht klargestellt. Von Benutzerveranlassung kann nicht gesprochen werden: Ausschließlich der DBA legt Ereignisse fest, auf die hin die Archivierung von Tabellen angestoßen werden soll. Der Befehl ARCHIVE ist dazu zusammen mit der Trigger–Bedingung im DB–Katalog abzulegen und nicht als Aktion eines Anwendungsprogramms auszuführen. Die Archivierung ist also weder in die DDL/DML eingebettet, noch sind DML–Operationen auf Archivtabellen anwendbar. Da nichts über Einschränkungen bei der Definition von Views ausgesagt wird, können einzelne Tupel ohne Rücksicht auf Integritätsbedingungen, also *offene Kontexte* gemäß Modell M3 archiviert werden. Daß die Konsequenzen aus einer solchen Spezifikation des ARCHIVE–Befehls nicht hinreichend beachtet worden sind, wird auch daran deutlich, daß nicht einmal die Transaktionskonsistenz der aktuellen DB ausdrücklich verlangt wird.

3.4.2 Konzepte in erweitert–relationalen DBS

Der DBS–Prototyp **Postgres** (der initiale Aufsatz ist [SR86]) kann als erweitert–relationales System eingestuft werden, weil Konzepte implementiert wurden, die weit über das relationale Modell hinausgehen, z. B. eine Form der (Attribut–)Vererbung an abgeleitete Tabellen (Klassen genannt), Identifikation von Tupeln (Objekten) über OIDs, Erweiterbarkeit um benutzerdefinierte Datentypen und Funktionen. Der Entwurf der Speicherverwaltung von Postgres sah zumindest konzeptionell das Auslagern von Daten in ein Archiv vor [Sto87]. Hierbei sind folgende Besonderheiten zu beachten: Es qualifizieren sich nur solche Tupel für die Übertragung auf vorzugsweise WORM–Platten, die zurückliegende Zustände einer Tabelle repräsentieren. Aktuell ungültige Tupel, d. h. solche, die durch Transaktionen gelöscht oder aktualisiert wurden, bleiben nur in *temporalen Datenbanken* [TCG+93] überhaupt erhalten. Postgres ist mit seinem Konzept des *Time–Travel*, d. h. der möglichen Spezifikation historischer (auf vergangene absolute

Zeiten bezogene) Anfragen, ein *transaktionszeitunterstützendes*[9] DBS. Wir geben die Beispielanfrage gegen die Tabelle EMP aus [SK91] wieder, in der T für eine in der Vergangenheit liegenden Transaktionszeit steht:

```
retrieve (EMP.salary)
from EMP [T]
where EMP.name = "Sam"
```

Auch in der jüngsten Implementierung *Postgres95* [YC95], die als Datenbanksprache erstmals (eine erweiterte Untermenge von) SQL statt POSTQUEL anbietet, können keine aktuell gültigen Daten archiviert werden. Ein logisch abgetrenntes, eigenständiges Archiv als Gegenstand von Anfragen existiert nicht. Das asynchrone Kopieren von „alten" Tupeln in den Archivspeicher (jeweils eine in Extents vergrößerbare Datei, die eindeutig einer Tabelle zugeordnet ist) übernimmt ein separates Dienstprogramm, der sog. *Vacuum–Cleaner.* In [Sto91] findet man noch den Vorschlag, eine dreistufige Hierarchie von logischen Datenbanken einzurichten, die an eine Speicherhierarchie gebunden ist: Ein DB–Objekt soll in einer Hauptspeicher–DB, Magnetplatten–DB oder Archiv–DB residieren und zwischen den Hierarchieebenen migrieren. Hier ist es wiederum eine als Vacuum–Cleaner bezeichnete Software, die die Steuerung der Migration, das Caching von DB–Objekten und die Platzverwaltung auf den Speichermedien übernehmen soll. In implementierten Versionen von Postgres aktualisiert der Vacuum–Cleaner vor allem DB–Statistiken, welche die Grundlage der Erzeugung von Ausführungsplänen durch den Optimierer sind. Deshalb wird in Postgres–Handbüchern die häufige Aktivierung des Vacuum–Cleaner empfohlen, und die physische Archivierungsfunktion gerät in Vergessenheit. Eine benutzergesteuerte Auswahl von Daten, die „vakuumisiert" werden sollen, ist praktisch nicht möglich. Der Speicherplatz, der durch die Auslagerung von Tupeln freigeworden ist, wird gegenwärtig weder an die Dateiverwaltung des Betriebssystems zurückgegeben noch wiederbelegt. Postgres bleibt für die vorliegende Arbeit deshalb von Bedeutung, weil es frühzeitig eine Einbeziehung von Tertiärspeicher in DBS vorsah und dahingehend überarbeitet wurde, daß heute Tabellen direkt auf anderen Speichermedien als Magnetplatten angelegt werden können [Ols92].

Systematisch wurde *Vacuuming* mit Löschsemantik für temporale Datenbanken in [JM90] untersucht. Die Notwendigkeit der physischen Entfernung von Daten aus einem transaktionszeitunterstützenden DBS liegt in der Tatsache begründet, daß Änderungsoperationen durch temporale DB–Anwendungen auf Speicherebene keine überschreibenden oder löschenden, sondern nur anfügende Operationen sind (*append–only*). Um den kontinuierlichen Datenzuwachs dennoch zu begrenzen, kann ein Abschneidezeitpunkt *(Cut–Off Point)* zu einer Tabelle definiert werden. Abschneidezeitpunkte sind Trans-

---

[9] In temporalen Datenmodellen wird *Transaction Time* (Zeit des Eingehens in die DB, in [Kä92] auch Aufzeichnungszeit genannt) von *Valid Time* (Gültigkeitszeit bzgl. der modellierten Realität) unterschieden.

aktionszeitangaben, die die erfragbare „Reichweite in die Vergangenheit" festlegen und das physische Löschen älterer Tupel einer Tabelle veranlassen. Zur Illustration geben wir das Beispiel aus [Jen94] an, das in **TSQL2** formuliert ist. Der Sprachvorschlag TSQL2 erweitert SQL2 um temporale Anfragekonzepte; eine umfassende Darstellung enthält [Sno95].

```
CREATE TABLE EmpDep (Name CHARACTER (30) NOT NULL,
                     Dept CHARACTER (30) NOT NULL)
AS TRANSACTION YEAR (2) TO DAY
VACUUM NOBIND(DATE 'now - 7 days');
```

Die Angabe des Abschneidezeitpunkts `'now - 7 days'` bewirkt einerseits das automatische Ausblenden von (aktuell ungültigen) Tupeln, die durch Transaktionen vor mehr als 7 Tagen modifiziert wurden und andererseits das entsprechende Verkürzen von solchen Transaktionszeitintervallen, die mit dem Abschneidezeitpunkt überlappen. Das physische Löschen kann asynchron geschehen, sofern z. B. durch Anfragemodifikation seitens des temporalen DBS sichergestellt wird, daß keine Zugriffe auf Daten vor dem Abschneidezeitpunkt erfolgen. Ein Retten der gelöschten Daten auf Archivspeicher wie bei Postgres oder wie im Ausblick von [JM90] als „Offline–Archivierung" angedacht, ist in TSQL2 nicht spezifizierbar. Vacuuming in TSQL2 ist folglich irreversibel. Man beachte, daß die vorgeschlagenen Sprachkonstrukte Teil der DDL – also keine explizit ausführbaren DML–Operationen – sind und daß kein anderes Auswahlkriterium als Transaktionszeit unterstützt wird.

Die Zuordnung von Anfragekonzepten in temporalen DBS zu einem der angegebenen Archivierungs- und Nutzungsmodelle fällt schwer, da das „Archiv" durch die Gesamtheit der zurückliegenden DB–Zuständen gebildet wird. Eine temporale DB ist stets transaktionskonsistent – auch auf vergangene, aufbewahrte Zustände bezogen –, sofern *kein* Vacuuming bzw. bei Postgres kein Vacuuming „ins Leere" erfolgte. Für die Menge der in einer Transaktion (feingranular: tupelweise) gelöschten oder aktualisierten Daten gilt dies nicht, aber gegen diese Daten allein werden auch keine Anfragen gestellt.

Ein nichttemporaler Ansatz zum DB–Archivieren, also eine Bestimmung der zu archivierenden Daten ohne datenmodellintegrierte (Transaktions–) Zeit, wurde im Zusammenhang mit dem Prototyp DASDBS [SPSW90] verfolgt. DASDBS ist ein Datenbankkernsystem, für das anwendungsnahe Verwaltungsschichten (Frontends) entworfen wurden. Überlegungen zur Archivierung findet man in Verbindung mit dem Frontend für **Büroanwendungen auf DASDBS** [ZPD90, Zab90]. Wir ordnen DASDBS unter erweitert-relationalen Systemen ein, weil bereits das Kernsystem komplexe Objekte, hier Tupel mit nichtatomaren Attributen, speichert und den Frontends bereitstellt. Daß an dieser Schnittstelle Adressen von Subobjekten (sog. „link sets" [SPSW90]) sichtbar sind, ist ein Implementierungsdetail; konzeptionell verwaltet DASDBS *geschachtelte Tabellen* und läßt sich somit durch das NF^2–Modell (Non–First Normal Form) beschreiben [SS86, DKA$^+$86, AFS89].

Die DBS–Kern–Architektur von DASDBS sieht keine *Zugriffspfade* innerhalb
des Kernsystems vor, d. h., z. B. baumförmige Indexe oder Hashtabellen
müssen außerhalb des Kernsystems (in den Frontends oder in einem geson-
derten Zugriffspfadmodul) implementiert werden. Sie werden auf „normale"
NF^2–Tabellen des Kernsystems abgebildet. Im Fall des Büroanwendungs–
Frontends sind Signaturen die bevorzugten Zugriffspfade [FC87, ZPD90]. Das
zentrale, dem Benutzer angebotene Modellierungskonzept ist das *Dokument*.
Zur Arbeit mit Dokumenten werden verschiedene Funktionen vorgesehen,
u. a. die Funktion `archive_document`: Hiermit wird das einem Dokument
zugeschriebene Archiv–Flag, eine Kennung für den *logischen* Archivierungs-
status, gesetzt. Gleichzeitig wird der Zugriffspfadeintrag für das Dokument
von dem Zugriffspfad für aktive Dokumente (`S_Documents`, wobei `S` für
Signatur steht) in den Zugriffspfad für archivierte Dokumente (`S_nfu_Docu-
ments` mit `nfu` für „not frequently used") verschoben. Eine nicht näher be-
schriebene Übersetzung von Anfragen des Frontend–Benutzers in Anforderungen an das Kernsystem soll sicherstellen, daß Zugriffe stets über einen –
den richtigen – Zugriffspfad erfolgen. Der Zugriffspfad `S_nfu_Documents` wird
demnach nur bei gezielten Anfragen an archivierte Dokumente benutzt.
Interessant an diesem Ansatz ist vor allem, daß die logische Archivierung
vollständig von der physischen Datenauslagerung, hier *Dokumentmigration*
genannt, getrennt wird. Es ist anvisiert, daß eine NF^2–Tabelle `nfu_Documents`
auf optischen Platten angelegt wird, während die NF^2–Tabelle `nfu_Documents`
magnetplattenresidente Dokumente hält. Die Migration von Dokumenten
in beiden Richtungen ist Aufgabe der Systemkomponente *Archiv–Manager*.
Der Archiv–Manager verschiebt Daten und modifiziert entsprechend die
Zugriffspfade in Auswertung verschiedener Kriterien, wie z. B. Zugriffshäufigkeit, verfügbarer Speicherplatz, Wiedervorlagedatum eines Dokuments und
natürlich auch – aber weder ausschließlich noch erzwungenermaßen – in
Abhängigkeit des Archiv–Flag.
Zusammenfassend bewerten wir die in [ZPD90] vorgeschlagenen Konzepte
als eine Variante anwendungsorientierten DB–Archivierens in einer Büroum-
gebung. Es liegt zwar keine DDL/DML–Spracheinbettung vor, wohl aber
Benutzerveranlassung (durch eine konzipierte Funktion) und Unterstützung
logischer Datengranulate (Dokumente eines Bürodokumentmodells). Nach
unserer Auffassung handelt es sich bei einem archivierten Dokument um einen
grobgranularen, nicht abgeschlossenen Kontext gemäß M2, da Referenzen
zwischen Dokumenten offenbar nicht berücksichtigt werden. Daraus ergeben
sich zwar Nutzungsbeschränkungen (referenzierte Dokumente unter Umständen nicht auffindbar), die aber kalkuliert scheinen.

3.4.3 Ansätze in ODBS

Die Forderung an ein DBS, einen Archivierungsmechanismus für logische
DB–Objekte bereitzustellen, findet man explizit in [EL90]. Konkretisiert

wird diese Forderung anhand des Prototyps **PRODAT** – eines strukturell–
objektorientierten DBS für Ingenieuranwendungen. Im folgenden beziehen
wir uns auf PRODAT's Nachfolgespezifikation APRIL [BK89], sprechen aber
der Einfachheit halber weiterhin von PRODAT. (Auch die Entwicklung von
APRIL wurde inzwischen eingestellt.) Das PRODAT-Objektmodell POM
unterscheidet zwischen einfachen und komplexen Objekten. Letztere sind
azyklisch aus einfachen Objekten (und diese wiederum aus Attributen und
einem nicht weiter vom System interpretierten Inhalt) mittels Beziehungen
(*Relationships*) aufgebaut. Zugriffe auf Objekte erfolgen über OIDs. Es
gibt weder objektspezifische Methoden noch eine DML im strengen Sinn;
sämtliche Lese- und Schreiboperationen werden über parametrisierte C–
Funktionen abgewickelt. Das Auffinden von Objekten erfolgt ausschließlich
über Navigation entlang der materialisierten Beziehungen. Die Funktion
`pom_getallchildobj` liefert bspw. eine Liste der OIDs aller Nachfolgeobjekte
eines Objekts entsprechend einer durch Beziehungen definierten Hierarchie.
Die Funktion `pom_archiveobj` archiviert sowohl einfache als auch komplexe
Objekte mit folgender Besonderheit: PRODAT realisiert eine *uniforme* Sicht
auf archivierte und nicht archivierte Objekte, d. h. organisiert alle Objekte
einer Datenbank in einem gemeinsamen Objektraum. Die logische „Trennung"
zwischen archivierten und nichtarchivierten Daten liegt nur indirekt, nämlich
über einen Objektstatus vor. Die Archivierungsfunktion versetzt ein Objekt
lediglich in den Status „archiviert". Der Objektstatus kann jederzeit abgefragt
werden, da physisch nur die benutzerdefinierten Attribute und der Objektin-
halt ausgelagert werden; Status-, Referenz- und Registrierungsinformationen
verbleiben weiterhin im Sekundärspeicher. Eine solche „Grabsteintechnik"
ist an sich nicht neu, man vergleiche das Implementierungskonzept für
Historiendaten über TIDs (Tuple Identifier) in AIM–P [DT87]. In PRODAT
können archivierte Objekte nur dann verarbeitet werden, wenn sich das
Archivspeichermedium im Online–Zugriff befindet. Anwendungsprogramme
weisen insofern eine starke Geräteabhängigkeit auf, da jedes archivierte
Objekt an genau einen Datenträger (hier ist an optische Platten gedacht) gebunden wird. PRODAT initialisiert den Datenträger mit einer Kennung, die
im „Objektgrabstein" gespeichert wird. Die Kennung ist beim Fehlschlagen
eines Leseversuchs mittels `pom_getobjarchive` zu ermitteln, der Datenträger
physisch bereitzustellen und anschließend `pom_mountarchive` aufzurufen,
um den Leseversuch zu wiederholen. Neben der Codierung von Medien-
verwaltungsaspekten in der Anwendung steht die Verwendung eines nicht
auf Standards beruhenden Datenmodells und API der Langzeitarchivierung entgegen. Positiv hervorzuheben sind die Benutzerveranlassung und die
Unterstützung logischer Datengranulate: Nicht nur einfache und komplexe
Objekte[10] können archiviert werden, sondern auch ganze PRODAT-Daten-
banken. Man könnte daher meinen, daß alle drei Archivierungs- und Nut-

---

[10] In PRODAT werden Versionen und Konfigurationen auf komplexe Objekte abgebildet und sind als solche ebenfalls archivierbar.

zungsmodelle gemäß Abschnitt 3.3.2 unterstützt werden. Einschränkend gilt aber, daß bei nicht komplett archivierter DB (*abgeschlossener Kontext* gemäß M3) ohne das Vorhandensein der ursprünglichen DB die archivierten Objekte überhaupt nicht genutzt werden können, da dann der Zugriff nur über „Objektgrabsteine" möglich ist.

Unter kommerziellen ODBS haben wir eine von Backup verschiedene Archivierungsfunktionalität nur bei **VERSANT** gefunden [Ver95]. Konzeptionell ist der Archivierungsansatz in VERSANT dem in PRODAT sehr ähnlich. Auch hier liegt ein uniformer Objektraum vor, archivierte und nicht archivierte Objekte unterscheiden sich im Status und in den anwendbaren Operationen (z. B. keine Updates auf archivierten Objekten). Wird bei der Navigation ein archiviertes Objekt erreicht, wird durch VERSANT allerdings sofort eine Ausnahmebehandlung aktiviert, die eine geeignete Aufforderung an den DBA oder das automatische Laden eines Archivmediums bewerkstelligen sollte. Konkret veranlaßt der Anwendungsprogrammierer mit der System–Methode `archive` das Auslagern einer Menge ausgewählter Objekte unter Zurücklassen von „Objektgrabsteinen" (hier Stellvertreter bzw. „proxy objects" genannt). Jegliche Zugriffe auf ein archiviertes Objekt erfordern zuerst seine Reaktivierung (intern ein synchrones Zurückladen) mit Hilfe der System–Methode `restore`, die ebenfalls auf eine Menge von Objekten gleichzeitig anwendbar ist. Archivierte Objekte lassen sich nur über ihre Stellvertreter, also nur von der Ursprungsdatenbank aus, reaktivieren. Ein weiterer Unterschied im Vergleich zu PRODAT liegt darin, daß VERSANT nicht das Konzept einer benutzerbenannten Archivdatenbank kennt, die sichtbar an einen bestimmten Datenträger gebunden ist. Allerdings ist auch eine Archivdatenbank in VERSANT nach dem eben Gesagten nicht eigenständig zugreifbar. Eine ernste Einschränkung bei der Archivierung von Objekten betrifft die Archivierung von Schemainformationen. Auch Klassen sind in VERSANT Objekte, die allerdings nicht archiviert werden können. Implizit werden gewisse Schemainformationen offenbar gemeinsam mit Objekten archiviert. Denn bei „nicht kompatiblen" [Ver95] Änderungen von Klassendefinitionen in der aktuellen Datenbank können Objekte dieser Klasse, die vor der Änderung archiviert wurden, nicht wieder reaktiviert werden. Folglich lassen sich dann entweder die gleichen DML–Operationen wie auch vor der Archivierung oder überhaupt keine Operationen mehr anwenden. Insofern können bei „nicht kompatiblen" DB–Schemaänderungen nicht einmal abgeschlossene Kontexte mit dem Ziel der Wiederbenutzung archiviert werden.

3.5 Klassifikation von anwendungsorientiertem DB–Archivieren

Im folgenden werden wir von den dargestellten Archivierungsansätzen in konkreten Datenmodellen und Systemen abstrahieren und anwendungsorientiertes DB–Archivieren auf zweierlei Arten klassifizieren. Zum einen unterscheiden wir nach der *Funktionalität*, die einer DB–Anwendung geboten wird. Hier ergeben sich weitere, über die vorgestellten Ansätze hinausgehende Funktionalitätsklassen. Zum anderen wird die Frage, welche Systemkomponente der Anwendung die Archivierungsfunktionalität erbringt, zu einer *implementierungstechnischen* Klassifikation führen.

3.5.1 Funktionale Klassifikation

Ein *Archiv* bezeichne die Gesamtheit aller logisch archivierten Daten. (Daß diese Menge nicht notwendigerweise mit der Menge der physisch archivierten, d. h. auf Archivspeicher migrierten Daten zusammenfallen muß, wurde bereits erwähnt.) Dann gibt es aus Sicht von Anwendungen, die mit Archiven arbeiten, zwei grundsätzliche **Betrachtungsweisen für Archive**, siehe Abbildung 3.1 [HKS95].

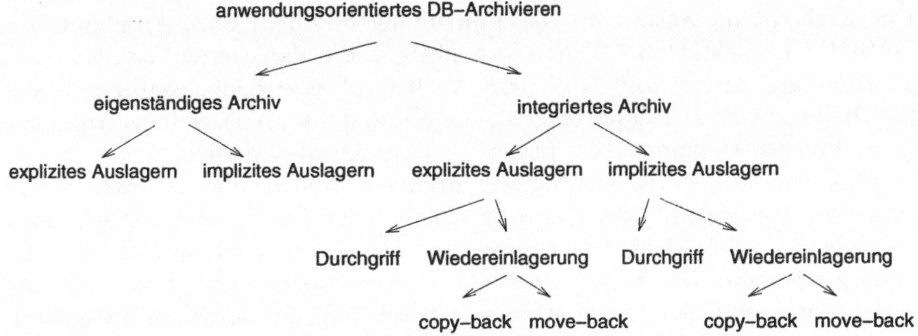

Abbildung 3.1. Funktionale Klassifikation anwendungsorientierten DB–Archivierens

Archive können entweder *eigenständig* oder *integriert* sein. **Eigenständige Archive** sind insofern *abgeschlossen*, als sie nach der Aufnahme der ausgelagerten Daten mindestens konzeptionell unabhängig von den aktuellen Daten bzw. den Ursprungsdatenbanken existieren und benutzt werden können. Eigenständige Archive sind somit direkt Gegenstand von DB–Anfragen. Von sinnvollen Beschränkungen wie der Nichtausführung von Änderungen an archivierten Daten abgesehen, sind prinzipiell alle DML–Operationen anwendbar. Ob die archivierten Daten in eine aktuelle Arbeitsumgebung zurückgeladen werden können oder sollten, ist von untergeordneter Bedeutung für die Charakterisierung eigenständiger Archive. Fragen des transparenten Caching oder Umschichtens (Migration) archivierter Daten in eine und innerhalb einer Speicherhierarchie sind Implementierungsaspekte. Wesentlich bleibt, daß keine logische Wiedereinlagerung der Archivdaten in eine aktuelle

Datenbank erfolgen *muß*[11], um die Archivdaten in ausreichendem Maße interpretieren bzw. nutzen zu können. Bei eigenständigen Archiven sind Archivschemata einschließlich einzuhaltender Integritätsbedingungen festzulegen. (Bezüglich der aktuellen Datenbank wird vom jeweils verbindlichen Konsistenzkriterium nicht abgewichen.) Wie bereits im Zusammenhang mit den Archivierungs- und Nutzungsmodellen M1–M3 gezeigt, bedingen hohe Anforderungen an die Wiederbenutzbarkeit (Anwendung der gleichen DB–Operationen wie vor der Archivierung, gleiche Qualität von Datenauswertungen) die weitgehende Kontextabgeschlossenheit der Archivierungsgranulate. Für eigenständige Archive sind also grobe Granulate, wie nach M1 und M2, typisch.

Wir unterscheiden weiter nach der **Art des Auslagerns** der zu archivierenden Daten: *Explizites Auslagern* meint die Veranlassung des Archivierungsvorgangs durch dedizierte DB–Operationen, die der DML des DBS zuzurechnen sind. Dagegen ist *implizites Auslagern* durch Erweiterungen der DDL gekennzeichnet, um die Archivierung nach vorgegebenen Regeln (z. B. datenbankzustands-, datenvolumen- oder zeitgesteuert) zu initiieren. Der Archivierungsansatz im Zusammenhang mit dem Büro–Frontend von DASDBS (Abschnitt 3.4.2) läßt sich grob in die Funktionalitätsklasse „eigenständiges Archiv mit explizitem Auslagern" einordnen, wenngleich aus [ZPD90] nicht im Detail hervorgeht, wie oberhalb des Kernsystems Anfragen an archivierte Dokumente formuliert und ausgewertet werden.

Das Pendant zu eigenständigen Archiven wollen wir als **integrierte Archive** bezeichnen. Dieser Ansatz trennt zwar immer noch aktuelle und archivierte Daten, sieht ein Archiv aber als „Hintergrunddatenbank", die ohne die primäre Datenbank keine Daseinsberechtigung hat. Das heißt, der Zugriff auf archivierte Daten setzt zumindest Teile der aktuellen Datenbank für die Verarbeitung der Archivdaten voraus. Wenn man im Fall von ODBS, die wie vorgestellt einen uniformen Objektraum aufweisen, überhaupt von einem (über den Status der Objekte) abgegrenzten Archiv sprechen kann, fällt dies unter „integriertes Archiv". Wie auch bei eigenständigen Archiven unterscheiden wir zwischen dem expliziten und dem impliziten Auslagern. Beide Auslagerungsformen lassen sich weiter nach der Art des **Archivzugriffs** klassifizieren: Wir unterscheiden den *Durchgriff* von der *Wiedereinlagerung*. Man beachte, daß es hierbei um DBS–integrierte Zugriffsdienste geht und die Klassifikation nicht die nachgelagerte Nutzung (etwa anschließende Umlagerung oder Konvertierung in eine andere DB–Umgebung) berücksichtigt.

Beim **Durchgriff** auf archivierte Daten ändert sich deren konzeptioneller Speicherort, die Archivumgebung, nicht. Anfragen werden über einen ggf. in der aktuellen DB verankerten Identifikationsmechanismus an archivierte Daten gerichtet. Solch ein Identifikationsmechanismus in RDBS ist etwa das Ansprechen von Archivtabellen über die Namen der aktuellen

---

[11] Nur diese Art der Nutzung haben wir in M1–M3 betrachtet.

Tabellen (mit einem geeigneten Zusatz, der klärt, daß archivierte Daten angesprochen werden sollen; siehe Abschnitt 4.1.4). Ein Beispiel für die Funktionalitätsklasse „integriertes Archiv mit implizitem Auslagern und Durchgriff" ist der Time–Travel in Postgres (Abschnitt 3.4.2). Explizites Auslagern mit Durchgriff liegt bei PRODAT vor (Abschnitt 3.4.3). Denn eine zusätzliche objektbezogene Reaktivierungsoperation gibt es nicht: Archivierte PRODAT–Objekte bleiben solange zugreifbar, bis ihr zugeordneter Datenträger durch einen expliziten Funktionsaufruf demontiert wird. Das dann vor dem Durchgriff erforderliche Montieren des Datenträgers (mit **pom_mountarchive**) ist zwar für Anwendungen umständlich, aber qualitativ nicht vergleichbar mit der Methode **restore** in VERSANT, die auf Objekte angewendet wird. Nur bei VERSANT liegt eine benutzergesteuerte **Wiedereinlagerung**, und zwar der archivierten Objekte, in die aktuelle Umgebung vor.

Dies führt uns zu einer letzten Unterscheidung nach der **Art der Wiedereinlagerung**. VERSANT verschiebt die Objekte bei der Wiedereinlagerung (*move–back*). Dagegen propagiert Codd für RM/V2 (Abschnitt 3.4.1) ein Zurückkopieren, d. h., das Archiv verliert keine zurückgeholten Daten (*copy–back*). Allerdings ist Codds Vorschlag nicht dem expliziten, sondern dem impliziten Auslagern – also dem rechten Teilbaum – zuzuordnen: Der Befehl **ARCHIVE** soll zusammen mit der Definition des auslösenden Ereignisses („calendar event", „non-calendar event" [Cod90]) im Katalog abgelegt und vom DBS automatisch angestoßen werden. Im Gegensatz zu Codd schlagen wir in Kapitel 4 konkrete DDL– und DML–Erweiterungen für SQL vor. Dabei werden wir alle Funktionalitätsklassen durch SQL–Konstrukte abdecken.

3.5.2 Implementierungstechnische Klassifikation

Aus Implementierungssicht gibt es für anwendungsorientiertes DB–Archivieren zwei Extrempositionen der Realisierung, die wir erstmals in [HKS95] als *datenbankbasiertes* und *datenbankintegriertes* Archivieren bezeichnet haben. Anhand von Abbildung 3.2 präzisieren und ergänzen wir die Darstellung in [KSH96].

Datenbankbasiertes Archivieren bedeutet eine Implementierung der Archivierungsfunktionalität „on top", d. h. allein auf der *Anwendungsebene* oberhalb des DBS unter ausschließlicher Verwendung der (vorgegebenen) Benutzerschnittstelle des DBS. Ein mögliches Vorgehen für RDBS sei hier nur skizziert: In einem ersten Schritt werden die zu archivierenden Daten z. B. mittels **EXPORT** aus Tabellen entladen und in Dateiform überführt. Die erstellten Dateien werden entweder direkt auf Archivspeichermedien geschrieben oder in ein Archivsystem gestellt. Das Archivsystem übernimmt die Rolle des *Archiv-Managers AM* – einer Systemkomponente, die je nach Ansiedelung logische (auf Dokumente oder andere logische Datengranulate ausgerichtete) und physische (speichertechnische) Verwaltungsaufgaben wahrnimmt. In Abbildung 3.2 soll das verwendete Symbol andeuten, daß der

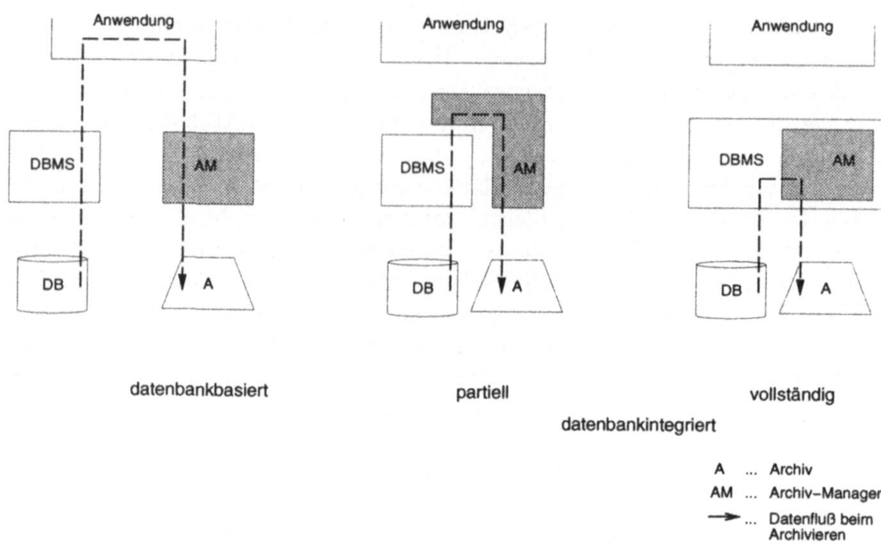

Abbildung 3.2. Implementierungstechnische Klassifikation
anwendungsorientierten DB–Archivierens

AM ggf. eine Tertiärspeicherhierarchie zur Ablage von Archiven A benutzt.
In einem zweiten Schritt werden die Daten aus der Datenbank gelöscht.

Datenbankbasiertes Archivieren [Rö96, SR96] hat den **Vorteil** einer vergleichsweise einfachen Realisierbarkeit. Nicht selten sind Eingriffe *in* ein
DBS überhaupt nicht möglich. Gleichzeitig ist datenbankbasiertes Archivieren flexibel: Der DBA bzw. Entwickler von Archivierungsprogrammen
kann in hohem Maße Einfluß auf die Datenextraktion nehmen (z. B. WHERE–
Klausel in SQL), auf die Auswahl des Archivortes (z. B. Speichermedium oder
Verwaltungseinheit des Archivsystems) und auf die Aufbereitung des Da-
tenstroms (z. B. Vorgabe eines Dateiformats, Komprimierung). Dem stehen
gravierende **Nachteile** gegenüber, wie z. B. Konsistenzprobleme infolge des
Zeitverzugs zwischen Datenauswahl, Kopieren ins Archiv und Löschen in der
DB. Eine Ausführung dieser Schritte in einer gemeinsamen Transaktion ist
entweder durch fehlende Transaktionsunterstützung seitens des (autonomen)
AM nicht möglich oder verbietet sich aus Laufzeitgründen. Durch die fehlende
Direktheit des Archivzugriffs ist es unumgänglich, die Daten zwecks Auswertung wieder explizit zu importieren. Auf weitere Beschränkungen sind wir
bereits in Abschnitt 3.2.2 eingegangen. Strenggenommen erfüllt eine rein
datenbankbasierte Realisierung, bei der der Datenfluß *in der Anwendung*
„ausprogrammiert" wird, nicht unsere Definition in Abschnitt 3.3.1. Wir
haben diese Realisierungsvariante dennoch aufgenommen, um das Spektrum
zu zeigen, in dem sich Implementierungen bewegen können.

Anwendungsorientiertes DB–Archivieren impliziert, daß die Archivierungsfunktionalität auf einer *Systemebene* bereitgestellt wird, um in Anwendun-

gen ausgenutzt werden zu können [Her95b]. Wie in Abschnitt 3.3.1 bereits angedeutet, ist es für eine Anwendung grundsätzlich nicht von Belang, ob die Systemebene unmittelbar vom DBS gebildet wird oder ob die Archivierungsfunktionalität von einer geeigneten DBS–Erweiterungsschicht bzw. Zusatzebene erbracht wird. Beispiele für solche Erweiterungsschichten sind die Frontends einschließlich der Zugriffspfadverwaltung bei DASDBS (siehe Abschnitt 3.4.2) und die Implementierung von SDAI als DBS–Aufsatz (siehe Abschnitt 5.3.2). Auch die ersten prototypisch realisierten SQL–Erweiterungen, wie wir sie in [HKS95] vorgeschlagen haben und im nächsten Kapitel besprechen werden, ermöglichen anwendungsorientiertes DB–Archivieren. Im RSAP[12]–Server des Wetterinformationssystems der TU Ilmenau wird die Systemebene aus Sicht der Anwendung (RSAP–Client) durch den Ingres-basierten RSAP–Server gebildet [Bü96]. Zur Abrundung seien andere Erweiterungsschichten angeführt, die keine Archivierungsfunktionalität aufweisen: die Implementierung des Wissensbankverwaltungssystems KRISYS auf dem DB–Kernsystem PRIMA [HMWMS87, DMMT95], eine Komplexobjekt-Schnittstelle auf RDBS [BH92, HH93] und generell jede Software, die eine Abbildung von einem semantischen auf ein klassisches Datenmodell realisiert [PM88, Heu89]. Ist nun ein Archivierungsdienst auf Systemebene angesiedelt, sprechen wir von **datenbankintegriertem Archivieren**. Der Datenfluß verläuft beim datenbankintegrierten Archivieren nicht „durch die Anwendung", d. h., er wird dort nicht in detaillierten Teilschritten codiert. Je nach Integrationsgrad, d. h. der Einbindung des AM in eine Erweiterungsschicht oder seine komplette Subsumierung unter die Benutzerschnittstelle des DBS, schlagen wir die Unterscheidung zwischen *partiell* und *vollständig* datenbankintegriertem Archivieren vor.

Eine **partiell integrierte** Realisierung zeichnet sich durch wohldefinierte Eingriffe in das DBS, ggf. unter Ausnutzung offengelegter interner DBS–Schnittstellen aus. Teile des AM können *aus Sicht des DBS* eine (Datenbank–) Anwendung sein, wie bspw. beim Büro–Frontend von DASDBS oder beim RSAP–Server (= Ingres–Client!) des Wetterinformationssystems der TU Ilmenau. Aus Sicht der (Archivierungs–)Anwendung gehören diese AM–Teile jedoch zur Systemebene. Gerade am Beispiel der Lösung in [Bü96] sieht man, daß die Grenze zwischen datenbankbasiertem und partiell integriertem Archivieren fließend ist. Interne Erweiterungen betreffen dagegen die Transaktions-, Zugriffspfad- und Speicherverwaltung (Stichwort Tertiärspeicherintegration). Eine partiell integrierte Realisierung wird erleichtert und effektiv erst ermöglicht durch *erweiterbare DBS*. Bekannte Prototypen, anhand derer die Erweiterbarkeit auf verschiedenen Ebenen eines DBS untersucht wurde, sind EXODUS [CDRS86, CDF+91], Starburst [SCF+86, HCL+90] und Postgres [SAH87, Ols92]. Unter kommerziellen Systemen fällt ONTOS [ONT94]

---

[12] Das *Remote SQL Access Protocol* ist eine von der TU Ilmenau entwickelte Kommunikationsschnittstelle für die Übertragung von SQL–Anfragen an das und die Rücklieferung von Anfrageergebnissen von dem DBS Ingres über TCP/IP.

in puncto (beschränkter) Erweiterbarkeit auf Speicherebene auf. Prinzipiell lassen sich in ONTOS neue, objektbezogene *Storage–Manager* schreiben. Daß ein ONTOS–Benutzer (Spezialist!) die technische Möglichkeit hat, die persistente Abspeicherung von Objekten durch eigenen C++–Code zu bestimmen, ergibt sich aus der objektorientierten Implementierung dieses ODBS: Die Speicherverwaltung liegt selbst in Form von (offengelegten) Klassen vor, von denen neue (Sub–)Klassen abgeleitet werden können. Eine kritische Beschränkung stellt die feste Bindung eines Objekts an genau einen Storage–Manager über die gesamte „Lebenszeit" des Objekts dar. Neue generische DDL/DML–Befehle, wie sie zur Implementierung der verschiedenen Funktionalitätsklassen aus Abschnitt 3.5.1 erforderlich wären, kann ein Benutzer dem System nicht hinzufügen.

Eine Spracherweiterung an der Benutzerschnittstelle eines DBS hat weitreichende Konsequenzen für alle tieferen, internen Schichten eines DBS und läuft auf eine **vollständig integrierte** Realisierung hinaus. Wie in Abbildung 3.2 skizziert, steht vollständig datenbankintegriertes Archivieren für einen *in* das DBS eingebauten Service. Dies bedeutet i. allg. starke Eingriffe in bestehende DBS–Komponenten. Idealerweise werden diese unter Beachtung von Archivierungsfunktionalität entworfen bzw. implementiert. Kapitel 6 kommt auf ausgewählte Implementierungsaspekte zurück. Datenbankintegriertes (insbesondere vollständig integriertes) Archivieren ist damit zwar aufwendiger als eine datenbankbasierte Realisierung, vermeidet aber deren Nachteile: Eine Anwendung profitiert hinsichtlich Konsistenz, Handhabung und Leistungsverhalten von der direkten Ankopplung zwischen Archiv und Datenbank „unterhalb" einer gemeinsamen Systemschnittstelle.

4. SQL–Spracherweiterungen

In diesem Kapitel soll die in Abschnitt 3.5.1 vorgestellte funktionale Klassifikation von Archivierungskonzepten in Form von SQL–Spracherweiterungen für RDBS konkretisiert werden. Die Detaillierung der Konzepte integriertes Archiv vs. eigenständiges Archiv, explizites vs. implizites Auslagern usw. erfordert Spracherweiterungen, die sowohl den DDL– als auch den DML–Teil von SQL betreffen. Die folgenden Vorschläge – weitgehend in einer ersten Fassung bereits in [HKS95] veröffentlicht – dienen primär der Illustration der verschiedenen Konzepte einschließlich der ihnen innewohnenden Probleme. Eine vollständige Darstellung hinsichtlich aller in Frage kommenden Varianten und bezogen auf eine bestimmte SQL–Normstufe wird hier nicht angestrebt. Vielmehr wählen wir jene Teile aus der Vielfalt der existierenden SQL–Optionen aus, die besonders interessant erscheinen bzw. Klärungsbedarf hervorrufen. Syntaktisch lehnen wir uns bei den nachstehenden SQL–Anweisungen an die Konventionen in [DD93] an.

4.1 Spracherweiterungen für „integriertes Archiv"

Der Einfachheit halber sei zunächst davon ausgegangen, daß es zu jeder *aktuellen Tabelle* genau eine *Archivtabelle* gibt. Diese Annahme ist sowohl mit eigenständigen als auch mit integrierten Archiven, die in diesem Abschnitt betrachtet werden, vereinbar (vgl. Abschnitt 3.5.1). Daten (Tupel) aus der aktuellen Tabelle werden bei Bedarf – explizit oder implizit – in diese Archivtabelle ausgelagert.

4.1.1 Implizites Auslagern

Die Steuerung impliziten Auslagerns kann durch eine Erweiterung der Anweisung CREATE TABLE wie folgt geschehen:

```
CREATE TABLE base-table (base-table-element-commalist)
        [ARCHIVE [ON DELETE]                              (1)
                 [ON UPDATE]                              (2)
                 [k {DAYS | WEEKS | MONTHS | YEARS} AFTER (3)
                    {INSERT | LAST UPDATE | LAST ACCESS}]
                 [WHEN CARD EXCEEDS m REDUCE BY n SEQ     (4)
                    {INSERT | LAST UPDATE | LAST ACCESS}]
                 [ON date-spec]]                          (5)
```

Nach CREATE TABLE steht base-table für den Namen der zu erzeugenden Tabelle. Hierfür umfaßt der Ausdruck base-table-element-commalist Spaltendefinitionen sowie CONSTRAINT-Definitionen (z.B. Primärschlüssel, Fremdschlüssel). Die angefügten fünf neuen **Archivierungsspezifikationen** sind folgendermaßen zu interpretieren:

1. ON DELETE drückt aus, daß ein Tupel immer dann archiviert werden soll, wenn es aus der aktuellen Tabelle per SQL–DELETE–Anweisung gelöscht wird. Genauer gesagt, erfolgt statt des Löschens ein Verschieben von der aktuellen Tabelle in die Archivtabelle.

2. ON UPDATE legt fest, daß immer dann, wenn ein Tupel in der aktuellen Tabelle geändert wird, der Vorzustand des Tupels in die Archivtabelle übertragen wird.

3. Die nächste Spezifikation (...AFTER...) kann dazu dienen, um bspw. festzulegen, daß ein Tupel nach seiner Einfügung (maximal) 3 Jahre in der aktuellen Tabelle bleibt und dann in die Archivtabelle verschoben wird. Allgemein ist k eine Integer–Zahl, die den maximalen Verbleib eines Tupels in der aktuellen Tabelle regelt – in Tagen, Wochen, Monaten oder Jahren –, falls AFTER zusammen mit INSERT angegeben ist. Im Fall von LAST UPDATE ist dementsprechend der Zeitraum seit der letzten Tupeländerung gemeint. Zumindest konzeptionell ist auch LAST ACCESS sinnvoll: Hiermit wird der Beginn des maximalen Verweilzeitraums auf das letzte „Anfassen" des Tupels terminiert, sei es durch INSERT, UPDATE oder eine SELECT–Anfrage. Da die Option LAST ACCESS wegen der erforderlichen umfangreichen DBS–internen Buchführung mit sehr hohen Kosten zur Laufzeit verbunden ist, wird man auf ihre Implementierung aus pragmatischen Gründen verzichten.

4. Die vierte aufgelistete Spezifikation (...EXCEEDS...) erlaubt die Angabe einer Kardinalitätsobergrenze m einer Tabelle und das automatische Einleiten des Archivierens, sobald diese Obergrenze überschritten wird. Da es unter Umständen nicht sinnvoll ist, beim Überschreiten der Obergrenze jeweils nur genau *ein* Tupel zu archivieren, kann mittels der

Angabe **BY** n spezifiziert werden, daß n Tupel auf einmal archiviert werden sollen. Für die Integer–Zahlen m und n gelte n $\leq$ m. Der **SEQ**–Zusatz (sequence) drückt aus, *wie* die n Tupel, also die Archivierungskandidaten, vom System innerhalb der Relation auszuwählen sind: Die zuerst eingefügten (**INSERT**), die am längsten nicht mehr geänderten (**LAST UPDATE**) oder die am längsten nicht mehr „angefaßten" (**LAST ACCESS**) Tupel werden archiviert.

5. Die letzte Spezifikation (**ON date-spec**) eröffnet die Möglichkeit zur Angabe eines Datums. Zu diesem Datum wird der gesamte dann vorhandene Tabelleninhalt automatisch ins Archiv verschoben.

Die genannten fünf Archivierungsspezifikationen sind allesamt miteinander **verträglich**, dürfen also ggf. gleichzeitig für eine Tabelle angegeben werden. Mindestens eine Spezifikation *muß* hinter dem Schlüsselwort **ARCHIVE** angegeben werden. Sind z. B. die Spezifikationen (1), (3) und (4) gleichzeitig „aktiv", so findet die Archivierung eines Tupels entweder *zeitgesteuert* (**AFTER**) oder *mengengesteuert* (**EXCEEDS**) statt. Spätestens aber beim Löschen (**ON DELETE**) wird ein Tupel in die Archivtabelle verschoben.

4.1.2 Explizites Auslagern

Mittels der angegebenen DDL–Spezifikationen liegt noch keine Möglichkeit vor, das Auslagern von Daten in die Archivtabelle *explizit* anzustoßen, d. h., wenn dies bspw. aus der konkreten Kenntnis der Anwendung heraus opportun erscheint. Die Syntax für explizites, SQL–gesteuertes Auslagern kann wie folgt aussehen:

```
ARCHIVE
FROM  base-table
[WHERE cond-exp]
```

Syntaktisch haben wir uns hierbei an die SQL–DELETE–Anweisung angelehnt: **ARCHIVE** wie auch **DELETE** bewirken ein Löschen von Tupeln aus der aktuellen Tabelle, nur ist bei **ARCHIVE** hiermit ein Auslagern in die Archivtabelle verbunden. Mittels **cond-exp** (conditional expression) wählt man aus, *welche* Tupel archiviert werden sollen; die nicht zu archivierenden Tupel verbleiben in der aktuellen Tabelle.

Mit ähnlicher Intention erweitern wir die SQL–Anweisung **DROP TABLE**:

```
DROP TABLE base-table
[ARCHIVE]
```

Die **ARCHIVE**–Option drückt aus, daß im Fall des **DROP TABLE** der *gesamte* in der betroffenen Tabelle vorhandene Inhalt (Tupelmenge) archiviert werden soll.

Ebenso sei der Zusatz **ARCHIVE** zur **DELETE**– bzw. **UPDATE**–Anweisung von SQL erlaubt: Im ersten Fall wird das Tupel nicht gelöscht, sondern ins

Archiv verschoben, im zweiten Fall wird der Vorzustand des Tupels ins Archiv
übertragen.

```
DELETE FROM table
[WHERE cond-exp]
[ARCHIVE]


UPDATE table
SET update-assignment-commalist
[WHERE cond-exp]
[ARCHIVE]
```

Spätestens an dieser Stelle wird deutlich, daß wir bisher ausschließlich *Basistabellen* (`base-table`) betrachtet haben, die SQL–Grammatik jedoch auch
das Löschen und Aktualisieren von Views erlaubt. Wir schlagen vor, daß die in
der SQL–Norm ohnehin definierte Beschränkung der Anwendung von `DELETE`
und `UPDATE` auf aktualisierbare (updatable) Views ebenso für Archivierungsoperationen gilt. Aufgrund der Löschsemantik des Archivierens überträgt
sich das Systemverhalten beim Löschen, das sich aus *(referentiellen) Integritätsbedingungen* ergibt, auf das beim Archivieren. Wir vertiefen das Thema
Integritätsbedingungen in Abschnitt 4.3.

Abschließend bleibt festzustellen, daß explizites und implizites Archivieren problemlos **zusammenwirken** können, d. h., der Administrator/Be-
nutzer darf z. B. für *eine* Tabelle sowohl eine Spezifikation mittels `ARCHIVE`-
Option bei `CREATE TABLE` vornehmen als auch mittels `ARCHIVE`-Anweisung
die Archivierung explizit veranlassen. Widersprüchlichkeiten in der Archivie-
rungsausführung können dadurch nicht auftreten.

4.1.3 Wiedereinlagerung archivierter Daten

Um mittels DML–Anweisungen auf integrierte Archive zuzugreifen, sehen wir
zum einen *Durchgriff* und zum anderen *Wiedereinlagerung* von Tupeln aus
einer Archivtabelle in die aktuelle Tabelle vor. In Anlehnung an [Cod90] kann
die Wiedereinlagerung – wir sprechen auch von **Reaktivierung** – durch die
nachstehende `REACTIVATE`-Anweisung erfolgen:

```
REACTIVATE
FOR   base-table
[WHERE cond-exp]
{COPY | MOVE}
```

Mit `base-table` wird die aktuelle Tabelle festgelegt, für die eine Reaktivierung durchzuführen ist. Die Archivtabelle, aus der die Daten geholt werden
sollen, ist damit gemäß unserer Annahme ebenfalls implizit festgelegt. Der
Ausdruck `cond-exp` gibt an, *welche* archivierten Daten aus der Archivtabelle
reaktiviert werden sollen. Ist `WHERE cond-exp` nicht angegeben, werden *alle*
Daten aus der Archivtabelle reaktiviert. Bei `COPY` verbleiben die reaktivierten

Daten zusätzlich weiterhin in der Archivtabelle, sind also nach dem Reaktivieren zweimal vorhanden, in der Archivtabelle *und* in der aktuellen Tabelle. Bei MOVE findet dagegen eine Übertragung in die aktuelle Tabelle mit Löschen (zumindest logischem Löschen) aus der Archivtabelle statt. Zu Integritätsproblemen beim Wiedereinlagern und Wartungsaktionen siehe wiederum Abschnitt 4.3. In bezug auf **cond-exp** nehmen wir an, daß grundsätzlich ein **beliebiges Prädikat** angegeben werden darf. Das bedeutet speziell, daß die zu reaktivierenden Tupel aus der Archivtabelle nach beliebigen Kriterien (gemäß der vorhandenen SQL–Sprachmöglichkeiten) ausgewählt werden dürfen. Dabei muß jedoch gesehen werden, daß dies im konkreten Implementierungsfall Grenzen haben wird und haben muß: Vor allem dann, wenn die Archivtabelle auf langsamem und/oder nicht direkt inhaltsadressierbarem Tertiärspeicher abgelegt wird, ist ein beliebiges Prädikat unter Umständen überhaupt nicht oder zumindest nicht effizient auswertbar. Diese Implementierungsfragen sollen aber die Breite der Möglichkeiten auf konzeptioneller Ebene nicht weiter einschränken.

Die Archivtabelle sollte mit zusätzlichen (Zeitstempel–)Attributen versehen werden, die neben einer Tupelauswahl nach inhaltlichen Gesichtspunkten auch eine **zeitbezogene Auswahl** beim REACTIVATE gestatten. Im einzelnen sehen wir hierfür drei Attribute vor:

— ARCHIVED_AT
— INSERTED_AT
— LAST_UPDATE_AT

Der Wert von ARCHIVED_AT wird beim Archivieren gesetzt, also auf den Zeitpunkt des Einfügens in die Archivtabelle. Das Attribut INSERTED_AT gibt an, wann das Tupel in die *aktuelle* Tabelle eingefügt worden war. Analog geht aus LAST_UPDATE_AT hervor, wann das Tupel in der aktuellen Tabelle zuletzt geändert worden war. Es gilt: INSERTED_AT $\leq$ LAST_UPDATE_AT $<$ ARCHIVED_AT. (Falls ein Tupel eingefügt, dann nicht mehr geändert und schließlich archiviert wurde, gilt INSERTED_AT $=$ LAST_UPDATE_AT.)

Anzumerken ist zweierlei: Erstens erfordern die Zeitstempel INSERTED_AT und LAST_UPDATE_AT der Archivtabelle, daß auch in der aktuellen Tabelle entsprechend protokolliert wird – wenngleich nicht unbedingt sichtbar für den Benutzer. Zweitens haben wir diese SQL–Erweiterungen für RDBS ohne Unterstützung eines temporalen Datenmodells konzipiert. Eine interessante **Perspektive** ist die Verwaltung der Archivdatenbank durch ein temporales DBS. Die Auswahl der zu reaktivierenden Daten könnte dann viel differenzierter – ggf. mit TSQL2 – erfolgen (vgl. Abschnitt 3.4.2).

4.1.4 Durchgriff auf archivierte Daten

Der *Durchgriff* rundet die Möglichkeiten des Archivzugriffs ab. Im Gegensatz zur Wiedereinlagerung mittels REACTIVATE geht es nun u. a. um die Durchführung von **Auswertungen** direkt auf den archivierten Daten. Das Archiv wird dabei lediglich gelesen; es findet keinerlei sichtbare Übertragung (wie im COPY- oder MOVE-Modus) in den aktuellen Datenbestand statt. Typische Anwendungsfälle sind bspw. Auswertungen zu Revisionszwecken.

In Abschnitt 4.1.3 war ausgeführt worden, daß bei REACTIVATE grundsätzlich ein beliebiges Prädikat zur Datenauswahl in cond_exp angegeben werden darf. Wir übertragen diesen Gedanken auf den Durchgriff zu den Daten und fordern, daß hier ebenfalls grundsätzlich ein **beliebiger lesender Zugriff** mittels SELECT...FROM...WHERE... möglich sein soll. Dabei gibt das Schlüsselwort ARCHIVE im Zusammenhang mit dem Tabellennamen an, daß nicht die aktuelle, sondern die zugehörige Archivtabelle gemeint ist. Wir betrachten zunächst einige Beispiele, die von einer Angestelltentabelle **employees** ausgehen. Die im folgenden genannten Attribute aus **employees** sind selbsterklärend. Als erstes soll ein Durchgriff auf den gesamten Inhalt der Archivtabelle erfolgen:

```
SELECT *
FROM    employees ARCHIVE
```

Als nächstes sollen jene Angestellten ermittelt werden, deren Name Meier ist und deren Daten nach dem 29.10.96 archiviert wurden:

```
SELECT *
FROM    employees ARCHIVE
WHERE   empname = 'Meier'
AND     ARCHIVED_AT > '1996-10-29'
```

Man beachte, daß hier das Schlüsselwort ARCHIVE eigentlich redundant ist, da durch die Bezugnahme auf das – nur in der Archivtabelle vorhandene – Attribut ARCHIVED_AT bereits ausgedrückt ist, daß archivierte Daten gemeint sind. Der klareren Darstellung wegen wollen wir jedoch auch hier die ARCHIVE-Angabe verlangen und auf eine Kurzschreibweise verzichten.

Abschließend soll die Gesamtmenge der Angestelltennummern ermittelt werden, und zwar für die aktiven *und* für die inaktiven (pensionierten, ausgeschiedenen, ...) Mitarbeiter. Wir verwenden dazu einen SQL–View:

```
CREATE VIEW allemployees
AS
(SELECT empno FROM employees)
UNION
(SELECT empno FROM employees ARCHIVE)
```

Auf einer solchen Sicht **allemployees** sind in transparenter Weise Auswertungen möglich, welche die aktuellen und die archivierten Tupel gleichermaßen erfassen. Es ist jedoch klar, daß je nach Speichermedium, auf dem sich die Archivtabelle befindet, ein beliebiger lesender Zugriff zur Archivtabelle mit beliebigem Prädikat unter Kostengesichtspunkten problematisch ist. Man kann diese Betrachtungsweise aber auch als eine denkbare **Extremposition** gemäß Abbildung 4.1 auffassen.

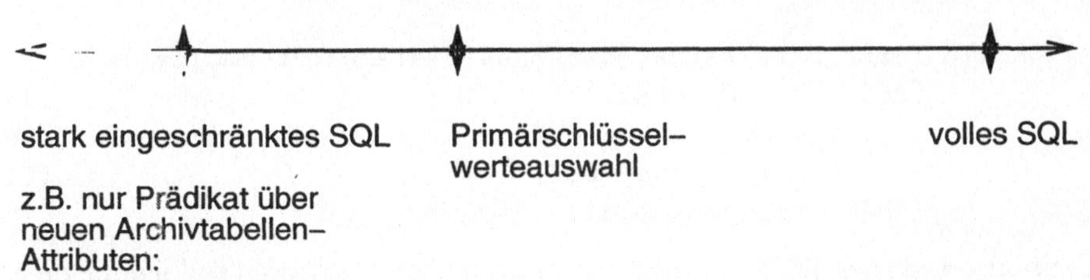

Abbildung 4.1. (Extrem–)Positionen für Auswertungen auf dem Archiv

Volles SQL steht für beliebige Auswertungen mit beliebigen Prädikaten auf der Archivtabelle als die eine Extremposition. *Stark eingeschränktes SQL* auf der Archivtabelle soll dagegen bedeuten, daß in Prädikaten lediglich auf die speziellen Attribute `ARCHIVED_AT`, `INSERTED_AT` und `LAST_UPDATE_AT` Bezug genommen werden darf. Dies ist als eine „Minimalforderung" anzusehen und stellt die andere Extremposition dar. Dazwischen gibt es Abstufungen, eine davon ist in Abbildung 4.1 dargestellt: *Primärschlüsselwerteauswahl* soll ausdrücken, daß in Prädikaten nicht nur auf die drei genannten speziellen Attribute in der Archivtabelle Bezug genommen werden darf, sondern zusätzlich auf den Wert des Primärschlüssels. Der DBA kann ggf. in Abhängigkeit von den technischen Rahmenbedingungen (Tertiärspeichercharakteristika) und Kostengesichtspunkten festlegen, welche Auswertungsmöglichkeiten auf dem Archiv den Benutzern gestattet bzw. untersagt werden sollen. Unterscheidungen der Art, daß z. B. ein Revisor beliebige, auch zeitaufwendige Auswertungen auf dem Archiv durchführen darf, der „normale" Benutzer dagegen nur stark eingeschränktes SQL benutzen kann, erscheinen ebenfalls sinnvoll.

4.2 Spracherweiterungen für „eigenständiges Archiv"

Gemäß Abbildung 3.1 wenden wir uns jetzt dem verbliebenen linken Teilbaum, den *eigenständigen* Archiven, zu. Sprachvorschläge hierfür müssen die Selbständigkeit einer Archivdatenbank berücksichtigen. Auch in diesem Fall können wir die vereinfachende Annahme, daß einer aktuellen Tabelle höchstens eine Archivtabelle zugeordnet ist, zur Illustration der verschiedenen Konzepte aufrechterhalten. Um den Unterschied zu integrierten Archiven jedoch in der Syntax deutlich zu machen, verlangen wir die Angabe des Namens einer Archivtabelle nach dem Schlüsselwort `INTO`. Der Rest der bereits eingeführten Spracherweiterungen für **implizites Auslagern** kann unverändert übernommen werden:

```
CREATE TABLE base-table (base-table-element-commalist)
      [ARCHIVE [ON DELETE]                                  (1)
             ...                                            ...
             [ON date-spec]                                 (5)
      [INTO archive-table]]
```

Syntaktisch ist der **INTO**–Zusatz zwar optional, ein Weglassen soll jedoch dem Konzept integriertes Archiv vorbehalten bleiben. Für **archive-table** gelten die gleichen Konventionen wie für **base-table**. Entsprechend ergibt sich für **explizites Auslagern**:

```
ARCHIVE                        DROP TABLE base-table
FROM  base-table               [ARCHIVE]
[WHERE cond-exp]               [INTO archive-table]
[INTO archive-table]


DELETE FROM table              UPDATE table
[WHERE cond-exp]               SET update-assignment-commalist
[ARCHIVE]                      [WHERE cond-exp]
[INTO archive-table]           [ARCHIVE]
                               [INTO archive-table]
```

Die **Zugriffe** auf eigenständige Archivdatenbanken erfolgen prinzipiell mit den üblichen SQL–Operationen[1]. Die Einschränkungen und Extrempositionen, die im Zusammenhang mit integrierten Archiven in Abschnitt 4.1.4 diskutiert wurden, gelten ebenso für eigenständige Archive. Als zusätzliche Funktionalität ist die Auswertung der dort eingeführten Zeitstempelattribute **ARCHIVED_AT**, **INSERTED_AT** und **LAST_UPDATE_AT** denkbar. Auch hier gibt es die perspektivische Alternative, eine temporale Archivdatenbank einzusetzen und z. B. mittels TSQL2 die archivierten Daten auszuwerten.

4.3 Bewertung und offene Fragen

Es steht außer Zweifel, daß eine abwärtskompatible Erweiterung der SQL–Norm um Konzepte zur Datenarchivierung – sofern sie von Systemherstellern unterstützt wird – den Entwicklungsaufwand für SQL–Anwendungen, die ansonsten eine rein datenbankbasierte Realisierung wählen müssen, drastisch reduziert. Als Konsequenz der Verlagerung von Archivierungsfunktionen aus den Anwendungen in das RDBS ergeben sich nun auf Systemebene zahlreiche Entwurfs– und Implementierungsprobleme, die um so komplexer werden, je mehr Funktionalität vom RDBS bereitgestellt werden soll. Daß die

---

[1] Es ist nicht in jedem Anwendungsfall erforderlich, technisch mögliche Schreibzugriffe auf archivierte Daten zu unterbinden. Auch in klassischen Zeichnungsarchiven werden bspw. durchaus Korrekturen auf dem Original vorgenommen und ein Änderungsvermerk angebracht.

unterbreiteten Vorschläge zwar ein Ausgangspunkt sind, aber die verschiedenen Konzepte aus Abschnitt 3.5.1 noch nicht erschöpfend in SQL umsetzen, soll die abschließende Auflistung der vorgenommenen Annahmen und offenen Fragen zeigen:

- Die Zuordnung höchstens einer Archivtabelle zu einer aktuellen Tabelle wird sich häufig als zu restriktiv erweisen. Insbesondere bei eigenständigen Archiven sollten das **Archivschema** und die **Abbildung** zwischen aktuellem DB- und Archivschema weitgehend frei definierbar sein. Eng damit im Zusammenhang steht die Verwendung von **Views**, und zwar als Operand beim Auslagern (aus der aktuellen DB), bei der Wiedereinlagerung (`REAC-TIVATE` in die aktuelle DB) und auch als zugeordnete virtuelle Archivtabelle im Fall eigenständiger Archive.
- Das Archivieren von bzw. Einlagern in Views gewinnt darüber hinaus durch das bisher wenig diskutierte Problem der **Schemaevolution** an Bedeutung. In Abschnitt 2.4 wurde darauf verwiesen, daß DB-Schemata im Laufe der Zeit mehrfach Änderungen unterliegen, da neben den in der DB gespeicherten Daten (L4 von IRDS) auch deren Struktur (L3) ein Modell der sich verändernden Realität ist. Bezogen auf RDBS bestehen vergleichsweise geringfügige Schemaänderungen, die noch durch die SQL-Anweisung `ALTER TABLE` unterstützt werden, im Löschen und Hinzufügen eines Attributs zu einer Tabelle. Erfolgt allerdings eine Schemaänderung der Art, daß die Spalten einer Tabelle auf zwei neu definierte Tabellen „aufgeteilt" und ggf. um neue Spalten ergänzt werden, können zuvor geschriebene DB-Anwendungen ggf. nur über einen View, der die alte (externe) Sicht auf die DB erhält, mit der neuen DB arbeiten.
  Schemaevolution ist kein neues Datenbankproblem, das erst bei einem Archivierungsservice auftritt. Das heißt nicht, daß es bereits zufriedenstellende Lösungen gäbe, im Gegenteil: Konzepte zur Beherrschung der Schemaevolution einschließlich der Konsequenzen für existierende Datenbestände und DB-Anwendungen (Vorwärts- vs. Rückwärtskompatibilität, Schemamodifikation vs. -versionierung, Koexistenz von Schemaversionen durch Views vs. Versionierung durch ein temporales Datenmodell) sind seit Jahren Gegenstand der Forschung und werden heute besonders im Zusammenhang mit ODBS untersucht [ALP91, MS93, TS93, FMZ$^+$95, Hö96]. Es muß weiterführenden Arbeiten vorbehalten bleiben, aktuelle und künftige Forschungsergebnisse auf diesem Gebiet für anwendungsorientiertes DB-Archivieren nutzbar zu machen.
  Wir plädieren dafür, das Durchreichen von Schemaänderungen an archivierte Daten im Fall von *integrierten Archiven* mit Sprachmitteln anzubieten. Vor dem Hintergrund unserer bisherigen Vorschläge sind folgende Zusätze zur SQL-Anweisung `ALTER TABLE` denkbar:

```
ALTER TABLE base-table [AND ARCHIVE]
           base-table-alteration-action
           [archive-table-alteration-action]
```

Im Fall *eigenständiger Archive* ist das Propagieren von Schemaänderungen fragwürdig. Letztlich entscheidet der für die Archivierung ausschlaggebende Grund, ob ein Einfrieren oder eine Evolution von Archivdaten erforderlich ist (vgl. Abschnitt 2.1).

— In einem DB–Schema sind grundsätzlich **Integritätsbedingungen** enthalten, deren Einhaltung vom DBS bei Datenmanipulationen überwacht wird. Zu SQL/89 gehört der Zusatz IEF (Integrity Enhancement Feature), der für SQL/92 erweitert und dort integriert worden ist. Hiermit werden Schlüssel-/Fremdschlüsselbedingungen festgelegt und Aktionen im Fall ihrer (versuchten) Verletzung spezifiziert. Anders als andere modellinhärente Integritätsbedingungen, wie z. B. die systemseitige Gewährleistung der Primärschlüsselintegrität, ist *referentielle Integrität* [Rei93, HR96] nur zum Teil in kommerziellen RDBS implementiert. Bezüglich des Zusammenhangs von Integritätsbedingungen und Archivierung wurde bereits in Abschnitt 4.1.2 darauf verwiesen, daß aus Sicht der aktuellen Datenbank das Archivieren zunächst Löschsemantik hat. Zwei grundsätzliche Möglichkeiten bieten sich an: Entweder die beim Löschen (`ON DELETE`) vorgesehenen Aktionen (`NO ACTION`, `CASCADE`, `SET DEFAULT`, `SET NULL` und in SQL3 auch `RESTRICT`) werden auch beim Archivieren aktiviert (wobei `CASCADE` das Kaskadieren des Archivierens und nicht des Löschens bedeuten sollte), oder es wird die separate Spezifikation der gewünschten Aktion nach einem neu einzuführenden Schlüsselwort `ON ARCHIVE` gefordert. Im nachstehenden Beispiel werden existenzabhängige Tupel in der Sohntabelle beim Archivieren ihrer Väter mit archiviert:

```
CREATE TABLE Sohn
          ( Sohnname  VARCHAR(20),
            Vatername VARCHAR(20),
            -- Sohndaten ...
            PRIMARY KEY (Sohnname),
            FOREIGN KEY (Vatername)
                        REFERENCES Vater (Vatername)
                        ON DELETE CASCADE
                        ON ARCHIVE CASCADE )
```

Diese Spezifikation hilft, *Kontextabgeschlossenheit* wie wir sie in Abschnitt 3.3.2 definiert haben, beim Archivieren zu erzielen.

Über diese naheliegenden Erweiterungen in puncto Integritätsbedingungen hinaus gibt es qualitativ neue Aspekte, die archivierungsspezifisch sind. Wir betrachten dazu ein weiteres Beispiel: Eine Angestelltentabelle habe die Personalnummer als Primärschlüssel. Nachdem nun bestimmte Angestelltentupel archiviert wurden (vgl. Abschnitt 4.1.4), könnten die entsprechenden Personalnummern normalerweise wieder vergeben werden. Dies entspricht allerdings nicht der üblichen Praxis. Vielmehr erhält ein nur vorübergehend ausgeschiedener Mitarbeiter seine ursprüngliche Personalnummer zurück. Ein `REACTIVATE` darf in diesem Fall folglich nicht zu einer

Verletzung der Primärschlüsselintegrität führen, genauer gesagt: es müssen über Archiv und aktuelle DB hinweg *übergreifende Integritätsbedingungen* formulierbar sein, die eine erneute Vergabe der archivierten Personalnummer an einen (anderen) Mitarbeiter verhindern. Andere Lösungsansätze bestehen in der „künstlichen" Erweiterung des Primärschlüssels (etwa um die in Abschnitt 4.1.3 eingeführten Zeitstempelattribute) oder in der zeitweiligen Tolerierung der Integritätsverletzung. Beide Ansätze bedeuten jedoch einen massiven Eingriff in die Verarbeitungslogik.

Bei *Mehrfacharchivierung* (Daten werden archiviert, neue Daten in die aktuelle DB eingefügt, diese und ggf. zurückgeladene Daten wieder archiviert etc.) können unterschiedlich benannte Archivdatenbanken erzeugt werden, um die Primärschlüsselintegrität auf Seiten des Archivs zu gewährleisten. Aber auch dann wird eine Form der *Versionskontrolle* archivierter Daten erforderlich, die nicht nur den Rahmen unserer Archivierungs- und Nutzungsmodelle M1–M3 sprengt, sondern auch über unsere restlichen Betrachtungen hinausgeht.

Abschließend sei zum Thema Integritätsbedingungen und Archivierung noch erwähnt, daß auch die Ergänzung (Verschärfung) und Wegnahme (Abschwächung) von Integritätsbedingungen eine Form der Schemaevolution darstellt, deren Konsequenzen ebenfalls zu untersuchen wären.

— Als letzten Ansatzpunkt für weitere Arbeiten sehen wir die Zusammenführung von **Triggermechanismen** [Kot89, CPM96] und Archivierung. Einen ersten Schritt in diese Richtung hat Lufter unternommen [Luf96]. Einerseits können vorhandene Datenbanktrigger explizites Archivieren auslösen. Andererseits bieten *Archivierungstrigger*, d. h. durch das Ereignis „Archivieren" aktivierbare Trigger, interessante Möglichkeiten und Forschungspotential. Hierzu zählt die Definition integritätssichernder Triggeraktionen. Das Ausführungsmodell für solche Trigger (z. B. decoupled vs. coupled, deferred vs. immediate [WC95]) sollte speziell auf Archivierungsbelange hin studiert werden.

5. SDAI–integriertes Archivieren

Nachdem Kapitel 4 anwendungsorientiertes DB–Archivieren für das relationale Datenmodell in Form von SQL–Erweiterungen konkretisierte, geht es in diesem Kapitel um die Anwendung auf das Datenmodell, das durch die Modellierungssprache STEP/EXPRESS und die Zugriffsschnittstelle SDAI festgelegt wird. EXPRESS und SDAI werden als jene Teile von STEP vorgestellt, die nicht auf Produktdatenanwendungen beschränkt und aus Datenbanksicht um so interessanter sind. Grob gesagt, spielt EXPRESS die Rolle einer DDL und SDAI die Rolle einer DML eines (nicht ausschließlich „STEP-")Datenbanksystems. Insofern fallen die folgenden Vorschläge zur Erweiterung von SDAI um Archivierungsfunktionalität unter die Definition in Abschnitt 3.3.1.

5.1 Stellung von EXPRESS und SDAI in und außerhalb von STEP

Die Entwicklung der Normenreihe **STEP**[1] (ISO 10303-x) hat ihre Wurzeln im CAD–Datenaustausch [GS91, Hel93, And93a]. Im Unterschied zu den Vorgängerstandards, insbesondere IGES und VDAFS [ESV86, Kle92], zeichnet sich STEP heute vor allem durch die folgenden, neuen Merkmale aus:

- Beachtung aller (nicht nur CAD–)Daten, die im gesamten Produktlebenszyklus (vom Produktentwurf bis hin zur Entsorgung) anfallen
- Verwendung einer formalen Modellierungssprache (**EXPRESS** [ISO94b])
- Methodik zur Entwicklung von Produktmodellen (EXPRESS–Schemata auf verschiedenen Abstraktionsniveaus und festgelegter Anwendungssemantik)
- Berücksichtigung der Funktionen der Produktdatenverarbeitung, und zwar Produktdatenaustausch, -speicherung und -zugriff sowie erklärtermaßen auch -archivierung

---

[1] *STandard for the Exchange of Product Model Data*
In den USA ist das informelle Akronym PDES – *Product Data Exchange Using STEP* – für STEP-bezogene Aktivitäten im allgemeinen und für die gleichnamige Organisation im besonderen gebräuchlich [Fur91, PDE91].

Das erste „STEP-Buch", das im wesentlichen einen Gesamtüberblick über Hintergründe, Anforderungen und Inhalte der einzelnen Normteile gibt, erschien Ende 1993 [Owe93]. Im deutschsprachigen Raum liegt mit [GAP93] eine geschlossene Einführung vor, die bezüglich der (produktdaten-)anwendungsspezifischen Teilnormen auch zahlreiche Details vermittelt. Außerdem sei auf die Übersichtsbeiträge [And93b, Lau94, AW95, Ble95, HSRM96] und die Dissertationen von Klement [Kle92], Erb [Erb96], Alt [Alt96], Lührsen [Lü96] und Malle [Mal96] verwiesen. Wir kommen auf diese Arbeiten sowie auf weiterführende Literatur an geeigneten Stellen dieses Kapitels zurück.

In der Teilnorm [ISO94a] wird behauptet, STEP eigne sich für die **Archivierung** von Produktdaten. Diese Aussage stützt sich auf die Angabe eines *Austauschformats* für STEP-Dateien [Sch91, ISO94c]. Eine STEP-Datei enthält vorgeschriebene Kopfinformationen und ASCII[2]-codierte Instanzen (Produktdaten) von Entities eines EXPRESS-Schemas (Produktdatenmodells[3]). Wir nehmen Abschnitt 5.6 vorweg, daß der u. a. im Projekt ProSTEP verfolgte Ansatz, STEP-Dateien an ein Archivsystem zu übergeben, verschiedene Beschränkungen aufweist [GFH+94, GKR+94]. Die Speicherung von Produktdaten in Form von Dateien gilt als eine der sog. **STEP-Implementierungsmethoden**, die den *PDES-Levels* gemäß [PDE91] entsprechen:

1. Austauschdatei
2. Programmierschnittstelle
3. STEP-Datenbank

Das ursprünglich vorgesehene *Level 4* (Wissensbank) wird in den aktuellen ISO-Dokumenten nicht mehr erwähnt. Eine *Level-2*-Implementierung wird oftmals noch als „Working Form Access" bezeichnet und bedeutet Programmzugriffe über ein API auf eine temporäre Datenhaltung (im Hauptspeicher). STEP-Daten werden z. B. von STEP-Dateien aus in die „Working Form" geladen und können dann von Anwendungsprogrammen modifiziert werden. Als Zugriffsschnittstelle zwischen einem Anwendungsprogramm und einem idealerweise *beliebigen* Datenverwaltungssystem wird **SDAI**[4] genormt [ISO96a]. Trotz der frühzeitigen Abstraktion von konkreten Datenverwaltungssystemen – zur Gewährleistung von Technologie- und Herstellerunabhängigkeit – ist die ursprüngliche Ausrichtung von SDAI als API für hauptspeicherverwaltete Daten der Hauptgrund für die Defizite bei der Verwendung von SDAI als Datenbankschnittstelle. Erst eine *Level-3*-Implementierung vollzieht den Übergang vom Datenaustausch zur datenbankmäßigen, d. h. insbesondere persistenten, logisch zentralen, redundanzfreien und mehrbenut-

---

[2] Künftig sollen auch Landessprachen unterstützt werden, so daß der ASCII-Zeichenvorrat allein nicht mehr genügen wird. Ein Fluchtsymbol zu Zeichenfolgen gemäß ISO 10646 ist im Gespräch.

[3] Abweichend von der DB-Terminologie wird in STEP ein Schema als Datenmodell bezeichnet.

[4] Im Laufe der Zeit wechselten die Namen „Standard ..." und „STEP Data Access Interface". Letztere Fassung ist seit SDAI-Version N392 wieder aktuell.

zerorientierten Datenverwaltung. In Abgrenzung zum Datenaustausch wird dies im STEP–Umfeld mit „**Data Sharing**" bezeichnet.

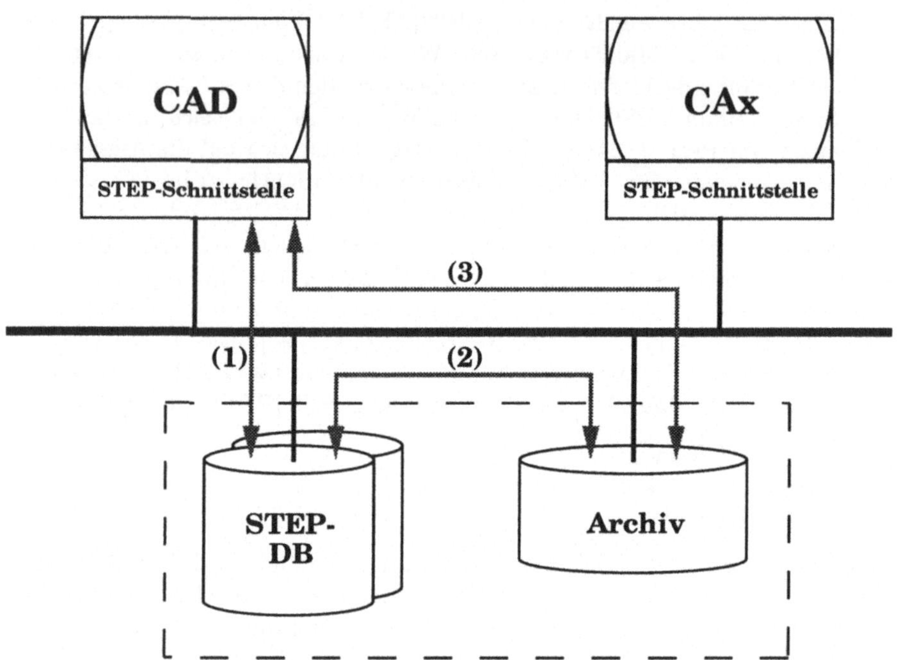

Abbildung 5.1. Schnittstellen zwischen STEP–Anwendungen, –Datenbanken und Archiv

Abbildung 5.1 skizziert grob das Zusammenwirken von STEP–basierten CAx–Anwendungen, STEP–Datenbanken und einem Archiv [HM94b]. Zwei grundsätzliche Varianten von **STEP–Schnittstellen** sind zu unterscheiden: Zum einen werden derzeit für CAD–Systeme sog. STEP–Prozessoren kommerziell entwickelt, die STEP–Dateien (PDES–Level 1) erzeugen bzw. einlesen. Um nicht nur einen Datenaustausch zwischen CAD–Systemen zu erreichen, muß eine zentrale STEP–Datenverwaltung (z. B. EDM–System, STEP–Datenbank) mindestens Import- und Exportfunktionen für STEP–Dateien anbieten. Zum anderen gewinnt die Schnittstellenvariante SDAI an Bedeutung (PDES–Level 2 und 3). In diesem Fall besteht die STEP–Schnittstelle aus einem SDAI–Anwendungsprogramm, das mit einer **SDAI–Implementierung** (SDAI auf Dateisystem oder DBMS) kommuniziert. Beide Schnittstellenvarianten wurden in Abbildung 5.1 unter (**1**) zusammengefaßt. Für die Interaktion (**2**) werden wir in Abschnitt 5.4 SDAI–Erweiterungen vorschlagen. Damit wird es möglich sein, Daten aus einer STEP–Datenbank in ein Archiv zu verlagern, ohne daß die abstrahierende (u. a. speicher-systemverbergende) Datenzugriffsschnittstelle SDAI verlassen wird. Der Aufruf der neuen SDAI–Operationen erfolgt nicht notwendigerweise aus einem CAx–System heraus. Allerdings können CAx–Systeme bei Bedarf direkt mit Daten aus dem Archiv versorgt werden (Interaktion (**3**)). Demzufolge werden wir im Verlauf dieses Kapitels auf grobe Archivierungsgranulate Wert legen (vgl. Abschnitt 3.3.2: M1, M2), aber hinsichtlich unserer funktionalen Klassifikation nicht die Wiedereinlagerung in die ursprüngliche STEP–Datenbank erzwingen (vgl. Abschnitt 3.5.1: eigenständiges Archiv).

Wenn in STEP von *integrierten* Modellen die Rede ist, bezieht sich Integration zunächst auf die Ableitung von EXPRESS–Schemata aus vordefinierten Basismodellen, den sog. „Integrated Resources" (IR), und die eindeutige Interpretation der abgeleiteten Schemata im Rahmen von Anwendungsklassen. Eine Anwendungsklasse (z. B. Austausch von 2D–Zeichnungen, Modellierung von elektrischen Anlagen, Übertragung von Freiformflächen aus mechanischem CAD, Konstruktion von Schiffsstrukturen) wird in einem sog. „**Application Protocol (AP)**"[5] beschrieben, das wiederum als eigene STEP–Norm veröffentlicht wird. Bislang sind nur AP–203 („Configuration Controlled Design") und AP–201 („Explicit Draughting") als internationale Normen verabschiedet. Hauptbestandteil eines AP ist ein EXPRESS–Schema[6] mit weitgehend fixierter Semantik. Die Aufteilung von STEP in verbindliche und möglichst abgeschlossene AP sollte zur Beherrschung der Komplexität dienen. Die Abgeschlossenheit eines AP muß schon deswegen relativiert werden, weil die zugrundeliegende EXPRESS–Sprachbeschreibung, die IR, die Definition des Austauschformats und zukünftig auch SDAI referenzierte Teilnormen sind. Weiterhin wird die Notwendigkeit einer AP–übergreifenden Datenintegration immer offenkundiger. Unter dem Schlagwort *AP–Interoperabilität* werden zur Zeit jene Teilschemata aus verschiedenen AP identifiziert, die über AP–Grenzen hinweg syntaktisch und semantisch äquivalent sind [BY95, SK95, AW95]. Wir haben bereits in [Her93] argumentiert, daß es – strenggenommen – *das* integrierte Produktmodell von STEP nicht gibt. Auch Metzger bestätigt, daß ein konzeptuelles Schema im Verständnis von ANSI-SPARC [TK78] in STEP nirgends festgelegt ist [Met96b]. Faßt man etwa die Gesamtheit aller IR als ein solches auf (wie z. B. „the global STEP schema" in [Ley94]), muß man sich bewußt sein, daß diese Basisschemata noch keine Objekte der realen Welt modellieren. Weite Teile der IR sind absichtlich unterspezifiziert, wie man anhand der Primitive zur Geometriemodellierung (z. B. Punkte und B–Spline–Kurven in einem Koordinatensystem) leicht sieht. Erst die AP definieren die Semantik, und zwar trotz der Ableitung

---

[5] AP wird ins Deutsche irreführend als Anwendungsprotokoll oder Anwendungs-datenmodell übersetzt.

[6] Die Unterscheidung zwischen den Schemata AIM (Application Interpreted Model) und ARM (Application Reference Model) soll hier vernachlässigt werden. Einzelheiten hierzu sowie die Erklärung der restlichen AP–Bestandteile sind in der bereits angegebenen Literatur sowie in [DY92, GEPA94] zu finden.

aus den (syntaktisch) gleichen IR im allgemeinen von AP zu AP unterschiedlich. Aus Sicht der Archivierung von Produktdaten hat der Bezug auf ein AP den Vorteil, daß das dort enthaltene EXPRESS–Schema einschließlich der angegebenen Semantik zum einen das Ergebnis eines vorgelagerten Integrationsprozesses darstellt (Konsens unter den AP–Entwicklern) und zum anderen eine längerfristige Stabilität verspricht (Normungsgrundsatz).

Der **Einsatz von EXPRESS** zur Modellierung von Produktdaten, die in der Automobilindustrie anfallen, verwundert nicht. Schließlich treiben gerade diese STEP–Anwender den Standardisierungsprozeß maßgeblich voran. Man beachte aber, daß EXPRESS nicht nur als ISO–Norm vorliegt, sondern sich auch breiter und wachsender Akzeptanz erfreut. Gleiches kann man von **SDAI** noch nicht behaupten. Angesichts der Alternativen zu SDAI (siehe Abschnitt 5.2.2.3) mag dies nur eine Frage der Zeit, des Fortschreitens des Standardisierungsprozesses und des Funktionalitätszuwachses von SDAI sein. Wie bereits u. a. in [Her94b] dargestellt, zählen EXPRESS und SDAI zu den **anwendungsunabhängigen** Teilen von STEP, d. h., EXPRESS und SDAI sind weder auf die vordefinierten STEP–AP noch auf Produktdatenanwendungen im weiteren Sinn beschränkt. Dies nutzen sog. „Non STEP"–Anwendungen, wie z. B. die EXPRESS–basierte Modellierung und datenbankgestützte Verwaltung von Daten, die in der Genforschung [SB93] anfallen, in der Hochenergiephysik [VD94] und in der petrolchemischen Industrie [Kow95, RW95].

5.2 Datenbankrelevante Konzepte von EXPRESS und SDAI

Auf die detaillierte Darstellung von EXPRESS können wir angesichts der Veröffentlichung als ISO–Norm [ISO94b] und angesichts des Buches [SW94] verzichten. Auch datenbankrelevante Konzepte von SDAI [ISO96a] werden wir wegen der Ausführungen in [Ley94, Lü96] nur soweit vorstellen, wie es für das Verständnis der Erweiterungsvorschläge in puncto Archivierung notwendig erscheint. Es sei nochmals betont, daß wir im folgenden keinerlei STEP–Spezifika berücksichtigen, da mittels EXPRESS anwendungsunabhängig modelliert werden kann. Nachdem ein EXPRESS–Schema aufgestellt ist, kann es instantiiert werden, d. h., es können Daten schemakonform erzeugt und manipuliert werden. Dies geschieht mit generischen SDAI–Operationen, also wiederum ohne zusätzliche Anwendungssemantik.

5.2.1 EXPRESS als DB–Schemabeschreibungssprache und DDL

In Übereinstimmung mit der Analyse im Beitrag [MSRD91] fassen wir EXPRESS nicht nur als Modellierungssprache, sondern auch als **DB–Schemabeschreibungssprache** auf. Für eine Teilmenge von EXPRESS haben wir dies bereits ohne weiteren Bezug zu STEP im Projekt IIP (Integriertes Informationssystem Produktion) demonstriert [BH92, BH93b]. Einige zusätzliche Sprachkonstrukte und Nutzungsbeschränkungen angenommen, kann EXPRESS prinzipiell als **DDL** verwendet werden – auch wenn bislang keine unmittelbare Implementierung von EXPRESS als Benutzerschnittstelle eines DBS vorliegt. In Abschnitt 5.3.2 erläutern wir näher, weshalb man statt dessen eine Abbildung eines (konzeptuellen) EXPRESS–Schemas auf ein (logisches) DB–Schema eines klassischen oder gegebenen objektorientierten Datenmodells bevorzugt und welche Abbildungsmöglichkeiten es gibt. Natürlich legt die Sprache EXPRESS selbst ein *semantisches Datenmodell* implizit fest [PM88, SK95]. Seine Mächtigkeit wollen wir an ausgewählten EXPRESS–Konzepten, die vor allem das Typsystem und die Integritätsproblematik betreffen, veranschaulichen.

Strukturelle Objektorientierung (siehe Abschnitt 3.1.2) kommt in EXPRESS in folgenden Merkmalen zum Ausdruck: Zentrales Modellierungskonstrukt ist ein *Entity*(–Typ). Ausprägungen eines Entities, also konkrete, unterscheidbare Objekte, heißen Instanzen. Einer Instanz wird ein „unique instance identifier" konzeptionell, d. h. ohne Hinweise auf die Implementierung der Objektidentität, zugeschrieben. Die *Attribute* haben u. a. einen einfachen Datentyp (z. B. `INTEGER`, `BOOLEAN`), Aggregationstyp (z. B. `SET OF REAL`, `ARRAY OF BAG OF ...`), benutzerdefinierten Datentyp (über `TYPE`–Definition) oder sind wiederum entity–wertig. Durch entity–wertige Attribute werden gleichzeitig **Beziehungen** zwischen Entities modelliert. Attribute können auch als `DERIVE` mit Angabe einer Berechnungsvorschrift definiert werden. Der Zusatz `OPTIONAL` drückt das potentielle bzw. zulässige Fehlen eines Wertes für ein Attribut aus. *Vererbung* ist so umgesetzt, daß Entities, die als `SUBTYPE` definiert werden, alle Attribute ihres `SUPERTYPE` erben. Jede Instanz eines Subtyps ist Instanz ihres Supertyps. Auch Mehrfachvererbung (von mehreren Supertypen) ist zugelassen. Vererbungsbeziehungen zwischen Entities spannen einen gerichteten, azyklischen Graphen (DAG) auf. Als Repräsentant für die ungewöhnliche Spezifikation zusätzlicher Vererbungssemantik – am häufigsten diskutiert ist die „ANDOR–Vererbung" [Bur93, Lü96] – wollen wir die „ONEOF–Vererbung" anhand von Abbildung 5.2 erklären.

Das Schema in Abbildung 5.2 (in Anlehnung an [Nin96]) modelliert einen Ausschnitt aus dem OO7–Benchmark [CDN93]: Eine Baugruppe (`Assembly`) ist gemäß `ONEOF` entweder ein `ComplexAssembly` oder ein `BaseAssembly`. Für das Entity `Assembly` wurde ein `ABSTRACT SUPERTYPE` gewählt, d. h., es handelt sich um einen nicht instantiierbaren Entity–Typ. Jede komplexe Baugruppe (`ComplexAssembly`) besteht aus weiteren Baugruppen (Attribut `subAssemblies`). Die Blätter einer so aufgebauten `Assembly`–Hierarchie sind Baugruppen vom Typ `BaseAssembly`, an denen die `CompositeParts` hängen. Implizit vorhandene **Rückrichtungen von Beziehungen** können mittels `INVERSE` explizit modelliert und dabei weiter eingeschränkt werden

```
SCHEMA OO7_BENCHMARK;
 ENTITY Assembly
        ABSTRACT SUPERTYPE OF
                  (ONEOF (ComplexAssembly, BaseAssembly));
  number : INTEGER;
  type   : STRING;
 INVERSE
  superAssembly: SET [0:1] OF ComplexAssembly FOR subAssemblies;
 END_ENTITY;


 ENTITY ComplexAssembly
        SUBTYPE OF Assembly;
  subAssemblies: SET OF Assembly;
 END_ENTITY;


 ENTITY BaseAssembly
        SUBTYPE OF Assembly;
  components: BAG OF CompositePart;
 END_ENTITY;


 ENTITY AtomicPart;
  id        : INTEGER;
  ...
 UNIQUE
  unique-rule-on-id: id;
 END_ENTITY;        -- add entities CompositePart, Document etc.
END_SCHEMA;
```

Abbildung 5.2. Auszug aus einem EXPRESS–Schema für den OO7–Benchmark

(`SET[0:1] OF ComplexAssembly` – höchstens eine übergeordnete komplexe
Baugruppe). Beziehungen werden in EXPRESS auch dann als bidirektional
angenommen, wenn nur die „Vorwärtsrichtung" im Schema notiert ist.

Aus Datenbanksicht liegt es nahe, entity–wertige und inverse Attribute
als *referentielle Integritätsbedingungen* zu interpretieren. Im Zusammenhang
mit SDAI–Transaktionen (Abschnitt 5.2.2.2) werden wir diese Interpretation
abschwächen. Gleiches gilt für weitere, in Abbildung 5.2 nicht dargestellte
Formen von Integritätsbedingungen, in EXPRESS **Regeln** genannt:

– *UNIQUE–Regel*
Von einer Attributkombination wird Schlüsseleigenschaft verlangt, d. h.,
Instanzen eines Entities sind über die (Komposition der) Werte der in
der UNIQUE–Regel aufgeführten Attribute eindeutig identifizierbar. In
Abbildung 5.2 sind die `AtomicParts` durch das Attribut `id` infolge der
Regel `unique-rule-on-id` eindeutig bestimmt.
– *Lokale WHERE–Regel*
Eine Entity–Definition kann eine `WHERE`–Klausel umfassen, die eine für jede
Instanz des Entities separat auswertbare Integritätsbedingung definiert.
Hierzu können Funktionen und Prozeduren verwendet werden, deren Sprach-

umfang ebenfalls in [ISO94b] festgelegt ist. Man beachte, daß diese in EXPRESS „eingebaute Programmiersprache" prozedural und berechnungsvollständig ist.

– *Globale Regel* (RULE)
Integritätsbedingungen, die an eine beliebige Menge von Instanzen von Entities eines EXPRESS–Schemas (ggf. an die gesamte Datenbasis) gestellt werden und sich in der Allgemeinheit nicht an genau einer Instanz überprüfen lassen, müssen in einer globalen Regel formuliert werden. Die Komplexität globaler gegenüber lokaler Regeln wächst insbesondere durch die Formulierbarkeit von Prädikaten, die über mehreren Entities definiert sind.

Bereits Mehlhaus et al. prognostizierten Implementierungsprobleme für EXPRESS–Regeln, vor allem hinsichtlich der Kosten und der automatischen Feststellung, welche Regeln bei welcher Datenmanipulation invalidiert werden [MSRD91]. Wir klammern dieses separate Forschungsthema hier aus und verweisen auf die Dissertation von Alt [Alt96]. Hier werden Teilaspekte untersucht, und zwar die Effizienzsteigerung bei der Auswertung einer gegebenen Menge lokaler WHERE–Regeln durch Materialisierung von Ergebnissen mehrfach zu berechnender Funktionen.

5.2.2 SDAI in der Rolle einer DML

Einerseits ist SDAI keine Sprache und deswegen auch keine DML. Andererseits werden aufbauend auf der allgemeinen, programmiersprachenunabhängigen Spezifikation [ISO96a] verschiedene konkrete Sprachanbindungen (für C, C++, ursprünglich noch FORTRAN und seit kurzem IDL), sog. *SDAI-Language-Bindings*, entwickelt. Am weitesten fortgeschritten ist das C++-Binding [ISO96b]. Viele ODBS benutzen C++ (mit zusätzlichen Klassenbibliotheken) zur Definition und Manipulation von Objekten, so daß C++ als DML keine Besonderheit mehr darstellt. Weiterhin gibt es bis heute keinen Vorschlag für eine (andere) formale Anfrage- und Manipulationssprache für Daten auf dem Abstraktionsniveau eines EXPRESS–Schemas. Daher hat es sich eingebürgert, die Gesamtheit der SDAI–Operationen als DML zur DDL EXPRESS aufzufassen. Die Spezifikation der **SDAI–Operationen** bildet den Hauptbestandteil des Dokuments [ISO96a]. Bevor wir die wichtigsten davon besprechen können, müssen wir ausgewählte Grundbegriffe von SDAI klären. Dies soll anhand der **SDAI–Metadatendefinitionen** geschehen, die in Form von EXPRESS–Schemata genormt werden.

5.2.2.1 Metadatenschemata von SDAI.
Die in [ISO96a] enthaltenen Schemata *Dictionary-Schema*, *Session-Schema* und *Population-Schema* spezifizieren zunächst *abstrakte* Konzepte des SDAI. Um allerdings normkonform zu sein, muß die *Funktionalität* dieser Schemata[7] von einer SDAI–Implemen-

---

[7] Wir geben nur Auszüge aus [ISO96a] wieder und behalten uns Vereinfachungen im Interesse einer verständlicheren Darstellung vor.

tierung bereitgestellt werden (siehe auch Abschnitt 5.3). Bezogen auf das Dictionary–Schema heißt es in [ISO96a]:

> „An SDAI implementation need not store the dictionary data as described. The operations shall, however, respond as if the data is structured as described.“

Im **Dictionary–Schema** von SDAI wird u. a. festgelegt, welche Schema- bzw. Metadaten zu einer Entity–Definition (insbes. aus einem EXPRESS– Anwendungsschema) von einer SDAI–Implementierung verwaltet werden. Wie Abbildung 5.3 verdeutlicht, kann das Entity `entity_definition` als Teil eines *Metamodells* der Sprache EXPRESS interpretiert werden – diesen Anspruch haben die SDAI–Metadatenschemata jedoch nicht. Sie spiegeln nur diejenigen Konzepte von EXPRESS wider, die für die Standardisierung von SDAI benötigt werden. Ein umfassendes EXPRESS–Metamodell wird in der ISO im Rahmen der Entwicklung von EXPRESS–2 diskutiert.

```
ENTITY entity_definition
  SUBTYPE OF (named_type);
  supertypes        : LIST OF UNIQUE entity_definition;
  attributes        : LIST OF UNIQUE attribute;
  uniqueness_rules  : SET OF uniqueness_rule;
  instantiable      : BOOLEAN;
  ...
  parent_schema     : schema_definition;
END_ENTITY;
```

Abbildung 5.3. Das Entity `entity_definition` aus dem Dictionary–Schema von SDAI

Das **Data–Type–Schema** (Abbildung 5.4) unterscheidet formal zwei Arten von (Entity–)Instanzen: Sog. **Anwendungsinstanzen** (`application_instance`) sind solche, die von Entities eines EXPRESS–Anwendungsschemas stammen. Dagegen sind **SDAI–Instanzen** (`sdai_instance`) Ausprägungen von Entities aus einem der in [ISO96a] definierten Metaschemata. Die Begründung für diese Unterscheidung liegt u. a. in der Einschränkung mancher SDAI–Operationen: SDAI–Instanzen des Dictionary–Schemas können nur gelesen, aber nicht explizit mit SDAI–Operationen modifiziert werden.

```
ENTITY entity_instance
      ABSTRACT SUPERTYPE OF
              (ONEOF (sdai_instance, application_instance));
END_ENTITY;
```

Abbildung 5.4. Anwendungsinstanzen und SDAI–Instanzen laut Data–Type–Schema von SDAI

Im **Session–Schema** (Abbildung 5.5) ist u. a. dokumentiert, wie SDAI die Anwendungen von einem zugrundeliegenden Speichersystem isoliert: Ein sog. **SDAI–Repository** ist der konzeptionelle Speicherort für sämtliche Daten, die von einer SDAI–Implementierung verwaltet werden. Welches konkrete Datenverwaltungssystem (z. B. Dateisystem, RDBS x, ODBS y oder ggf. eine Kombination aus allem) dabei herangezogen wird, soll einem SDAI–Anwendungsprogramm idealerweise verborgen bleiben. Der Zugriff auf Daten (Instanzen zu Entities von EXPRESS–Schemata) erfolgt prinzipiell nur über das logische Konzept Repository. Zur Erklärung der weiteren Organisation von Daten in einem Repository ziehen wir ein letztes Metadatenschema (Abbildung 5.6) heran.

```
ENTITY sdai_repository;
  name       : STRING;
  contents   : sdai_repository_contents;
  description: STRING;
END_ENTITY;


ENTITY sdai_repository_contents;
  models: SET OF sdai_model;
  schemas: SET OF schema_instance;
  INVERSE repository:
  sdai_repository FOR contents;
END_ENTITY;
```

Abbildung 5.5. Modellierung eines Repositories im Session–Schema von SDAI

Im **Population–Schema** (Abbildung 5.6) steht `contents: sdai_model_contents` für die Menge aller Instanzen eines sog. *SDAI–Modells*. Ein **SDAI–Modell** ist eine vom SDAI–Benutzer bestimmte Zusammenfassung von Instanzen, die zu beliebigen Entities aus genau einem EXPRESS–Schema gehören (`contents: sdai_model_contents`). Jede Instanz ist in genau einem SDAI–Modell enthalten. Bei einem Blick zurück auf Abbildung 5.5 erkennt man, daß in einem Repository i. allg. mehrere SDAI–Modelle und sog. *Schemainstanzen*[8] verwaltet werden. Eine **Schemainstanz** (im Population–Schema das Entity `schema_instance`) ist nach SDAI–Modellen die nächstgrößere Organisationseinheit für Daten, die aus Anwendungssicht zusammengehören. Formal beinhaltet eine Schemainstanz eine Menge von SDAI–Modellen zum gleichen EXPRESS–Schema[9].

---

[8] Der englische Ausdruck „schema instance“, den wir wie [Lü96] mit Schemainstanz übersetzen, hat sich leider durchgesetzt. Eine Schemainstanz darf jedoch nicht verwechselt werden mit der Gesamtheit aller (Entity–)Instanzen, die zu einem EXPRESS–Schema gehören.

[9] Diese Vereinfachung ist angemessen, da die jüngste Aufweichung (Stichwort „domain equivalence“ [ISO96a]) noch stark diskutiert wird und die Darstellung unnötig verkomplizieren würde.

```
ENTITY sdai_model;
 name: STRING;
 underlying_schema: schema_definition;
 contents: sdai_model_contents;
 repository: sdai_repository;
 ...
END_ENTITY;

ENTITY schema_instance;
 name: STRING;
 contents: SET OF sdai_model;
 native_schema: schema_definition;
 repository: sdai_repository;
 ...
END_ENTITY;
```

Abbildung 5.6. SDAI–Modell und Schemainstanz laut Population–Schema

Verbal wird eine Schemainstanz in [ISO96a] als logische Assoziation von SDAI–Modellen definiert. Das Besondere an dieser Zusammenfassung von Modellen besteht in der Festlegung, daß hierdurch der Gültigkeitsbereich für Regeln (siehe Abschnitt 5.2.1) und die Zulässigkeit von Referenzen zwischen (Entity–)Instanzen bestimmt wird. Instanzen dürfen einander nur referenzieren, wenn sie in SDAI–Modellen enthalten sind, die in der gleichen Schemainstanz liegen. Eine Schemainstanz kann sich über mehrere Repositories erstrecken. Dann bezeichnet das Attribut **repository** des Entities **schema_instance** das Repository, in dem die Schemainstanz ursprünglich angelegt wurde.

Wir gehen davon aus, daß SDAI–Benutzer der in [ISO96a] formulierten Intention für die Einführung dieser Organisationskonzepte folgen werden: Daten, die aus einer Anwendungssemantik heraus zusammengehören (z. B. eine Teilegeometrie), sollten in SDAI–Modellen und Schemainstanzen gruppiert werden. So zusammengefaßte Instanzenmengen sind dann auch sinnvollerweise gemeinsam *zu archivieren* (Abschnitt 5.4.1).

5.2.2.2 SDAI–Operationen. Die Zahl von über hundert Operationen in [ISO96a] resultiert u. a. aus der Unterscheidung verschiedener Zustände (z. B. SDAI–Repository geschlossen, SDAI–Modell für Schreibzugriff geöffnet) und den entsprechenden Zustandsüberführungen. Außerdem ergeben sich aus der Typabhängigkeit viele „semantisch ähnliche" Operationen. So werden zum Teil nicht nur Operationen auf Anwendungsinstanzen und SDAI–Instanzen unterschieden, sondern auch Operationen auf Aggregationstypen (Listen, Felder usw.) differenziert vorgeschrieben. Viele Details hierzu sind für die vorliegende Arbeit nicht von Bedeutung. Wir stellen im folgenden fünf Klassen von Operationen mit ausgewählten Vertretern vor, die im Rahmen einer DB–basierten SDAI–Implementierung und für SDAI–integriertes Archivieren wichtig sind[10].

1. *Typabfragen bzw. Metadatenzugriffe*
   - **Get entity definition**
     I: Model [sdai_model], EntityName [string_value]
     O: Entity [entity_definition]
     Diese Operation liefert die Typinformation (**Entity**), sofern der Name des Entities bekannt ist. Um welches EXPRESS–Schema es sich handelt, wird aus dem SDAI–Modell, das ebenfalls angegeben werden muß, ermittelt. Im Population–Schema (Abbildung 5.6) sieht man, daß das Schema zu einem gegebenen Modell eindeutig bestimmt ist. Diese Operation wird vor allem benutzt, um Instanzen zu erzeugen (siehe Operation **Create entity instance**).
   - **Is subtype of**
     I: Type [entity_definition], CompType[entity_definition]
     O: Result [boolean_value]
     Wie nicht anders zu erwarten, ist das Resultat dieser Vergleichsoperation auf Entities TRUE, falls das Entity **Type** Subtyp von oder identitisch mit dem Entity **CompType** ist. Allerdings gilt hier die Einschränkung auf Entities, die in einem Anwendungsschema definiert sind. (Für Meta–Entities heißt die Operation **Is SDAI subtype of**.)
2. *Instanzorientierte Operationen*
   - **Create entity instance**
     I: Type [entity_definition], Model [sdai_model]
     O: Object [application_instance]
     Eine Anwendungsinstanz, deren Typinformation zuvor bereitzustellen ist, wird in dem vorgegebenen SDAI–Modell erzeugt. Die Attribute werden nicht mit Werten versorgt, was über die Operation **Test attribute** – ohne einen Fehler zu generieren – festgestellt werden kann (vgl. Nullwerte in DBS).
   - **Delete application instance**
     I: Object [application_instance]
     Die Anwendungsinstanz wird einschließlich aller Aggregationen auf allen Ebenen gelöscht. Das heißt bspw., daß auch von einem Attribut vom Typ **SET OF BAG OF REAL** nichts mehr „übrig bleibt", obwohl SET und BAG separat (über die SDAI–Operation **Create aggregate instance**) erzeugt werden müssen. Auch wenn es aus der Beschreibung der Operation **Delete application instance** nicht

---

[10] Wir verzichten bewußt auf eine algebraische Spezifikation, da einerseits keine Vollständigkeit angestrebt wird und andererseits kein höherer Formalisierungsgrad von [ISO96a] suggeriert werden soll; vgl. Abschnitt 5.2.2.3. Auch in [ISO96a] werden nur die Namen der Operationen, Eingabe (I)- und Ausgabe (O)-Parameter mit deren Datentypen [hier in eckigen Klammern] und einer verbalen Erklärung aufgelistet.

präzise hervorgeht, läßt sich aus [ISO96a] ableiten, daß entity–wertige
Attribute stets als Beziehungen betrachtet werden und nicht als gekap-
selte Substrukturen (wie etwa im NF^2–Modell). Referenzierte Instanzen werden nicht selbst gelöscht, nur die so modellierte Beziehung wird
aufgehoben. Im Falle eines entity–wertigen Attributs `y_ref: Y` von
einer Instanz eines Entities `X`, die zu löschen ist, wird das entsprechende
Attribut der korrespondierenden `Y`–Instanz zurückgesetzt. Dabei können durchaus andere Integritätsbedingungen verletzt werden (siehe
Punkte 4 und 5).

– **Put attribute**

```
I: Object [application_instance],
   Attribute [explicit_attribute],
   Value [assignable_primitive]
```

Diese Operation weist einem expliziten (d. h. weder inversen noch
abgeleiteten) Attribut einer Anwendungsinstanz einen Wert (`Value`)
zu. Wie bereits angedeutet, muß der Typ `assignable_primitive`
Entity–Typen einschließen, um Beziehungen zwischen Entities materi-
alisieren zu können.

– **Get attribute**

```
I: Object [entity_instance], Attribute [attribute]
O: Value [primitive]
```

Man beachte im Vergleich zu `Put attribute` insbesondere, daß diese
Operation auf beliebige Instanzen anwendbar ist, also auch zum Lesen
von SDAI–Metadaten benutzt werden darf.

– **Copy application instance**

```
I: Object [application_instance], TargetModel [sdai_model]
O: NewObject [application_instance]
```

Diese Operation legt eine Kopie einer Anwendungsinstanz im gleichen
oder in einem neuen SDAI–Modell, das allerdings zur gleichen Schemainstanz gehören muß, an. Es wird ein sog. flaches Kopieren („shallow
copy") realisiert, d. h., eventuelle entity–wertige Attribute der Kopie
`NewObject` verweisen auf dieselben, nicht kopierten Instanzen.

– **SDAI Query**

Hierbei handelt es sich um objekterhaltende „Anfragen" an eine zuvor
aufgebaute Liste von Instanzen, die ein Selektionsprädikat erfüllen
sollen. Die (eigenwillig) mittels Fallunterscheidung definierte Syntax
geht in [ISO96a] über drei Seiten und soll hier nicht wiedergegeben
werden, zumal wir die vorliegende jüngste Fassung immer noch nicht
für stabil halten. Die Grundstruktur des Prädikats

`<Attribut> <Vergleichsoperator> <Wert | Objekt>`

dürfte nur ein erster Schritt in Richtung einer mengenorientierten
DBS-Anfragesprache sein.

3. *Datenorganisation mit Schemainstanzen und SDAI–Modellen*
Es gibt weitgehend aus dem Namen heraus erklärbare Operationen zum
Anlegen und Löschen von SDAI–Modellen einschließlich ihrer Instanzen:
`Create` bzw. `Delete SDAI model`. Die Semantik von letzterem geht auf
`Delete application instance` zurück. Im Interesse einer kompakteren
Darstellung verzichten wir im folgenden auf die abstrakte API–Spezifikation.
Bezogen auf Schemainstanzen ist die Wirkung der SDAI–Operation
`Create schema instance` einsichtig. Bei `Delete schema instance` gilt
die Besonderheit, daß die SDAI–Modelle, die die zu löschende Schemainstanz konstituieren, nicht mitgelöscht werden. Als Konsequenz ergibt
sich, daß Referenzen zwischen Instanzen von Modellen, die nur noch über
diese Schemainstanz verbunden sind, ungültig werden. In [ISO96a] wird
deshalb das Zurücksetzen der entsprechenden entity–wertigen Attribute
betroffener Instanzen als Teil der Operation verlangt.
Weiterhin können SDAI–Modelle zu einer Schemainstanz mittels `Add`
`SDAI model` hinzugefügt bzw. mittels `Remove SDAI model` aus einer
Schemainstanz entfernt werden.

4. *Überprüfung von Integritätsbedingungen*
Als Grundsatz in SDAI gilt: Integritätsbedingungen werden nur auf
explizite Aufforderung des SDAI–Benutzers hin überprüft. Dafür stehen
dedizierte `Validate...`–Operationen zur Verfügung. SDAI–Anwendungsprogramme können – aber müssen nicht – u. a. folgende Konsistenzprü-
fungen vornehmen:
   – Einhaltung der im EXPRESS–Schema festgelegten Bereichsgrenzen für
     Aggregationstypen, Strings etc.:
     Ein Beispiel hierfür ist Überprüfung der vorgeschriebenen Kardinalität
     einer Menge von Strings maximaler Länge, etwa `min / max / length` in
     `SET [min,max] OF STRING[length]`. In EXPRESS ist für Bereichs-
     grenzen übrigens kein konstanter Ausdruck vorgeschrieben, was rein
     syntaktisch zu beliebig komplizierten und aufwendigen Auswertungen
     (unter Benutzung von Funktionen) führen kann.
   – Vorhandensein von Werten für alle Attribute, die im Schema nicht als
     `OPTIONAL` deklariert sind:
     Anders als in der SQL–Norm, wo Nullwerte grundsätzlich zugelassen
     sind und der Zusatz `NOT NULL` die Standardannahme außer Kraft
     setzt, muß der EXPRESS–Modellierer optionale Attribute explizit
     kennzeichnen.
   – Erfüllung referentieller Integritätsbedingungen:
     Das Vorhandensein entity–wertiger Attribute, die nicht als `OPTIONAL`
     vereinbart sind, sowie die Einhaltung von zusätzlichen Kardinalitätsbe-
     schränkungen bei Beziehungen zwischen Entities werden mit gesonder-
     ten `Validate`–Operationen überprüft. Dies gilt auch für die Überprü-
     fung des Typs der Referenzen sowie deren Zulässigkeit bezüglich um-

gebender SDAI–Modelle und Schemainstanzen. Rückrichtungen von Beziehungen können nur überprüft werden, wenn sie explizit mittels `INVERSE` modelliert wurden (siehe Abschnitt 5.2.1). Das unter Punkt 2 bei `Delete application instance` angesprochene Zurücksetzen von entity–wertigen Attributen kann zur Verletzung einer Integritätsbedingung der Bauart `INVERSE x_ref: SET [min,max] OF X FOR y_ref` führen, was nur über die Operation `Validate inverse attributes` aufgedeckt werden kann.

– Regelauswertung:
Es ist vom Anwendungsprogramm zu überprüfen, ob Regeln *verletzt* werden. Dies gilt nicht nur für globale und lokale WHERE–Regeln bezogen auf eine Schemainstanz, sondern auch für UNIQUE–Regeln! Das heißt insbesondere, daß eine SDAI–Anwendung nicht darauf vertrauen kann, daß eine verwaltete Datenbasis eine im zugrundeliegenden EXPRESS–Schema verlangte Schlüsselbedingung automatisch überwacht. Regeln (wie auch alle übrigen Integritätsbedingungen), die aufgrund von fehlenden Argumenten nicht ausgewertet werden können (z. B. wegen Rückgriff auf nicht gesetzte Attribute), gelten als nicht verletzt und die vorliegende Datenbasis in diesem Punkt als schemakonform.

Mit SDAI liegt heute *ein* Ausführungsmodell für EXPRESS–Spezifikationen vor. Im Vergleich zu der frühen Analyse von EXPRESS als Schemabeschreibungssprache in [MSRD91] definiert SDAI Gültigkeitsbereiche (nämlich Schemainstanzen) und Überprüfungszeitpunkte (nämlich keine automatischen) für EXPRESS–Regeln. Es ist auch klargestellt, welche Auswirkung die Verletzung einer Integritätsbedingung auf Folgeoperationen haben soll: keine. Das rudimentär definierte **Fehlerbehandlungskonzept** verlangt nur die Protokollierung von Fehlern. Es besteht keinerlei Bindung an das SDAI–Transaktionskonzept, das wir im Rahmen der letzten Operationsklasse erläutern. Als Konsequenz ergibt sich, daß solche SDAI–Anwendungen, die nur bei nicht verletzten Regeln etc. korrekt arbeiten, eine Fülle von `Validate`–Operationen enthalten müssen. Wir haben in Gesprächen mit SDAI–Entwicklern den Eindruck gewonnen, daß hier eine bewußte Entscheidung getroffen wurde.

5. *Sitzungs- und Transaktionssteuerung*
Bevor irgendwelche Zugriffe auf SDAI–verwaltete Daten einschließlich Metadaten ausgeführt werden können, muß ein SDAI–Anwendungsprogramm eine sog. **Sitzung** mittels `Open session` eröffnen. Daran schließt sich das Öffnen eines Repositories mittels `Open Repository` an. Es folgt der Beginn einer **SDAI–Transaktion**, und zwar mit einem unterschiedlichen SDAI–Primitiv für nur lesende Transaktionen und solche, die Schreibzugriffe erlauben (`Start transaction read-write` bzw. `read-only access`). Die Differenzierung zwischen vier EOT–Operationen halten wir für noch nicht endgültig spezifiziert. Es erscheint vorerst sinn-

voll, nur die im Datenbankumfeld üblichen `Commit`- und `Abort`-Primitive anzunehmen.

In puncto Semantik der EOT-Primitive bei SDAI muß im **Vergleich zu ACID-Transaktionen** beachtet werden: Entweder man interpretiert die in einem EXPRESS-Anwendungsschema festgelegten Integritätsbedingungen nicht als DB-Integritätsbedingungen (da sie eben nicht automatisch bei Commit überprüft werden), oder das **C** (Consistency) in ACID wird von SDAI-Transaktionen nicht erfüllt. Wir plädieren für die erste, abschwächende Interpretation. Um dies zu unterstreichen, sprechen wir auch von einer *schemakonformen* (statt konsistenten) Datenbasis, falls keine der Integritätsbedingungen, die in einem EXPRESS-Anwendungsschema definiert sind, verletzt wird. Schemakonsistenz – keine „Integritätsbedingung" eines Anwendungsschemas ist verletzt – stellt vielmehr die Ausnahmesituation dar, die z. B. nach dem Laden von STEP-Dateien in eine SDAI-Implementierung zur Kontrolle des Datenaustauschs gefordert wird. Allerdings liegt bereits in der Schemakonformität ein Konsistenzkriterium: Sämtliche in den SDAI-Metadatenschemata definierten Integritätsbedingungen müssen im strengen Sinn von einer SDAI-Implementierung eingehalten werden. Diese abgeschwächte Interpretation – Integritätsbedingungen eines Anwendungsschemas können verletzt werden – paßt gut zur Unterscheidung verschiedener *Konformitätsklassen* im SDAI-Dokument, von denen eine Klasse eine Implementierung als normgerecht einstuft, bei der überhaupt keine `Validate`-Operation unterstützt wird.

Bezüglich der Isolation (**I**) von SDAI-Transaktionen gilt folgende Einschränkung: SDAI fordert derzeit in keiner Weise einen **Mehrbenutzerbetrieb**. Als Grundprinzip heißt es auch noch in [ISO96a] N392:

> "The following are outside the scope [...]: concurrent access to SDAI sessions, repositories or data by multiple applications, transactions or users".

Zur Frage, inwieweit ein Mehrbenutzerbetrieb dennoch normkonform ist, gibt es unterschiedliche Auffassungen. Laut Spezifikation (Abbildung 5.14) kann pro Sitzung nur eine Transaktion „aktiv" sein. Man kann sich dennoch auf den Standpunkt stellen, daß hier eine Einbenutzer*sicht* definiert ist, die das gleichzeitige Laufen anderer Transaktionen in anderen (!) SDAI-Sitzungen *nicht ausschließt*.

5.2.2.3 SDAI–Kritik und –Alternativen. Die Vorstellung DB–relevanter Konzepte von SDAI soll mit Hinweisen auf publizierte **Kritiken**, die über die anhaltende Diskussion auf der WG7-Mailing-Liste hinausgehen, abgeschlossen werden. Die bereits besprochene SDAI-Transaktionsunterstützung unterlag seit ihrer Einführung verschiedenen Abwandlungen. Selbst Atomarität war anfangs nicht gewährleistet, wie u. a. in [Ley94, Her94b] nachgelesen werden kann. In [vGK94] wird auf eine SDAI-Version aus dem Jahr 1993 Bezug genommen, weshalb die dort erhobene Forderung nach repositoryübergreifenden Referenzen inzwischen überholt ist. Die u. a. in [BG95] angemahnte Präzisierung der Semantik von SDAI–Schemata und –Operationen ist noch immer vonnöten. Jedoch kann der in [BG95] unternommene Versuch, SDAI–Operationen formal in VDM–SL zu spezifizieren, kaum befriedigen. Wie in dem Beitrag selbst eingeräumt wird, besteht der Nutzen dieser „Spezifikationsübung" im Aufdecken von Lücken und Mehrdeutigkeiten des kritisierten SDAI–Dokuments. Für die Mehrheit der STEP–Förderer und SDAI–Anwender wäre die Angabe einer vollständigen formalen Semantik (sofern dies überhaupt möglich ist) weniger hilfreich als eine präzise verbale Spezifikation der Semantik von SDAI–Operationen und der Metadatenschemata. Auch die SDAI–Sprachanbindungen (Language–Bindings) erfordern noch eine Präzisierung und einen besseren Abgleich mit [ISO96a].

Die **Alternative**, eine mit SDAI vergleichbare Schnittstelle bzw. eine „DML zu EXPRESS" *von Grund auf neu* zu spezifizieren, dürfte innerhalb der ISO auf Ablehnung stoßen. Die Normierung einer Sprachschnittstelle an sich ist durch die Perspektive, portable oder zumindest leichter portierbare (nicht nur STEP–)Anwendungen zu entwickeln, wünschenswert. Im nächsten Abschnitt werden wir sehen, daß Autoren auch dann von einer STEP–Datenbank sprechen, wenn EXPRESS auf eine gegebene DDL abgebildet wird und Datenmanipulationen ausschließlich über die vom DBS unterstützte DML (also z. B. SQL und *nicht SDAI*) erfolgen. Hier wird das Abstraktionsniveau des EXPRESS–Modells verlassen. Um bei dem Beispiel zu bleiben: Die Manipulation von Tupeln statt Instanzen erscheint solange akzeptabel, wie eine triviale Abbildung von Entities auf Tabellen möglich ist. Bereits bei einfachen Vererbungshierarchien und Aggregationstypen bereitet die Abbildung von Manipulationsoperationen Probleme [Lü96, NW95], die dann der Anwendungsprogrammierer (und nicht der SDAI–Entwickler) zu lösen hat. Diskussionswürdig ist auch der Ansatz, EXPRESS um Konzepte zur Verhaltensspezifikation (im Gespräch sind Methoden, die einem Entity zugeordnet werden) zu erweitern und so den Funktionsumfang des heutigen SDAI weitgehend mit *EXPRESS–2* abzudecken. Allein der moderate Fortschritt bei der Entwicklung von EXPRESS–2 spricht dagegen. Ein technisches Gegenargument besteht in dem absehbar wachsenden Bedarf an generischen, entity–übergreifenden Anfragen. Auch wenn bei SDAI–Anwendungen – angesichts des gegenwärtigen Normungsstandes und verbreiteter Zugriffsstrategien in Ingenieuranwendungen – navigierende Zugriffe überwiegen [MMDF94, Nin95], werden bei zunehmender DB–Unterstützung deskriptive Anfragen und inhaltsbezogene Zugriffe an Bedeutung gewinnen. Hierzu ist eine optimierbare Anfragesprache zweifellos besser geeignet. Die Stelle *in SDAI*, die hierfür ausgebaut werden muß und kann, haben wir bereits angesprochen: die Operation `SDAI Query`.

5.3 EXPRESS/SDAI–Datenbanksysteme

5.3.1 EXPRESS/SDAI–DBS vs. STEP–Datenbank

Aufbauend auf Abschnitt 5.1 wollen wir zuerst begründen, weshalb an Stelle von *STEP-Datenbanken* oder ähnlichen verbreiteten Bezeichnungen im folgenden treffender von *EXPRESS/SDAI–DBS* die Rede ist. Die Begriffsbildung nach Abbildung 5.7 ermöglicht die Klassifikation verschiedener Ansätze nach inhaltlichen Gesichtspunkten, bedarf aber aufgrund der in der Literatur uneinheitlich gebrauchten Terminologie der nachstehenden Erklärungen.

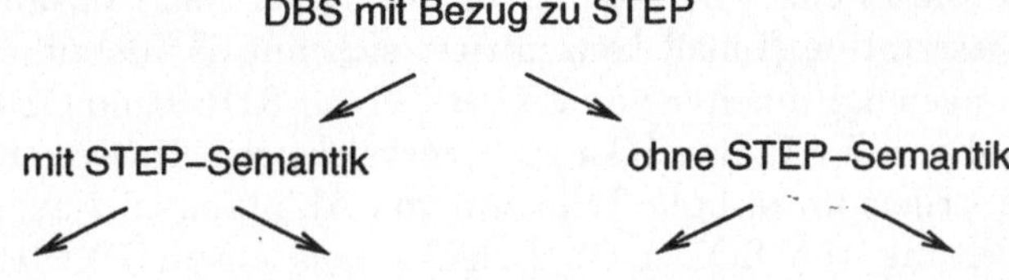

Abbildung 5.7. Neue Begriffsklassifikation für Datenbanksysteme mit Bezug zu STEP

Datenbanksysteme für oder unter Einbeziehung von ISO 10303 können grob danach unterteilt werden, ob sie die in ISO 10303-x (Teilnorm $x >$ 40) vordefinierten Basismodelle bzw. AP unterstützen (*DBS mit STEP-Semantik*) oder ausschließlich auf die anwendungsunabhängigen Teile von ISO 10303 zurückgreifen (*DBS ohne STEP-Semantik*). Die erste Klasse von DBS schließt auch jene Lösungen ein, bei denen ein vorliegendes STEP/EXPRESS–Schema nur noch Referenzcharakter hat, d. h., höchstens zur Interpretation eines weitgehend unabhängig entworfenen DB–Schemas herangezogen wird. In Anlehnung an einen Prototyp, der im Rahmen des ProSTEP–Projekts entwickelt wurde, empfehlen wir für solche Implementierungen die Bezeichnung **STEP–basierte DBS** [NFW93]. Der Zugriff auf die sog. Produkt- und Betriebsmitteldatenbank (PBD) erfolgte über speziell bereitgestellte, nicht–generische Funktionen, deren Operanden sog. Anwendungsobjekte (z. B. Produktdefinition, Methodenplan) sind. Diese Objekte unterscheiden sich zwar u. a. in ihrer Granularität von den in STEP definierten Objekten (es liegt weder eine injektive noch surjektive Abbildung der Anwendungsobjekte auf AP/IR–Entities vor), aber das PBD–Schema mit den bereitgestellten Funktionen kann weitgehend anhand von AP–203 und AP–214 erklärt werden.

Eine schärfere Forderung besteht darin, genau den in einem AP festgelegten Umfang an Daten in der vorgegebenen Struktur durch ein DBS zu verwalten. Erschwerend kommen *AP-Spezifika* hinzu, z. B. Abbildungsprobleme zwischen dem ARM– und AIM–Schema, die Unterscheidung von

EXPRESS–Schemata in sog. Lang- und Kurzform[11], die Einhaltung von verbal beschriebenen Integritätsbedingungen sowie generell die Berücksichtigung von „mehr Semantik", als rechnerlesbar im AP spezifiert ist. Nur wenn alle Festlegungen eines AP – oder ggf. künftig mehrerer AP [SK95] – von einer DBS–Implementierung erfüllt werden, raten wir zu der Einstufung als **STEP–DBS**. Unserer Auffassung nach ist das Akzeptieren eines in EXPRESS geschriebenen Schemas für ein STEP–DBS *notwendig*, aber angesichts der damit noch nicht abgedeckten AP–Spezifika *nicht hinreichend*. Lührsen et al. sprechen bereits dann von einer STEP–Datenbank, wenn mittels eines EXPRESS–Parsers ein (!) beliebiges EXPRESS–Schema in ein DB–Schema überführt werden kann [LRW93]. Es wird lediglich eingeräumt, daß eine automatische Übersetzung in der Regel nicht optimal ist. Auch Lührsens Dissertation [Lü96] konzentriert sich auf das detaillierte Studium von Abbildungsmöglichkeiten von EXPRESS auf RDBS und ODBS, ohne dabei AP–Inhalte und AP–Spezifika zu berücksichtigen. Unserer Klassifikation nach ist die Arbeit im rechten Teilbaum von Abbildung 5.7 anzusiedeln.

Die Ableitung von SQL–DDL–Befehlen aus einem EXPRESS–Schema geht zurück auf [Egg88] und wurde in [Lü96] in vielen Punkten aktualisiert und erweitert. Insbesondere wegen des bereits in Abschnitt 5.2.2.3 angesprochenen Abstraktionsbruchs zwischen der ursprünglichen Datendefinition (EXPRESS) und der tatsächlichen Datenmanipulation (ausschließlich SQL–DML) wollen wir auf solche **EXPRESS–DBS** nicht weiter eingehen. Die Einführung von Archivierungsoperationen kommt in diesem Fall der Erweiterung *von SQL* gleich, und dies war bereits Gegenstand von Kapitel 4.

Schließlich ist klar, wofür die verbleibende Systemkategorie **EXPRESS/ SDAI–DBS** stehen soll: für eine SDAI–Implementierung auf der Basis eines DBS ohne Berücksichtigung von (STEP–)Semantik, die außerhalb von EXPRESS und SDAI festgelegt ist. Zum einen verleitet diese Sprechweise nicht zu der Annahme, ein gegebenes STEP–AP wäre komplett umgesetzt. Zum anderen wird sie dem anwendungsunabhängigen Charakter dieser Teilnormen besser gerecht, d. h., ein EXPRESS/SDAI–DBS kommt auch als „Non STEP"–Datenhaltungssystem in Betracht (siehe Abschnitt 5.1).

Die Vision eines über Unternehmensgrenzen hinaus datenintegrierenden Systems, zu dem der Zugang allein über EXPRESS und SDAI – damals gerade im Entstehen begriffen – erfolgt, findet man ursprünglich in [PDE91]. Auf dieser Arbeit aufsetzend, entwickelte Leymann seinen Vorschlag eines sog. **Neutralen STEP–Repositories**[12] [Ley94]. Aufgabe eines solchen, konzeptionell beschriebenen Softwaresystems ist es, beliebige Anwendungen hinsichtlich ihrer Datenversorgung vollständig von der aktuellen DB- und Speichertechnologie unabhängig zu machen. Da per Definition keine

---

[11] Schemata in Kurzform referenzieren andere Schemata (Basismodelle) und implizieren Existenzabhängigkeiten auf Instanzenebene.

[12] „Neutral" soll gerade die Abstraktion von zugrundeliegenden Datenverwaltungssystemen ausdrücken, „Repository" darf nicht mit SDAI–Repository verwechselt werden.

durchgängige DBS–Implementierung vorliegen muß, handelt es sich bei den Begriffen EXPRESS/SDAI–DBS und Neutrales STEP–Repository nicht um Synonyme. Jedoch kann man die 4–Ebenen–Architektur eines Neutralen STEP–Repositories als Referenzmodell für die von einem EXPRESS/SDAI–DBS aus Anwendungssicht zu verwaltenden Daten und Metadaten interpretieren.

Abbildung 5.8 stellt eigentlich nur noch eine Zusammenfassung von bereits besprochenen Konzepten dar: Die Einführung der 4–Ebenen–Architektur von IRDS haben wir in Abschnitt 2.4 vorweggenommen. Angewendet auf EXPRESS und SDAI von STEP, sind die folgenden Daten auf L4 bis L1 angesiedelt [HL93, Ley94, HM94b]:

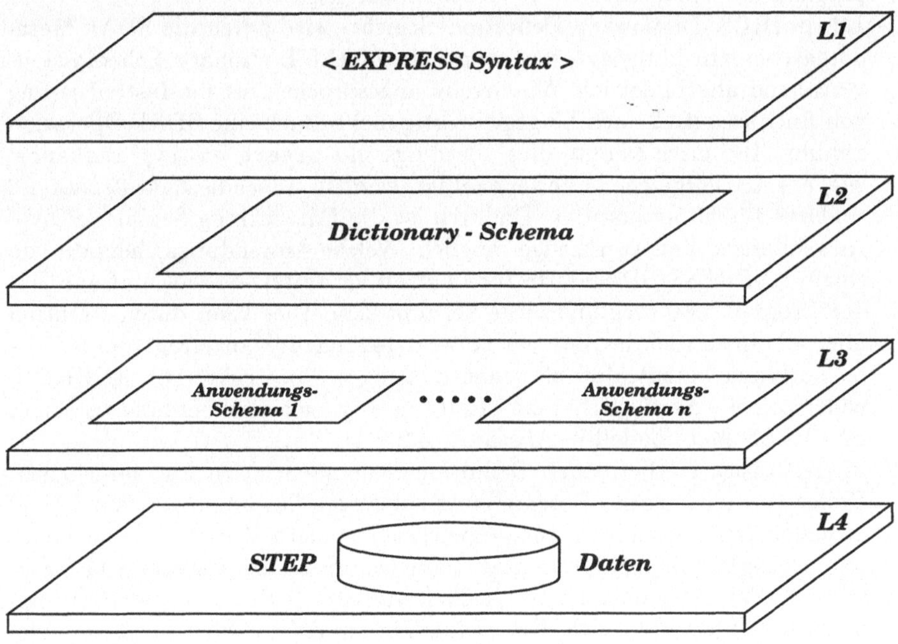

Abbildung 5.8. Neutrales STEP–Repository: Symbiose von IRDS mit EXPRESS und SDAI

- Auf **L4** (in IRDS: Anwendungsschicht) residieren laut SDAI–Sprachgebrauch Anwendungsinstanzen, die in Abbildung 5.8 als STEP–Daten bezeichnet wurden. Im Gegensatz zu IRDS definiert SDAI Zugriffsfunktionen für L4–Daten, z. B. `Put attribute` oder `Validate instance reference domain`.
- Die Schemainformation zu den Anwendungsinstanzen bildet die erste SDAI–Metadatenschicht **L3** (in IRDS: Dictionary–Schicht). Hier lagern also die

in STEP vordefinierten Basis– und AP–Schemata bzw. beliebige neue EXPRESS–Anwendungsschemata. Laut SDAI–Data–Type–Schema handelt es sich dabei formal um SDAI–Instanzen. Hierfür definiert [ISO96a] lesende Zugriffe, wie z. B. `Get entity definition`. Aber auch `Get attribute` darf auf SDAI–Instanzen angewendet werden. Dagegen sind Schreibzugriffe untersagt. Dies würde einer Datenmodellierung (z. B. dem Hinzufügen eines neuen Attributs zu einem Anwendungsschema) gleichkommen. Derzeit muß zu diesem Zweck ein neues Schema auf bislang nicht standardisierte Weise einer SDAI–Implementierung bekanntgemacht werden. Konzeptionell handelt es sich hierbei um eine Instantiierung von L2: Ein EXPRESS–Anwendungsschema auf L3 ist im IRDS–Verständnis eine konkrete Ausprägung des SDAI–Dictionary–Schemas auf L2.

– **L2** (in IRDS: Dictionary–Definition–Schicht) wird durch die SDAI–Metadatenschemata festgelegt, von denen das SDAI–Dictionary–Schema stellvertretend abgebildet ist. Wie bereits angesprochen, ist die Instantiierung von Entities auf L2 nach L3 gegenwärtig nicht durch eine SDAI–Operation erlaubt. Technisch könnte dies allerdings mit `Create entity instance`, wie auf L3 vorgesehen, bewerkstelligt werden. Lesende Zugriffe auf L2 sind wie für L3 unterstützt. Dadurch ist die Entwicklung flexibler SDAI–Anwendungen und Werkzeuge möglich: Welche Anwendungsschemata von einem EXPRESS/SDAI–DBS zur Laufzeit verwaltet werden, muß zur Zeit der Programmentwicklung nicht bekannt sein. Dies kann durch Iteration über alle Instanzen des Entities `schema_definition` abgefragt werden. Es sei nochmals betont, daß L2 genau diejenigen Konstrukte von EXPRESS widerspiegelt, die für SDAI eine Rolle spielen (siehe Anmerkung zu einem EXPRESS–Metamodell in Abschnitt 5.2.2.1).

– In IRDS ist **L1** (Dictionary–Definition–Schema–Schicht) fest vorgegeben. Dieser Formalismus zur Beschreibung zulässiger Ausprägungen von L2 soll in einem IRDS–System nicht gespeichert, sondern dort fest „eingebaut" sein. Bezogen auf STEP kommt dies der Definition der Sprache EXPRESS in Form der Grammatik einschließlich verbaler Richtlinien des Referenzhandbuchs [ISO94b] gleich. Die Diskussion um EXPRESS–2 zeigt, daß idealerweise auch L1 erweiterbar sein sollte oder zumindest durch abwärtskompatible Spracherweiterungen ein Informationsverlust bzgl. bestehender L2–Ausprägungen vermieden wird.

Als **Fazit** ergibt sich die Anforderung an EXPRESS/SDAI–DBS, nicht nur Anwendungsdaten, sondern auch SDAI–Metadaten in einer standardisierten Art und Weise zu verwalten. Auf SDAI–Anwendungen dürfen DBMS–interne und proprietäre Metadaten, wie sie gewöhnlich im DB–Katalog gespeichert werden, nicht durchschlagen. Die Begründung hierfür liegt in der grundsätzlich längeren Verwendungsdauer bzw. im größeren Archivierungszeitraum für (Produkt–)Daten im Vergleich zur „Lebenszeit" der erzeugenden und datenhaltenden Systeme. Um die zugrundeliegende Datenbanktechnologie jedoch ausreichend zu verkapseln, sind neben der

Behebung der angemahnten Defizite in der SDAI–Spezifikation auch Erweiterungen erforderlich: Im Zusammenhang mit der Evolution oder dem Hinzufügen von Metadaten (insbesondere Ergänzen neuer EXPRESS–Anwendungsschemata, Erzeugen von SDAI–Repositories) sollten kontrollierte Schreibzugriffe auf das SDAI–Dictionary in [ISO96a] standardisiert werden.

5.3.2 Aufbau von EXPRESS/SDAI–DBS

5.3.2.1 Realisierungsalternativen und Implementierungsvarianten. Zwei grundsätzliche **Realisierungsalternativen** für EXPRESS/SDAI–DBS kommen in Frage: zum einen der komplette *Neuentwurf* eines DBMS mit Benutzerschnittstelle EXPRESS/SDAI und darauf abgestimmten tieferliegenden Systemkomponenten (Anfrageauswertung, Sperrverwaltung, Speichersystem, ...) und zum anderen der *Aufsatz* einer SDAI–Schnittstelle auf ein gegebenes DBMS.

Angesichts des hohen Entwicklungsaufwandes und der für eine effiziente DBMS–Neuimplementierung erforderlichen Anpassung des heute vorliegenden Funktionalitäts- bzw. Sprachumfangs von EXPRESS und SDAI erscheint die **erste Alternative** derzeit nicht praktikabel: EXPRESS müßte als „echte" DDL z. B. um Autorisierungskonzepte und Zugriffspfadspezifikation ergänzt werden sowie in puncto Vererbungsmächtigkeit (etwa bei der Kombination von **ONEOF** und **ANDOR**) und Datentypvielfalt (**SELECT**–Typ, Strings unbegrenzter Länge) beschränkt werden; SDAI kann nicht länger ohne Vorkehrungen für einen Mehrbenutzerbetrieb und eine wohldefinierte Anfragesprache auskommen und sollte Redundanzen bei Metadatendefinitionen und Operationen vermeiden. Alle in [Wil95, Nin95, Lü96] erwähnten Prototypen und erste kommerzielle EXPRESS/SDAI–DBS folgen der **zweiten Alternative**, d. h., sie bilden EXPRESS–Anwendungsschemata, mitunter noch Auszüge aus den SDAI–Metadatenschemata und eine Untermenge der SDAI–Operationen auf vorhandene RDBS oder ODBS ab. EXPRESS/SDAI–DBS auf hierarchischen oder Netzwerkdatenbanken gibt es nicht.

Loffredo und Hardwick unterscheiden neben der sog. *Upload/Download*–Variante, bei der eine STEP–Datei in ein DBS geladen und mit systemspezifischen DML–Befehlen verarbeitet wird (und deshalb kein EXPRESS/SDAI–DBS im Sinne von Abbildung 5.7 vorliegt), zwei **Implementierungsvarianten** [LH94]:

1. **SDAI–Cache**
   Bei dieser Variante wird die „gesamte Datenbasis" (die Instanzenmenge, die bei *Upload/Download* noch genau eine Datei in [LH94] ausmachte) aus einem DBS in eine Hauptspeicherdatenstruktur gelesen (*check-out*). In der skizzierten konkreten Implementierung kommen erst jetzt SDAI–Aufrufe ins Spiel, d. h., ein SDAI–Anwendungsprogramm greift auf die Hauptspeicherdatenstruktur mit Bibliotheksfunktionen zu und schreibt

im Fall von Änderungen die Daten komplett in das DBS zurück (*check-in*). Konzeptionell handelt es sich hierbei um PDES–Level 2 bzw. um „Working Form Access". Voraussetzung ist offenbar ein hinreichend großer virtueller Speicher für die „Working Form" und möglichst auch ein großer Realspeicher zur Reduzierung der im Vergleich zur DB–Pufferverwaltung „unintelligenteren" Seitenwechsel des Betriebssystems. Das Hauptargument gegen diese, in [LH94] favorisierte Variante sind die beschränkten Perspektiven für einen Mehrbenutzerbetrieb. Loffredo und Hardwick sprechen erst gar nicht von *check-out* und *check-in*, sondern von *export* und *import*, ohne Erwähnung von Synchronisationsmechanismen. Diese sind bei konkurrierenden Zugriffen, von denen bereits ein check–out zum Zweck der Datenänderung erfolgt, aber unvermeidlich. Große Sperrgranulate seitens des DBS, wie sie durch diesen Ansatz nahegelegt werden, haben dann einen extrem schlechten Durchsatz zur Folge.

2. **Direkte SDAI–Implementierung**

Nur bei direkten SDAI–Implementierungen werden SDAI–Operationen (im konkreten System in [LH94] nur „SDAI–like operations") auf DML–Befehle abgebildet. Allerdings muß nicht jede SDAI–Operation mit genau einer DB–Anforderung korrespondieren. Nink verfeinert in [Nin95] direkte SDAI–Implementierungen in „BufferedDirect" und „CachedDirect":

– Hinter „**BufferedDirect**" verbirgt sich die Einführung eines separaten Puffers als Bestandteil der SDAI–Implementierung, und zwar oberhalb eines DBS. Im Detail wird in [Nin95, Nin96] zwischen workstation-lokalen DBS–Clients („WS–DBS") und DBS–Servern („S–DBS") differenziert[13]. Diese spezielle Implementierungsvariante verspricht für DBS mit *Query–Server*-Architektur [HMNR95], also speziell RDBS, Vorteile bezüglich des Optimierungspotentials und damit ein besseres Laufzeitverhalten: Satzorientierte Zugriffe mittels instanzbezogener SDAI–Operationen (z. B. **Get attribute**) brauchen nicht in jeweils eine DML–Anfrage zur Lieferung genau dieser Instanz übersetzt werden. Vielmehr ist es ratsam, einen größeren *Verarbeitungskontext* aus der DBS–Umgebung in den SDAI–Puffer zu laden, z. B. sämtliche referenzierten Instanzen oder das ganze SDAI–Modell. Im Gegensatz zur erstgenannten Variante (SDAI–Cache) wird nicht die gesamte Datenbasis – zu Beginn einer SDAI–Sitzung – in den Puffer geladen. Gegenstand künftiger Forschungsarbeiten sollte das transparente Nachladen von geeigneten Granulaten nach optimalen Strategien und ggf. Heuristiken sein.

– Die Variante „**CachedDirect**" meint die Ausnutzung DBS–interner Caching-Mechanismen, die häufig in ODBS anzutreffen sind. Einfluß

---

[13] Grundsätzlich anders ist der Ansatz von Koethe et al. [KNS94]: Dort werden lokale SDAI–Clients und DBS–basierte SDAI–Server vorgeschlagen, die über eine CORBA–konforme Verteilungsschicht „PISA Integration Services" kommunizieren.

auf den Umfang und die Auswahl der im DB–Cache gehaltenen Objekte haben anwendungsgesteuerte Clusterbildungen [Gra93] und Datentransferstrategien zwischen ODBS–Client und –Server (Fetch Policies) [Run94] sowie der ODBS–Architekturtyp. Je nach primärem Anforderungsgranulat unterscheidet man die Architekturtypen *Page–Server* (der DBS–Client fordert eine Seite vom DBS–Server an; dem Server ist die Objektstruktur innerhalb von Seiten unbekannt) und *Object–Server* (Grundform ist die Anforderung eines einzelnen, vom Server verwalteten Objekts) [DFMV90, HMNR95]. Als „CachedDirect"–Implementierung auf einem Page–Server ist unser eigener Prototyp (Abschnitt 5.5) einzuordnen. Eine Implementierung auf einer „Mischung" zwischen Object– und Page–Server findet man in [Wol96].

Mit Blick auf die Wahl des Ziel–DBS wollen wir zunächst diejenigen Aspekte direkter SDAI–Implementierungen vertiefen, die sich aus der SDAI–Spezifikation ergeben.

5.3.2.2 SDAI auf RDBS. Drei **Teilschritte** müssen bei der Abbildung von SDAI auf RDBS – und in etwas abgewandelter Form auch für ODBS – gelöst werden:

a) Übersetzung von SDAI–Metadatenschemata

b) Übersetzung von EXPRESS–Anwendungsschemata

c) Bereitstellung von SDAI–Operationen

a) Übersetzung von SDAI–Metadatenschemata. Ein naheliegender Ansatz besteht darin, das **Dictionary–Schema** von SDAI starr auf Relationen abzubilden, d. h., einen logischen und physischen Datenbankentwurf für RDBS durchzuführen. Der Einsatz eines Werkzeugs, z. B. eines EXPRESS–Parsers, der mit einem Backend zur Erzeugung von SQL–DDL ausgestattet zu einem allgemeinen **Schemaübersetzer** wird [MSRD91], kann hier helfen. Dies ist aber nicht unbedingt erforderlich: Erstens muß diese Abbildung nur einmal – aber dafür „optimal" – durchgeführt werden, und zweitens besteht keine Notwendigkeit, die Metadatenschemata exakt wie in EXPRESS spezifiziert zu speichern (siehe Abschnitt 5.2.2.1). In [Kie95] findet man ein für das RDBS Informix entworfenes DB–Schema, welches das SDAI–Dictionary–Schema aus [ISO96a] N392 weitgehend abdeckt. Aus [Kie95] geben wir den mit Abbildung 5.3 korrespondierenden Ausschnitt in Abbildung 5.9 wieder.

In Abbildung 5.9 fällt im Vergleich zu Abbildung 5.3 zuerst auf, daß die Attribute `id` und `name` hinzugekommen sind. Mittels `id` wird die jeder Instanz zugeschriebene Objektidentität implementiert, und bei `name` handelt es sich um ein von `named_type` geerbtes Attribut. Um Aggregationstypen auf RDBS abzubilden, muß in der Regel eine Normalisierung erfolgen (eine Ausnahme wären etwa Mengen kleiner und beschränkter Kardinalität n, die auf n Spalten abgebildet werden können). In [Kie95] wird der Weg beschritten, für `supertypes: LIST OF UNIQUE entity_definition` und die

```
CREATE TABLE entity_definition (
  id CHAR(25),
  name VARCHAR(255) NOT NULL,
  instantiable INTEGER NOT NULL,
  ...
  parent_schema CHAR(25) NOT NULL,
  PRIMARY KEY (id),
  FOREIGN KEY (parent_schema) REFERENCES schema_definition
                            ON DELETE CASCADE
);
```

Abbildung 5.9. Mögliche SQL2–Umsetzung von `entity_definition`
(nach [Kie95])

anderen Aggregationen bzw. Beziehungen zwischen Entities des Dictionary–
Schemas eigene Relationen anzulegen. Fremdschlüsselbeziehungen stellen
die Verbindung zwischen `entity_definition` und `schema_definition` her.
Grundsätzlich können hier die gleichen Abbildungstechniken angewendet werden, wie sie für den RDBS–Schemaentwurf aus ER–Schemata mit 1:1–, 1:n–
bzw. n:m–Beziehungen bekannt sind [EN94, HS95b].

Für das **Session–Schema** und **Population–Schema** von SDAI bietet
sich ebenfalls die Abbildung auf persistente Relationen an. Eine Besonderheit
besteht in der strikten Auslegung von [ISO96a], daß Instanzen des Session–
Schemas nur innerhalb einer SDAI–Sitzung gehalten werden brauchen. In
[Lü96, Kie95] findet man deshalb den Vorschlag, für ausgewählte Entities
temporäre Relationen via **CREATE TEMP TABLE** anzulegen. Weiterhin wird
hier die Vereinfachung vorgenommen, die Konzepte SDAI–Repository, Schemainstanz und SDAI–Modell überhaupt nicht als Relationen zu materia-
lisieren. Statt dessen wird ein SDAI–Repository als (genau ein) DBMS
interpretiert und die Abbildung von Schemainstanzen bzw. Modellen auf
Datenbanken (im DBMS–spezifischen Sinn) angeregt. Modellübergreifende
Referenzen innerhalb einer Schemainstanz werfen insbesondere bei diesem
Ansatz Probleme auf, da Beziehungen *zwischen* Datenbanken in heutigen
DBMS–Produkten nicht unterstützt werden. Außerdem fehlt so die in der
Spezifikation vorgesehene Möglichkeit, SDAI–Modelle und Repositories auswählen und mit SDAI–Operationen öffnen zu können. Gerade die Verwaltung verschiedener SDAI–Modelle und Repositories – wenn auch „nur" als
logisches Konzept innerhalb eines DBMS – halten wir hinsichtlich SDAI–integrierten Archivierens für unabdingbar (siehe Abschnitt 5.4).

b) Übersetzung von EXPRESS–Anwendungsschemata. Nachdem gewisser-
maßen IRDS–L2 festgelegt ist, besteht der nächste Schritt beim Aufbau eines
RDBS–basierten SDAI in der Instantiierung von L3, d. h. in der Generierung
eines DB–Schemas zum gegebenen EXPRESS–Anwendungsschema und dem
Füllen des SDAI–Dictionary–Schemas. Die Vielfalt der Abbildungstechniken
von EXPRESS nach SQL, die seit der initialen Arbeit [Egg88] in der Literatur

diskutiert und in Prototypen umgesetzt wurden, faßt Lührsen in [Lü96] zusammen und steuert eigene bei. Wir wollen an dieser Stelle lediglich festhalten, daß die Ableitung eines „optimalen" DB–Schemas durch einen Schemaübersetzer (siehe **a)**) unterstützt wird, aber sinnvollerweise nicht ohne Interaktion mit dem Benutzer ablaufen kann. Ein Beispiel für eine individuelle Entwurfsentscheidung ist die Implementierung einer Vererbungshierarchie, in EXPRESS auch „Complex Entity Type" genannt. Je nach Hierarchietiefe und -breite, dem erwarteten Gesamt- und subtypspezifischen Datenaufkommen sowie dem voraussichtlichen Zugriffsprofil (Lese- vs. Schreibzugriffe) muß die geeignetste Lösung aus folgendem Repertoire von Abbildungsvarianten ausgewählt werden:

- Aufsplittung in separate Relationen für Super- und Subtypen, die über Fremdschlüsselbeziehungen logisch miteinander verbunden werden [Egg88],
- Replikation von Supertypattributen in Subtypen und Verwendung von Views [Mor90],
- Zuhilfenahme von Diskriminatoren [Mac91] (typkennzeichnenden Attributen) oder
- Anlegen einer dedizierten Relation „Generalisierungsbeziehung", in der pro Instanz die Subtypbestandteile dokumentiert sind [Lü96].

c) Bereitstellung von SDAI–Operationen. Die letzte Aufgabe auf dem Weg zu einem EXPRESS/SDAI–DBS ist die Implementierung der SDAI–Operationen. Da [ISO96a] nur deren Funktionalität vorgibt, gilt es zuerst, eine ebenfalls normierte **SDAI–Sprachanbindung** (*Language–Binding*) auszuwählen. Für RDBS ist Teil 24 von STEP – das C–Binding von SDAI – naheliegend. Hier werden Datentypen, Funktionsprototypen und diverse weitere, auf C abgestimmte Konventionen festgelegt, die das Zusammenspiel einer in C geschriebenen SDAI–Anwendung und einer SDAI–Implementierung definieren. Der Operationenteil der SDAI–Softwareschicht kann im Falle der C–Anbindung als Funktionsbibliothek bereitgestellt werden, die intern mit eingebettetem SQL realisiert wird. Bereits die abstrakte SDAI–Spezifikation unterscheidet zwei Arten von Sprachanbindungen: *Early–Binding* und *Late–Binding*. Ein **Early–Binding** ist in dem Sinn schemaabhängig, als es Zugriffsfunktionen besitzt, die für jeweils ein Entity gelten. Unter einer gegebenen Bildungsvorschrift – etwa `GetAttributeFromX` für Entity `X` – ließe sich ein C–Early–Binding weitgehend unter Rückgriff auf statisches SQL erzeugen; eine Kopplung an den Schemaübersetzer stellt sicher, daß sowohl die Typinformationen aus dem EXPRESS–Schema als auch das generierte DB–Schema bekannt sind. Jedoch handelt es sich bei ISO 10303–24 um ein **Late–Binding**, was wir anhand der Funktion `Get attribute by name` in Abbildung 5.10 demonstrieren.

Die Schemaunabhängigkeit eines Late–Bindings kommt darin zum Ausdruck, daß Bezugnahmen auf ein EXPRESS–Anwendungsschema ausschließlich über Parameter erfolgen. Folglich muß bei der Implementierung solcher SDAI–Operationen auf **dynamisches SQL** zurückgegriffen werden. Die

```
void* sdaiGetAttrBN (SdaiInstance instance,
                     SdaiString attributeName,
                     SdaiPrimitiveType valueType,
                     void *value);
```

Abbildung 5.10. Funktion **Get attribute by name** aus dem C–Binding von SDAI

Tabellen, aus denen Instanzen selektiert werden müssen, sind zur Übersetzungszeit der C–Funktion nicht bekannt. Der Anfrageplan für die entsprechende DB–Anforderung kann erst zur Laufzeit erzeugt werden (Ausführung von **EXEC SQL PREPARE**). Daß die geschlossene Implementierung der Funktion aus Abbildung 5.10 einen nicht unerheblichen Aufwand darstellt, zeigen die sieben Seiten Code in [Kie95]. Auch wenn sich letztlich nur ein einziges SQL–Tupel qualifiziert (die Funktion wird für genau eine Instanz **instance** aufgerufen), verlangt dynamisches SQL den Einsatz von Cursoren. Die Komplexität kommt auch durch die Fallunterscheidung bezüglich der als Parameter übergebenen Typinformation (**valueType**) zustande. Aufmerksamkeit verdient die differenzierte Behandlung von Attributzugriffen für explizite und berechnete (**DERIVE**) EXPRESS–Attribute: Eine Anfrage an das SDAI–Dictionary muß klären, um welche Art Attribut es sich handelt. Im letzteren Fall wird die ggf. zugeordnete Datenbankprozedur (Stored Procedure) bestimmt und zur Ermittlung des Attributwertes aktiviert.

Insgesamt muß hinterfragt werden, inwieweit ein Implementierungsansatz, der ohne einen separat verwalteten **SDAI–Puffer** auskommt, auf RDBS überhaupt sinnvoll ist. Zwei typische SDAI–Anwendungsszenarien, in denen **Get attribute by name** benutzt wird, sollen dies untermauern: Erstens liefert die Operation im Fall von Aggregationstypen (z. B. mengenwertige Attribute) nur den Identifikator der Aggregation. Der Zugriff auf die eigentlichen Elemente bedeutet das Lesen einer weiteren, aus Normalisierungsgründen angelegten Tabelle, die sich weder im DB–Puffer, noch im (nicht vorhandenen) SDAI–Puffer befindet. Hierzu muß wiederum dynamisches SQL verwendet werden – in der Regel teure DB–Zugriffe. Das zweite Szenario betrifft die Navigation über Anwendungsinstanzen. Ein entity–wertiges Attribut liefert als **value** die OID der referenzierten Instanz, die als Eingabeparameter beim Folgeaufruf verwendet wird. Der wesentliche Konflikt besteht in der Realisierung eines „gedächtnislosen" satzorientierten Zugriffs durch eine Anforderung an eine mengenorientierte Schnittstelle. Die Alternative, beim Öffnen eines SDAI–Modells einen ganzen Verarbeitungskontext vom DBS anzufordern und **Get attribute by name** weitgehend aus dem SDAI–Puffer heraus zu bedienen, haben wir bereits unter Abschnitt 5.3.2.1 als Implementierungsvariante „BufferedDirect" empfohlen.

5.3.2.3 SDAI auf ODBS. Im Fall einer SDAI–Implementierung auf ODBS kann nicht auf einer allgemein anerkannten oder gar normierten Datenbankschnittstelle aufgesetzt werden. Denn weder hat sich ein objektorientiertes Datenmodell durchgesetzt, noch existiert eine auch nur annähernd wie SQL akzeptierte DDL/DML. Auch der Standardisierungsversuch einiger ODBS–Hersteller **ODMG–93** [Cat96] ändert daran nichts. Die Spezifikation des ODMG–Objektmodells, der Anfragesprache OQL und der Programmiersprachenanbindungen (ODL, OML und OQL für C++ und Smalltalk) ist noch nicht abgeschlossen, und tatsächlich ODMG–93–konforme ODBS dürften noch eine Weile auf sich warten lassen.

Auch wenn prinzipiell wiederum ein C–Binding auf einem ODBS in Frage kommt, soll im folgenden das angemessenere **SDAI–C++–Binding** [ISO96b] betrachtet werden. Wie Rando/McCabe in [RM94] ausführlich begründen, kann mit C++ wesentlich besser „EXPRESS–Semantik gerettet" werden: EXPRESS–Datentypen sind leichter auf die von C++ abbildbar, und zumindest einfache EXPRESS–Vererbung ist adäquat in C++ eingebaut. Ein weiterer Vorteil des C++–Bindings liegt darin, daß der Compiler weitreichendere Typüberprüfungen zur Übersetzungszeit vornehmen kann. Mit C++ als DDL bzw. ODL eines ODBS (siehe Abschnitt 3.1.2) erübrigt sich häufig die normalisierende Aufsplittung von EXPRESS–Entities mit Aggregationstypen in flache Strukturen.

Im Unterschied zum C–Binding definiert [ISO96b] ein C++–Late–Binding und ein *C++–Early–Binding*. Letzteres wird erst durch die Präprozessoranweisung `#define SDAI_CPP_LATE_BINDING` aktiviert. Durch die Klassenstruktur von C++ , die auch die Organisation des C++–Bindings bestimmt, verschwimmt die in Abschnitt 5.3.2.2 vorgenommene Aufteilung in die **Teilschritte a) bis c)**: Teilschritt **a)** bedeutet jetzt die Entwicklung einer (anwendungs–)*schemaunabhängigen Klassenbibliothek*, und Teilschritt **b)** entspricht der Generierung einer *schemaabhängigen Klassenbibliothek*. Die Trennung zwischen diesen beiden Bibliotheken kann auch weniger strikt ausfallen, da durch viele Referenzen die Datenstrukturen eng miteinander verwoben sind. Teilschritt **c)**, die Bereitstellung von SDAI–Operationen, geht in den Teilschritten **a)** und **b)** in Form von klassengebundenen Elementfunktionen (C++–Methoden) auf.

a) Entwicklung einer schemaunabhängigen Klassenbibliothek. Abbildung 5.11 zeigt die **Vererbungshierarchie** der Klassen, wie sie in der Version N376 (3. 2. 1995) des C++–Bindings festgelegt war. Wir konzentrieren uns auf diese Version von [ISO96b], da sie die letzte Grundlage unseres aktualisierten Prototyps [Pri93, Her94b, Far95, FH95] bildet. Die Verabschiedung des C++–Bindings als Internationale Norm wird für Ende 1997 erwartet.

Angelehnt an das Data–Type–Schema ist die Klasse `EntityInstance` die Oberklasse aller Anwendungs- und SDAI–Instanzen (vgl. Abbildung 5.4). Hier ist z. B. die Late–Binding–Elementfunktion `GetAttr(const String& attName)` angesiedelt, die folglich im Fall ihrer Implementierung (`#ifdef SDAI_CPP_LATE_BINDING`) an alle abgeleiteten Klassen vererbt wird. Sofern ein Late–Binding durchgängig verlangt ist, darf auf die Implementierung der

```
EntityInstance
      AppInstance
      SdaiInstance
            DictionaryInstance
            SessionInstance
                    Session
                    Repository
                    Model
                    SchemaInstance
```

Abbildung 5.11. Klassenhierarchie im C++–Binding von SDAI

von `DictionaryInstance` abgeleiteten Klassen `NamedType` und `Entity` nicht verzichtet werden, siehe Abbildung 5.12.

Folgende Details in Abbildung 5.12 verdienen besondere Aufmerksamkeit: Aggregationen werden in N376[14] als Makros definiert, deren Implementierung als Template–Klassen empfohlen wird. Eine Lösung mittels ObjectStore–Kollektionen geben wir in Abschnitt 5.5.1 an. Die beiden aufgelisteten Elementfunktionen entsprechen den SDAI–Operationen `Is subtype of` bzw. `Create entity instance` aus Abschnitt 5.2.2.2. Der Suffix -H steht für den in N376 geforderten Zugriffsmechanismus über „Handles"[15]. Man beachte, daß im Falle eines reinen Early–Bindings weder `EntityInstance::GetAttr` noch `Entity::CreateEntityInstance` zur Verfügung steht; zur Alternative siehe **b)**. Die Umsetzung von Elementen des Session–Schemas und Population–Schemas zeigen wir in Verbindung mit Archivierungserweiterungen (Abschnitt 5.5.2).

b) Generierung einer schemaabhängigen Klassenbibliothek. In N376 [ISO96b] ist im Unterschied zu Folgeversionen die Bereitstellung von Early–Binding–Funktionalität auch für ein C++–Late–Binding explizit gefordert. Das bedeutet insbesondere, daß zu jedem Entity eines Anwendungsschemas eine eigene Klasse mit den Zugriffsmethoden `Put / Get / Test / Unset attribute` generiert werden muß. Diese schemaabhängigen Klassen sind einem SDAI–Anwendungsprogramm über eine Include–Datei `Sdai<schema_name>.hxx` bereitzustellen. Für das Entity `AtomicPart` aus Abbildung 5.2 verdeutlichen wir das **Generierungsprinzip**, also einen Ausschnitt aus der Include–Datei `Sdai007_BENCHMARK.hxx`, in Abbildung 5.13. Um Persistenz zu erreichen, werden die – möglichst von einem Schemaübersetzer erzeugten – Klassendefinitionen im Fall von C++ als ODL gleichzeitig Bestandteil des ODBS–Schemas.

---

[14] Ab N382 wird eine andere, mit dem IDL–Binding der OMG kompatible Abbildungsvorschrift auf zwei Klassen je Aggregation gewählt [RP94, Lü96, Wol96].

[15] Die Implementierung von „Handles" ist nicht festgelegt, wir verwenden `typedef`–Deklarationen.

```
#ifdef SDAI_CPP_LATE_BINDING
class NamedType : public DictionaryInstance {
...
};


class Entity : NamedType {
friend class session;          // Session may access private members
private:
 Entity();
 Entity(const Entity&);
 Entity(String& Name,
        const SDAIAGGRH(List, EntityH)& Supertypes,
        const SDAIAGGRH(List, AttrH)& Attributes,
        const SDAIAGGRH(Set, UniquenessRuleH)& Uniqueness_rules,
        Boolean& Instantiable,
        ...
        );
public:
 Boolean IsSubtypeOf(const EntityH& theEntity) const;
 virtual AppInstanceH CreateEntityInstance(const ModelH& aModel)
                    const = 0;
 ...
};
#endif
```

Abbildung 5.12. Auszug aus Dictionary–Klassendefinitionen des C++–Bindings von SDAI

```
class AtomicPart {
...
public:
 Integer Id();               // Get attribute id
 void Id(Integer);           // Put attribute id
 Boolean TestId();           // Test if attribute id is set
 void UnsetId();             // Unset attribute id
 ...
};
```

Abbildung 5.13. C++–Klasse für das Entity **AtomicPart** aus dem OO7–Benchmark

Offensichtlich ist der Attributzugriff über die anwendungsklassenspezifischen Elementfunktionen des Early–Bindings weniger kostspielig als über die oben erwähnte schemaunabhängige Methode. Nink ermittelte experimentell anhand des OO7–Benchmarks Laufzeitunterschiede zwischen 20 % und 30 % [Nin96]. In einem Sonderfall schneidet das Late–Binding allerdings besser ab als das Early–Binding: Das **Erzeugen von Instanzen** geht mit der generischen Elementfunktion des Late–Bindings

```
Entity::CreateEntityInstance(const ModelH& aModel)
```

schneller als über eine sinnvolle Implementierung des Early–Binding–Makros **sdaiCreate**, das in unserem Prototyp auf eine Template–Klasse führt:

```
sdaiCreate<class Type>(ModelH aModel).
```

Als Metadaten–Parameter dient im Early–Binding nämlich nur das SDAI–Modell. Die notwendige Einordnung von Anwendungsinstanzen in weitere, hier nicht näher behandelte Datenstrukturen (z. B. „Entity Extents" in SDAI) verlangt aber das Aufsuchen und Referenzieren von SDAI–Metadaten. Enthält das Modell viele Klassen und noch dazu viele Instanzen der gleichen Klasse, ist der Suchaufwand groß. Beim Late–Binding dagegen besteht bereits die Verbindung zu den erforderlichen Metadaten durch die Klasse **Entity**. Weitere Details können der Arbeit von Primbs [Pri93] entnommen werden, aus der wir aber noch Meßergebnisse eines Ladeprogramms basierend auf unserem Prototypen in Tabelle 5.1 wiedergeben. „Anzahl Teile" bezieht sich auf den von Primbs mit SDAI implementierten Ausschnitt des Cattell–Benchmarks [CS92] und korrespondiert mit Aufrufen von **CreateEntityInstance** (Late–Binding) bzw. **sdaiCreate** (Early–Binding). Nur bei der Messung mit 50 Teilen ist das Early–Binding erwartungsgemäß schneller.

Tabelle 5.1. Meßergebnisse beim Erzeugen von Instanzen über SDAI

Anzahl Teile	Late–Binding	Early–Binding	Größe der DB
20	7 sec	9 sec	1,6 MB
50	24 sec	19 sec	4,1 MB
100	47 sec	50 sec	7,4 MB

Abschließend bleibt zum Thema SDAI auf **ODBS vs. RDBS** zu bemerken, daß mit dem C++–Binding durch den wahlweisen Einsatz von persistenter Early– oder Late–Binding–Funktionalität sowie durch die generell höhere Adäquatheit von C++ für EXPRESS und SDAI eine bessere Grundlage für objektorientierte SDAI–Implementierungen und –Anwendungen gegeben ist. Implizites Caching von ODBS (siehe Abschnitt 5.3.2.1) erlaubt einfachere direkte SDAI–Implementierungen, die auch ohne separaten SDAI–Puffer auskommen. Der größte Vorteil von SDAI auf RDBS dürfte in der i. allg. höheren technologischen Reife dieser Systeme liegen, so daß kommerzielle Produktentwicklungen von EXPRESS/SDAI–DBS mit fortschreitendem Normungsstand von STEP und zunehmender Verbreitung von EXPRESS und SDAI auch auf relationaler Basis zu erwarten sind.

5.4 Unmittelbare SDAI–Erweiterungen zum Archivieren

Nachdem nun sowohl die Spezifikationsebene von SDAI (STEP–Teil 22) als auch die Grundzüge der Realisierung von EXPRESS/SDAI–DBS vorgestellt wurden, geht es im Rest dieses Kapitels um SDAI–Erweiterungen zum Archivieren. Den Terminus **SDAI–integriertes Archivieren** haben wir erstmals in [Her94a] benutzt, aber inhaltlich bereits in [Her94b] beschrieben: SDAI als Datenbankschnittstelle wird so erweitert, daß anwendungsorientiertes DB–Archivieren gemäß Abschnitt 3.3.1 möglich ist. Mit Blick zurück auf Abbildung 5.1 besteht die Aufgabe darin, Daten, die unter Kontrolle von SDAI sind *und auch bleiben sollen*, in ein Archiv mit SDAI–Sprachmitteln zu verschieben. Eine Endanwendung (z. B. CAD–System) kann das Archivieren anstoßen, wird i. allg. aber nicht das Auslagern (Interaktion (2) in Abbildung 5.1) selbst vornehmen. Aus Sicht der SDAI–Implementierung handelt es sich jedoch auch bei der die Archivierung letztlich durchführenden Software (z. B. Archivierungsmodul eines EDM–Systems) um eine SDAI–Anwendung. Dies gilt analog für den Zugriff auf archivierte Daten. Sowohl spezielle Auswertungs- oder Rechercheprogramme als auch die evtl. noch vorhandenen Erzeugersysteme setzen als SDAI–Anwendungen direkt auf dem (eigenständigen) Archiv auf (Interaktion (3)). Auch ein Um- bzw. Zurückladen in eine Systemumgebung ist als SDAI–Anwendung zu sehen.

Wir diskutieren SDAI–integriertes Archivieren zuerst programmiersprachenunabhängig und konkretisieren unsere Betrachtungen dann für das SDAI–C++–Binding unter Berücksichtigung unserer prototypischen Implementierung. Den Erweiterungsvorschlägen liegt das Bestreben zugrunde, die „SDAI–Philosophie" beizubehalten und das Einbringen von (initialer) Archivierungsfunktionalität in die SDAI–Normung zu ermöglichen durch:

– Beachtung der Grundprinzipien bzw. des Geltungsbereichs der Spezifikation („Scope" von [ISO96a], insbesondere EXPRESS–Basiertheit, Datenorganisation, Abstraktionsniveau der Zugriffsoperationen, Integritätsverständnis)
– Ausnutzung vorhandener Metadatendefinitionen
– minimale Ergänzung des gegebenen Operationsvorrats

Wir sprechen von **unmittelbaren** Erweiterungen, weil diese innerhalb der Kernspezifikation und damit auch in den Sprachanbindungen normiert, aber um zusätzliche Erweiterungen ergänzt werden sollten. Mittelbare SDAI–Erweiterungen zur Archivierung und die Sinnfälligkeit einer solchen Trennung diskutieren wir in Abschnitt 5.7.

5.4.1 SDAI–Archivierungsgranulate

SDAI–Archivierungsgranulate sind die Einheiten bzw. Datengruppierungen, in denen ein SDAI–Benutzer Daten zum Archivieren auswählt. Dies entspricht der Anwendung des Konzepts *logische Datengranulate* aus der Definition in Abschnitt 3.3.1 auf EXPRESS/SDAI–DBS. Man kann SDAI–Archivierungsgranulate nach den SDAI–Metadatenschemata wie folgt unterscheiden:

1. Granulate laut **SDAI–Dictionary–Schema**
   Auf der Typ- bzw. Schemaebene stehen die Granulate
   – Schema und
   – Entity
   zur Verfügung. Theoretisch denkbar sind Mengenkonstruktionen der Art „Menge aller EXPRESS–Schemata eines AP" (sofern ein STEP–AP entwickelt wird, das mehrere Longform–AIM enthält) oder „Menge sich referenzierender Entities eines EXPRESS–Schemas". Eine solche, implizit über *alle* Instanzen des jeweiligen Typs hinweg getroffene Auswahl entspricht jedoch nicht der SDAI–Datenorganisation, die Instanzen in Einheiten des Session–Schemas und Population–Schemas gruppiert.

2. Granulate laut **Session–Schema** und **Population–Schema**
   In Übereinstimmung mit den Ausführungen am Ende von Abschnitt 5.2.2.1 dienen die Granulate dieser SDAI–Metadatenschemata auch dazu, einen semantischen Zusammenhang zwischen Daten einer SDAI–Implementierung „mitzuteilen". Konkret stehen dem SDAI–Benutzer zur temporären, persistenten und somit auch für Archivierungszwecke geeigneten Organisation von Anwendungsinstanzen zur Auswahl:
   – SDAI–Modell,
   – Schemainstanz und
   – (Daten eines) SDAI–Repositories.
   An dieser Stelle wird deutlich, weshalb wir in unserer Definition von anwendungsorientiertem DB–Archivieren allgemein von logischen Datengranulaten gesprochen und uns nicht auf die reine Typebene bzw. auf Datenmodellkonstrukte beschränkt haben: Ein SDAI–Modell enthält Instanzen beliebiger Entities, und die Gesamtheit aller Instanzen eines Entities kann auf verschiedene SDAI–Modelle aufgeteilt sein. Eine Schemainstanz ist bekanntermaßen eine anwendungsbestimmte Zusammenfassung von Modellen zu einem Gültigkeitsbereich von Regeln und Referenzen. Eine Sonderstellung nimmt das Archivierungsgranulat SDAI–Repository ein, denn hier verschwimmt die Grenze zwischen logischer und physischer Datenorganisation[16]. Man kann Repository–Archivieren aber als Abkürzung für das Archivieren aller in einem Repository verwalteten Modelle sehen. Diese Arbeit konzentriert sich auf das Archivieren in der

---

[16] vgl. Interpretation eines SDAI–Repositories als DBMS in [Kie95, Lü96] bzw. Abschnitt 5.3.2.2 a)

Granularität des klar definierten SDAI-Konzepts Modell. Auf das Archivieren von Schemainstanzen und Repositories gehen wir in [Her94a] und [FH95] ein. Die meisten Details in diesem Punkt enthält [Far95].

Kleinere Granulate zu archivieren, etwa „SDAI-Teilmodelle" bzw. einzelne Instanzen, ist durch den fehlenden Interpretationskontext beim späteren Zugriff nicht sinnvoll. Eine generelle Kritik – nicht nur unter dem Gesichtspunkt von Archivierungsgranulaten – an der relativ statischen Gruppierung von Daten innerhalb von SDAI scheint gerechtfertigt. Allerdings würde die Alternative, auf SDAI-Modelle zugunsten einer dynamischen Objektbildung[17] zu verzichten, die bisherige SDAI-Philosophie von Grund auf ändern. Wenn sich für bestimmte Anwendungen die Umgruppierung von Instanzen lohnt, kann dies durch eine Reorganisation der SDAI-Modelle oder durch Kopieren – ggf. unter Zugrundelegung eines neuen EXPRESS-Schemas – oberhalb von SDAI geschehen. Hierfür bietet sich der Einsatz von (Schema-)Abbildungssprachen an, die Instanzen berücksichtigen (z. B. EXPRESS-M, EXPRESS-V [LAV95]). Auch wenn die von Sauter und Käfer entworfene Abbildungssprache BRIITY [SK96b] primär der Abbildung zwischen *gegebenen* heterogenen Schemata in einem föderativen DBS-Umfeld dient, unterstützt sie eine solche Umgruppierung bzw. Restrukturierung einer Instanzenmenge.

Insofern stellt das **SDAI-adäquate** Archivieren von *Modellen, Schemainstanzen* oder kompletten *Repositories* keine ernste Einschränkung dar. Vielmehr überwiegen konzeptionelle und implementierungstechnische Vorteile: Ein „Zerschneiden" eines Modells beim Archivieren würde eine ggf. vorhandene Kontextabgeschlossenheit aufgeben und auf mindestens ein neues – und damit neu zu benennendes – Modell führen. Beides wird durch das „Komplettarchivieren" vermieden. Der Implementierungsvorteil liegt darin, daß Modelle und Schemainstanzen ohnehin in irgendeiner Weise materialisiert werden müssen, so daß die Möglichkeit besteht, diese Metadatenstrukturen gleichzeitig als Archivierungsgranulat zu übergeben. Bezogen auf Modelle spezifiziert das Population-Schema ein Meta-Entity `sdai_model_contents`, das im wesentlichen das Attribut `instances: SET OF entity_instance` hat. Eine SDAI-Implementierung wird in der Regel so optimiert sein, daß vom „Einstiegspunkt" SDAI-Modell aus die enthaltenen Instanzen schnell erreichbar sind. Werden von Instanzen eines Modells Cluster gebildet, kann möglicherweise sogar die Clusterbildung aufrecht erhalten bleiben. Das Ausnutzen von *Referenzlokalität* zur Beschleunigung von Zugriffen ist über Modellgrenzen hinaus sinnvoll, solange die Modelle in einer Schemainstanz liegen – aber nicht jenseits dieser *bekannten* Grenze.

---

[17] Dynamische Objektbildung könnte bspw. durch Anfragen in einer geeigneten Sprache, ähnlich zu MQL im MAD-Modell [Mit88], erfolgen: Aus Instanzen (Atome in MAD) werden zur Laufzeit „dynamische SDAI-Modelle" (Moleküle) aufgebaut.

5.4.2 Neue Archivierungsoperationen

Der folgende Minimalvorschlag für neue SDAI–Operationen erlaubt **explizites Auslagern** gemäß unserer Klassifikation nach Abbildung 3.1. Implizites Auslagern kann – als mittelbare SDAI–Erweiterung – darauf aufgesetzt und ggf. separat genormt werden. Der Bedarf an explizitem Archivieren ist gerade im Produktdatenumfeld höher, da das Auslösen des Archivierungsvorgangs häufig an bewußt gesteuerte Freigabeprozeduren gekoppelt ist [EL90, Her95b]. Wie auf archivierte Daten zugegriffen wird, klären wir anschließend.

1. `Select`

    Diese Operation bestimmt die zu archivierenden Daten. Konzeptionell wird der Aufruf mit einem Verweis auf ein oben angegebenes Archivierungsgranulat aus dem Session–Schema oder Population–Schema parametrisiert. Die `Select`–Operation wäre mächtiger, wenn zusätzlich Vorgaben aus dem Dictionary–Schema (z. B. Auswahl bestimmter Entities) getroffen oder Anfrageprädikate zugelassen werden. Wir sehen jedoch keinen Bedarf für diese Funktionalität, da – wie bereits mehrfach angesprochen – Daten langfristig nur grobgranular wiederverwendbar sind. Konkret ergeben sich durch die verschiedenen Archivierungsgranulate bei einer Sprachanbindung ohne Überladung (etwa C–Late–Binding) drei mögliche Aufrufe: `Select Model`, `Select SchemaInstance` und `Select Repository`. Aus der Arbeit von Farrenkopf [Far95] soll hier nur die programmiersprachenunabhängige Darstellung der ersten Variante vertieft werden. Auf die Konsequenzen für das C++–Binding gehen wir in Abschnitt 5.5.2 ein.

    ```
    SELECT (Model, Archive Repository, Reference, Count,
            Duplicates [,Schema Instance])
    ```

    Bereits das Archivieren eines einzelnen SDAI–Modells `Model` ist nicht trivial. Der `Select`–Operation kommt die Aufgabe zu, Referenzen zwischen Modellen (in Form von referenzierenden Instanzen) zu erkennen und auf die eventuelle „Durchtrennung" von Referenzen durch das Archivieren geeignet zu reagieren. Mindestens zwei Optionen gibt es: Mit dem Parameter `Reference` kann die SDAI–Anwendung steuern, ob zusätzlich zu dem explizit ausgewählten Modell alle weiteren referenzierten Modelle selektiert werden sollen. Andernfalls verbleiben die referenzierten Modelle im aktuellen Datenbestand, und die entity–wertigen Attribute der zu archivierenden Instanzen werden zurückgesetzt. Man beachte, daß dies die Standardreaktion ist, die von der SDAI–Operation `Delete Application Instance` bzw. `Delete SDAI model` gefordert wird. Weitere Optionen und Einzelheiten folgen in Abschnitt 5.4.4.1.

    Den Ausgabeparameter `Count` schlägt Farrenkopf zum Zählen von aktuell selektierten Modellen vor. Die Motivation hierfür liegt in der Optimierungsmöglichkeit seitens der SDAI–Anwendung, ab einer bestimmten

Schranke die Modelle nicht einzeln zu archivieren, sondern gleich die komplette Schemainstanz. Die entfallende Überprüfung der Referenzen führt auf effizientere Archivierungsprogramme [Far95].

Der Ausgabeparameter **Duplicates** zeigt diejenigen Modelle, die – unbewußt oder fälschlicherweise – mehrfach selektiert worden wären. Mehrfaches Selektieren kann z. B. bei einer **Folge** von **Selects** auftreten. Im allg. ist das Auswählen von Daten ein iterativer Prozeß unter Auswertung der Ausgabeparameter und des Rückkehrcodes der vorangegangenen Aufrufe. Farrenkopf geht einen Schritt weiter und empfiehlt die Einführung einer SDAI-Operation **Deselect** zum Aufheben der aktuellen Auswahl. Wir wollen die Darstellung hier auf wesentliche SDAI-Erweiterungen beschränken.

Mit dem optionalen Parameter **Schema Instance** kann eine Schemainstanz angegeben werden, in die das Modell bzw. die Modelle übernommen werden. Den Parameter **Archive Repository** klären wir in Abschnitt 5.4.3.

Zusammenfassend halten wir fest, daß eine Folge von **Select**-Aufrufen die Menge der gewünschten und archivierbaren SDAI-Modelle, Schemainstanzen oder kompletten Repositories festlegt.

2. **Archive**
Mit der neuen SDAI-Operation **Archive** bewirkt ein SDAI-Anwendungsprogramm das logische Archivieren der zuvor selektierten Daten in ein zu identifizierendes Archiv. Die Auslagerung der Daten wird *logisch synchron* ausgeführt, so daß die betroffenen Daten im Anschluß an den **Archive**-Aufruf im aktiven Repository nicht mehr sichtbar sind. Ihre physische Auslagerung sollte bei großen Datenmengen *asynchron* geschehen [Her95a, KSH96]. Asynchrones Schreiben gewinnt als effizienzsteigernde Maßnahme in Verbindung mit „langsamen" Tertiärspeichern zusätzlich an Bedeutung [Sto91, Ols92]. Sogar das bloße Auslösen des (asynchronen) Datentransfers zum Archivspeicher muß implementierungstechnisch nicht notwendig innerhalb der **Archive**-Operation erfolgen. Im Extrem führt dieser Ansatz zur vollständigen Entkopplung des logischen Archivierens vom physischen Datentransport, wie im Zusammenhang mit DASDBS in Abschnitt 3.4.2 erläutert wurde.

Beim Archivieren werden Daten und SDAI-Metadaten unterschiedlich behandelt. Bis auf die Ausnahme, die wir in Abschnitt 5.4.4.2 diskutieren, unterliegen **Anwendungsinstanzen** einer *move*-Semantik, d. h., sie werden ins Archiv verschoben. Für **SDAI-Instanzen** des Dictionary-Schemas – dies sind im wesentlichen **Schemainformationen** – gilt eine *copy*–Semantik, d. h., sie liegen im Anschluß an den `Archive`–Aufruf im aktuellen Repository und im Archiv vor. Diese Metadaten sind zu den selektierten Daten eindeutig bestimmt, da eine Anwendungsinstanz in genau einem SDAI–Modell enthalten ist, das wiederum auf genau einem EXPRESS–Schema basiert. Die Schemainformationen sicher *mit* den Anwendungsdaten zusammen zu archivieren (und nicht nur zu referenzieren) ist eine notwendige Bedingung für eigenständige Archive gemäß unserer Klassifikation nach Abbildung 3.1.

Das Halten von Schemainformationen im aktiven Datenbestand ist deshalb angemessen, weil ein Anwendungsschema auf diese Weise sofort neu instantiiert werden kann. Außerdem ist der Umfang dieser SDAI–Metadaten i. allg. viel geringer als der der Anwendungsdaten, so daß ihre Auslagerung das Platzproblem nur unwesentlich entschärfen würde.

SDAI–Instanzen des Population–Schemas und Session–Schemas, konkret **Modelle** und **Schemainstanzen**, werden im Gegensatz zu SDAI–Instanzen des Dictionary–Schemas im Standardfall mit *move*–Semantik ausgelagert. Schließlich handelt es sich hierbei nur um „Behälter" für Anwendungsinstanzen. Ein archiviertes Modell kann bspw. nicht mehr im aktuellen Repository aufgefunden werden.

Aussagen über die **Transaktionseinbettung** von `Select` und `Archive` sind aufgrund des noch nicht gefestigten Transaktionskonzepts von SDAI (Abschnitt 5.2.2.2 Punkt 5) nur mit Vorbehalt möglich. Eine Folge von `Select`s und einem `Archive`–Aufruf kann durch SDAI–Transaktionsprimitive geklammert werden. Für eine SDAI–Konformitätsklasse, die kein BOT und EOT vorsieht, besteht zur Einführung von mindestens zwei neuen Operationen keine Alternative. Aber auch bei Vorhandensein einer `Commit`–Operation sollte diese nicht die Aufgabe der `Archive`–Operation mitübernehmen: Die Parametrisierung und Semantik der `Select`–Operation hinge dann von der SDAI–Konformitätsklasse ab, und die `Commit`–Behandlung würde mit Spezialfunktionalität überfrachtet werden. Als Ausblick auf ein Mehrbenutzer-SDAI sei angeführt, daß die Zweiteilung `Select` / `Archive` die Implementierung spezieller *Archivierungssperren* (Sperren mit einer auf die Besonderheiten beim Archivieren ausgerichteten Sperrkompatibilität) unterstützt. Transaktionsgesichertes Archivieren in einer Mehrbenutzerumgebung mit *Archiv-Transaktionen* [KSH96] ist Gegenstand weiterführender Arbeiten an der Universität Jena.

5.4.3 Auslagerung und Zugriff auf Archiv–Repositories

Bei der Konzipierung des Zugriffs auf archivierte Daten in EXPRESS/SDAI–DBS lassen wir uns vom Archivieren und Zurückholen konventionell archivierter Dokumente leiten: Der Anwender sucht an einem anderen Ort (z. B. dem Zeichnungsarchiv), wendet dort aber die gleichen Methoden zum

Auffinden eines Dokuments an. Analog dazu wollen wir die *logische Trennung* zwischen archivierten und aktiven Daten beibehalten. Mit anderen Worten, wir plädieren auch im Falle SDAI–integrierten Archivierens für **eigenständige Archive**. Hierfür kann das Session–Schema, wie in Abbildung 5.14 dargestellt, erweitert werden.

```
ENTITY sdai_session;
  ...
  active_transaction: OPTIONAL sdai_transaction;
  known_servers:      SET OF sdai_repository;
  active_servers:     SET OF sdai_repository;
  active_models:      SET OF sdai_model;
  archive_servers:    SET OF archive_repository;     -- new !
  dictionary_schema_server: schema_instance;
END_ENTITY;

ENTITY archive_repository
 SUBTYPE OF (sdai_repository);
 characteristics = SET OF archive_type;
END_ENTITY;

TYPE
  archive_type = ENUMERATION OF (read-only,long-term,vaulted,...);
END_TYPE;
```

Abbildung 5.14. Um Archiv–Repositories erweitertes Session–Schema (Ausschnitt)

In einer SDAI–Session stehen dem Anwendungsprogramm jetzt nicht nur "normale" Repositories (**known_servers**), sondern auch **Archiv–Repositories** (**archive_servers**) zur Auswahl. Die Ableitung des Entities **archive_repository** von **sdai_repository** (Abbildungen 5.14 bzw. 5.5) stellt klar, daß Archiv–Repositories spezielle Repositories sind, d. h., konzeptionell gleich aufgebaut sind. Sie enthalten (die archivierten) Anwendungsdaten und die zugeordneten üblichen SDAI–Metadaten. Archiv–Repositories können folglich grundsätzlich *mit den bekannten SDAI–Operationen* verarbeitet[18] werden. Als Vorteil ergibt sich, daß keine weiteren Zugriffsoperationen eingeführt und vom SDAI–Benutzer aufgerufen werden müssen. Sinnvoll erscheint dagegen eine Deaktivierung von Schreiboperationen, um Manipulationen innerhalb eines Archiv–Repositories bei Bedarf zu unterbinden.

Wenn ein beliebiges Repository geöffnet wird, ist es (konzeptionell) in der Menge der **active_servers** enthalten. Dies gilt auch für Archiv–Repo-

---

[18] Das Anlegen von Repositories ist nicht Gegenstand von [ISO96a], so daß wir auf die Einführung einer SDAI–Operation **Create archive_repository** vorerst verzichten.

sitories. Anschließend können SDAI–Modelle geöffnet werden (die dadurch Eingang in `active_models` finden) und SDAI–Operationen wie `Get entity definition`, `Get attribute`, `SDAI Query` etc. ausgeführt werden. Bzgl. der SDAI–Integritätsthematik wird auch für Daten in Archiv–Repositories Schemakonformität gefordert (siehe Abschnitt 5.2.2.2).

Der Ansatz Archiv–Repository erlaubt es, spezielle Anforderungen an die Archivierung aus Anwendungssicht durch verschiedene Arten von Repositories auszudrücken, z. B. :

- *read-only* für Archive, die ausschließlich lesende Zugriffe unterstützen,
- *long-term* für Archive mit extrem langen Aufbewahrungszeiten oder
- *vaulted*   für Archive, die Katastrophen wie Brand und Flut überstehen sollen.

Wie im unteren Teil von Abbildung 5.14 aufgeführt, lassen sich solche Charakteristika leicht abstrakt spezifizieren. Deren Erfüllung ist natürlich beliebig aufwendig, wie man am Beispiel des „**Electronic Vaulting**" sieht [GR93]: Statt Archivdaten auf Offline–Medien zu schreiben und die Datenträger an einen anderen Ort zu transportieren, erfolgt hier die Datenübertragung an das geschützt und entfernt installierte Tertiärspeichersystem über Hochgeschwindigkeitsnetze.

Eine **Alternative** zum Ansatz Archiv–Repository ist die Kennzeichnung archivierter Daten (etwa durch ein Status–Flag) unter Beibehaltung ihres bisherigen logischen Speicherortes, d. h. des aktuellen SDAI–Repositories. Gegen eine derart uniforme Betrachtung spricht die wesentlich andere Qualität archivierter Daten aus Sicht vieler Anwendungen. Beispielsweise werden Produktdaten einer abgeschlossenen Baureihe nicht im operationalen Datenbestand erwartet. Das andere Zugriffsprofil und die erwartete Stabilität eines Archivs über lange Zeit rechtfertigen ebenfalls dessen besondere, eigenständige Rolle – sowohl logisch als auch physisch eigenständig.

5.4.4 Konflikte beim Archivieren

Im folgenden werden zwei Arten potentieller Konflikte beschrieben, die beim Auswählen der zu archivierenden Daten auftreten können und aufzulösen sind. Diese Konflikte ergeben sich aus der SDAI–Spezifikation. Das bedeutet, es handelt sich nicht um Probleme, die ausschließlich für EXPRESS/SDAI–DBS erörtert werden müssen, sondern ebenso für dateibasierte SDAI–Implementierungen.

5.4.4.1 Berücksichtigung von Referenzen. Um die Semantik des Parameters `Reference` der `Select`–Operation zu präzisieren und die Konflikte bei sich evtl. referenzierenden Daten aufzuzeigen, definieren wir die binäre Relation *ref* auf *Anwendungsinstanzen I* und die binäre Relation *REF* auf *SDAI–Modellen M*:

$ref \subseteq I \times I$: $i_1\ ref\ i_2 \Leftrightarrow$ i_1 referenziert i_2 (direkt) durch ein entity–wertiges Attribut oder (indirekt) über eine Aggregation

$REF \subseteq M \times M$: $m_1\ REF\ m_2 \Leftrightarrow \exists i_1 \in m_1, i_2 \in m_2 :$
$$i_1\ ref\ i_2$$

Bei der Definition von ref ist es gleichgültig, ob die Referenz von einer Instanz auf eine andere durch ein *explizites* oder *inverses* entity–wertiges Attribut im zugrundeliegenden EXPRESS–Schema zustande kommt. Die Rechtfertigung hierfür liegt in der gleichartigen Anwendbarkeit der „dereferenzierenden" SDAI–Operation **Get Attribute**. Wenn jedoch die Rückrichtungen von Beziehungen im EXPRESS–Schema (mittels **INVERSE**, vgl. Abschnitt 5.2.1) nicht modelliert wurden, ist auch die Navigation auf Instanzen in dieser Richtung über SDAI nicht möglich. Konsequenterweise ist die Relation ref i. allg. *nicht symmetrisch*. Per Definition ist ref i. allg. auch *nicht transitiv*. Auch REF – die Fortsetzung von ref auf Modellebene – ist damit weder symmetrisch noch transitiv. Bei Auswahl eines Modells m mittels **Select** unter gesetztem Parameter **Reference** bewirkt das automatische Selektieren einer **Referenzmenge** $RM(m)$. Diese Menge aller von m referenzierten Modelle ist die transitive Hülle von m unter REF. Wir geben eine induktive Definition für $RM(m)$ an:

(1) $m \in RM(m)$
(2) Wenn $m_1 \in RM(m)$ und $m_1\ REF\ m_2$, dann auch $m_2 \in RM(m)$
(3) $RM(m)$ enthält keine weiteren Modelle

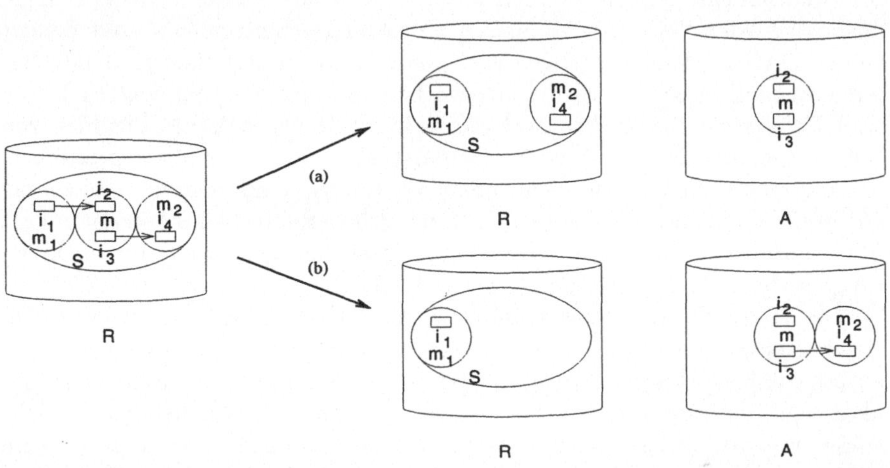

Abbildung 5.15. Archivieren eines Modells m ohne bzw. mit Referenzmenge RM(m)

Zur Veranschaulichung ziehen wir das in Abbildung 5.15 dargestellte Beispiel heran. Mit i_1 *ref* i_2 und i_3 *ref* i_4 gilt m_1 *REF* m und m *REF* m_2. Beim Archivieren von m **ohne** referenzierte Modelle – Fall (a) – verbleiben m_1 und m_2 in der Schemainstanz S im aktuellen Repository R. Nur m wird in das Archiv–Repository A verschoben. Sollen dagegen die von m referenzierten Modelle **mit**archiviert werden – Fall (b) –, wird die Referenzmenge $RM(m) = \{m, m_2\}$ in das Archiv–Repository übertragen. Der Benutzer hat den Konflikt, ob m_2 nun im aktuellen Repository erhalten oder ausgelagert werden soll, zugunsten des referentiellen Abschlusses im (eigenständigen!) Archiv entschieden. Von Instanzen des Modells m ausgehend, ist weiterhin die Navigation in Richtung m_2 möglich, aber auf m_2 kann über R nicht mehr zugegriffen werden. Für den Umgang mit entity–wertigen Attributen, die durch die Auslagerung ungültig werden (z. B. in i_1), verweisen wir nochmals auf die Semantik der SDAI–Operationen `Delete application instance` bzw. `Delete SDAI model`. Diese Attribute sollen laut Spezifikation zurückgesetzt werden, was einem `ON DELETE SET NULL` in SQL entspricht.

Eine weitere Option besteht in der Einführung eines ausgezeichneten (abstrakten) Attributwertes „*is_archived*". Gleichzeitig kann der Verbleib der ursprünglich referenzierten Instanz registriert werden. Dieses Vorgehen hätte allerdings einen weitreichenden Einfluß auf die gesamte SDAI–Implementierung, nicht nur auf SDAI–Operationen wie etwa `Test attribute` oder `Validate instance reference domain`, da dieser abstrakte Wert stets erkannt und bei der Verarbeitung berücksichtigt werden muß.

Es stellt sich weiterhin die Frage nach dem Erhalt von solchen Referenzen beim Archivieren, die Referenzen zwischen dem aktuellen und einem Archiv–Repository zur Folge hätten. Repository–übergreifende Modellreferenzen setzen zunächst eine gemeinsame Schemainstanz voraus, was dem Archivierungsansatz zuwider läuft. Auch ohne Archivierungserweiterungen sind derzeit keine SDAI–Implementierungen verfügbar, die repository–übergreifende Referenzen realisieren. Durch die längere Lebensdauer von archivierten Daten sind Referenzen ins Archiv noch vorstellbar. Dagegen klingt die Idee von Referenzen aus dem Archiv in (ehemals) aktuelle Repositories praxisfern, da letztere in der Regel nicht mehr vorhanden sind. Unsere Ablehnung von Referenzen zwischen aktuellen und Archiv–Repositories korrespondiert mit der Bevorzugung von Kontextabgeschlossenheit gemäß unserer Archivierungsmodelle M1 und M2 aus Abschnitt 3.3.2.

Die letzte Option einer Konfliktlösung im Falle von aufzutrennenden Referenzen ist die Anwendung von *copy*–Semantik auf zu archivierende oder automatisch selektierte Modelle. Damit würden sämtliche Referenzen im aktuellen Repository unangetastet bleiben, aber die betreffenden Modelle wären zweimal vorhanden. Es gibt Situationen, in denen dies tatsächlich im Interesse der Anwendung sein kann: beim Archivieren auf der Ebene von Schemainstanzen statt Modellen.

5.4.4.2 Nichtdisjunkte Schemainstanzen. Da ein Modell von keiner oder mehreren Schemainstanzen umschlossen sein kann, stellt sich die Frage, was beim Archivieren von nur einer Schemainstanz S_1 mit den Modellen geschehen soll, die sowohl in S_1 als auch in S_2 enthalten sind. Wir nennen solche Schemainstanzen *nichtdisjunkt*. Sei M_1 die Menge der Modelle in S_1 und M_2 die Menge der Modelle in S_2; für die Behandlung einer nichtleeren Schnittmenge von Modellen $M = M_1 \cap M_2$ nichtdisjunkter Schemainstanzen gibt es drei Ansätze:

1. Die zum Archivieren ausgewählte Schemainstanz wird mit allen Modellen, also inklusive M, in das Archiv–Repository verschoben.
2. Die Modelle M verbleiben im aktuellen Repository; die ohne M archivierte Schemainstanz verweist auf diese Modelle im aktuellen Repository.
3. M wird ins Archiv kopiert, so daß diese Modelle zwar anschließend doppelt, aber nach wie vor in beiden Schemainstanzen enthalten sind.

Gegen den ersten Ansatz spricht die Entnahme von Modellen aus einer Schemainstanz, deren Veränderung in der Regel weder beabsichtigt noch erlaubt ist. Der zweite Ansatz scheidet wegen der unzuverlässigen Referenzierung eines i. allg. kurzlebigeren Datenbestandes aus. Der Nachteil des dritten Ansatzes, die Datenredundanz, hängt mit seinem Vorteil zusammen: Das Archiv bewahrt die Schemainstanz in ihrer ursprünglichen Form auf, ohne Seiteneffekte in anderen Schemainstanzen zu erzeugen. Da die Namen von Modellen nur innerhalb eines Repositories eindeutig sein müssen, entsteht zunächst kein Problem. Kritisch wird es erst, wenn solche Modelle zu einem späteren Zeitpunkt noch einmal archiviert werden sollen. Wurden zwischenzeitlich Veränderungen an den Modellen im aktuellen Repository vorgenommen, kann eine Versionsverwaltung oberhalb von SDAI Abhilfe schaffen (siehe Abschnitt 5.7). Wir empfehlen die Konfliktlösung gemäß dem dritten Ansatz und haben diesen auch in unserem Prototyp implementiert.

5.5 Prototypische Realisierung auf ObjectStore

Wir entschieden uns zu einem frühen SDAI–Normungszeitpunkt für das entstehende C++–Binding als Schnittstelle eines prototypischen EXPRESS/ SDAI–DBS. Unter den ODBS, die C++ unterstützen, fiel unsere Wahl insbesondere wegen der Verfügbarkeit und Lauffähigkeit auf unserer Entwicklungsplattform (IBM RISC System/6000, AIX) auf ObjectStore [LLOW91] als zugrundeliegendes System. In [LK95] wird eingeschätzt, daß der Ansatz, SDAI–konforme C++–Klassenbibliotheken mit einem ODBS „persistent zu machen", erstmals durch [Her94b] publiziert worden ist und daraufhin auch an der Universität Erlangen–Nürnberg verfolgt wurde. Weiterführende Studien und jüngste Prototypen (auf Informix und ObjectStore) faßt Lührsen in [Lü96] zusammen. Am ausführlichsten wird unsere ursprüngliche Implementierung in der Arbeit von Primbs [Pri93] besprochen. Aufsetzend auf einer Erweiterung unseres Prototyps, die an der Universität Kaiserslautern vorgenommen wurde [Dre95, Nin95], aktualisierte Farrenkopf [Far95] die Software und ergänzte SDAI–integriertes Archivieren [FH95].

5.5.1 Implementierungsarchitektur des Prototyps

Anhand von Abbildung 5.16 erläutern wir, wie die Komponenten unserer Systemarchitektur beim Anlegen und während des Zugriffs auf die EXPRESS/ SDAI–Datenbank zusammenwirken.

1. **Parser für EXPRESS–Anwendungsschemata und Codegenerator**
   Wir wollten auf existierende Softwarebausteine zurückgreifen und haben deshalb den frei verfügbaren Schemaübersetzer *fedex_plus* verwendet, der vom NIST (National Institute of Standards and Technology) in den USA entwickelt wurde. Der Parser ist mit einem Quelltext–Generator gekoppelt, der aus Entities eines EXPRESS–Schemas u. a. C++–Klassen mit attributbezogenen Zugriffsmethoden erzeugt. Dabei gibt es eine Reihe von Einschränkungen und Abweichungen des generierten Codes von den Konventionen, die im SDAI–C++–Binding verlangt werden. So wird bspw. in der eingesetzten Version V2.5.0 jedes Entity auf genau eine Klasse abgebildet, die von der SDAI–Klasse `STEPentity` abgeleitet ist. Nur die in C++ und EXPRESS übereinstimmende Vererbungssemantik (also keine ANDOR–Vererbung) wird unterstützt. Die EXPRESS–Attribute werden gekapselt (`protected`–Datenelemente gleichen Namens mit vorangestelltem Unterstrich). Die Elementfunktionen zum Attributzugriff heißen wie im Ausgangsschema. Für das Entity `AtomicPart` aus Abbildung 5.2 erzeugt *fedex_plus* u. a. die Klassendefinition in Abbildung 5.17. Methoden `Test` und `Unset` werden leider nicht generiert (vgl. Abbildung 5.13).

2. **Präprozessor**
   Da ein Eingriff in *fedex_plus* zur Steuerung der Codegenerierung selbst dann sehr aufwendig gewesen wäre, wenn eine ausführliche Dokumentation der Software vorgelegen hätte, entschieden wir uns für eine nachgelagerte Codemodifikation durch einen Quelltextprozessor. Aus Sicht der anschließenden Compilierung ist die Bezeichnung Präprozessor gerechtfertigt. Implementierungstechnisch besteht der Präprozessor aus mehreren *awk*–Programmen, deren Funktionalität im Detail in [Pri93] beschrieben ist. Zu den Leistungen des Präprozessors, von denen einige in Abbildung 5.18 demonstriert werden, gehören:
   – die weitestmögliche Annäherung des erzeugten Codes an SDAI–Konventionen (z. B. Ableitung von der Basisklasse `SdaiAppInstance`),
   – die Transformation von Datentypen (aus `ARRAY OF INTEGER` generiert *fedex_plus* bspw. `IntAggregate`, was durch `SdaiAggr<SdaiInteger*>*` ersetzt wird),

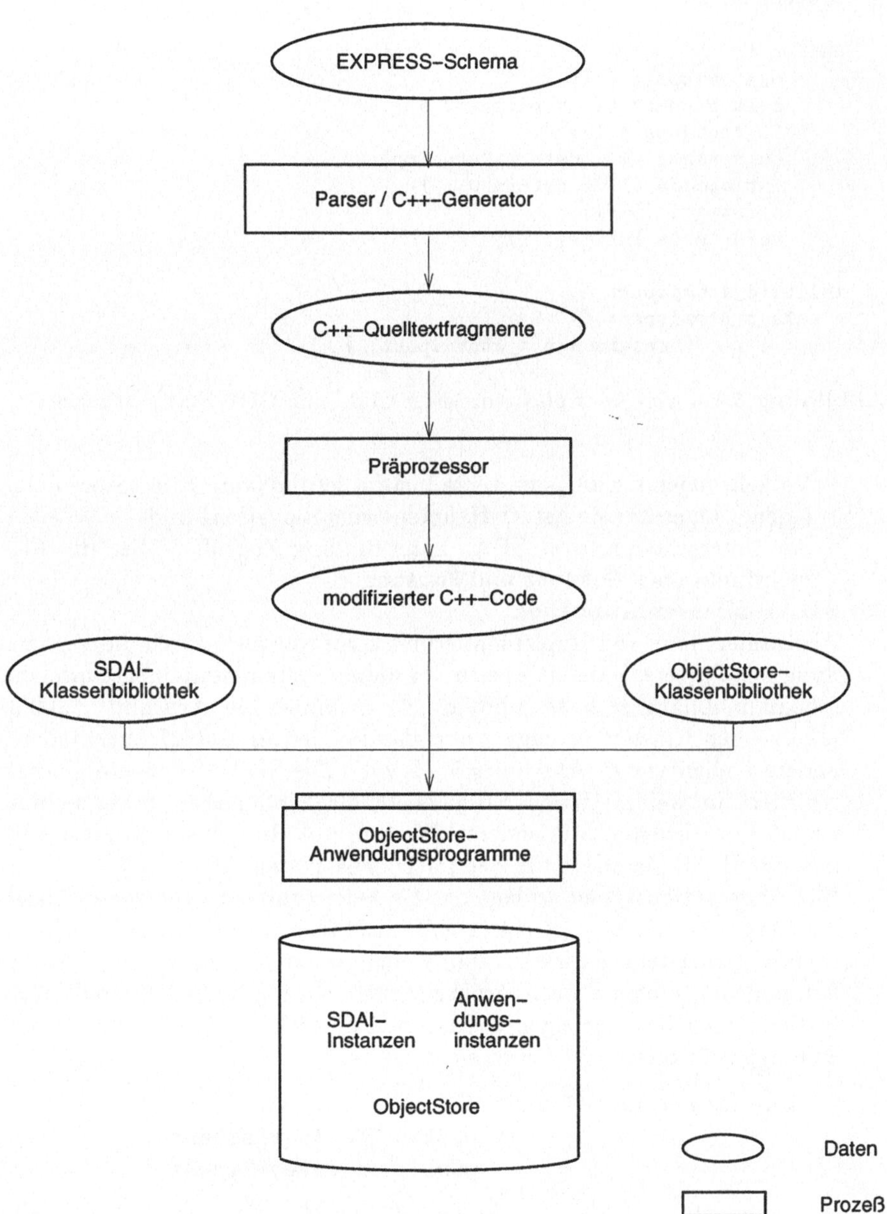

Abbildung 5.16. Komponenten unseres EXPRESS/SDAI–DBS

```
class s_Atomicpart  :     public STEPentity {
protected:
    s_Integer  _id ;
public:
    s_Atomicpart ( );
    s_Atomicpart (s_Atomicpart& e);
    ~s_Atomicpart ();
    char *Name () { return "Atomicpart"; }
    int opcode ()  { return 0 ; }
    s_Integer  id();
    void id (s_Integer  x);
};
inline s_Atomicpart *
create_s_Atomicpart ()
          { return new s_Atomicpart; }
```

Abbildung 5.17. Von *fedex_plus* generierter Code zum OO7–Entity **AtomicPart**

- Vorkehrungen für die persistente Instantiierung (von ObjectStore überladener Operator **new** statt Hauptspeicherallokation) und
- die Unterstützung von SDAI–Late–Binding–Zugriffen über die Elementfunktionen **GetAttr** und **PutAttr**.

3. SDAI–Klassenbibliothek

Abstrahiert man von Implementierungskompromissen durch die Verwendung des Parsers, handelt es sich bei dieser Systemkomponente um eine
schemaunabhängige Klassenbibliothek im Sinne von Abschnitt 5.3.2.3.
(Einige der Klassen erzeugt *fedex_plus* bei jedem Aufruf unverändert,
andere stellen wir in Abschnitt 5.5.2 vor.) Die SDAI–Klassenbibliothek
realisiert in weiten Teilen ein *persistentes* Dictionary–, Session– und
Population–Schema. Mit anderen Worten, mit Hilfe dieser Klassen werden die SDAI–Metadaten in der Datenbank instantiiert.
Für Aggregationstypen schlägt das C++–Binding eine Template–Klasse
SdaiAggr<T> vor. Eine (leicht vereinfachte) Implementierung dieser Klasse mit geringstem Aufwand ergibt sich, wenn auf die vierte Systemkomponente, ObjectStore, zurückgegriffen wird. Das ODBS stellt Kollektionstypen in einer eigenen Klassenbibliothek zur Verfügung, so daß
SdaiAggr<T> davon abgeleitet werden kann:

```
template <class TypeH> class SdaiAggr :
                       public SdaiAggrInstance,
                       public os_Array<TypeH> {...}
```

Auf diese Weise können nicht nur die ObjectStore–spezifischen Operationen zum Einfügen, Lesen, Löschen und Iterieren über Elemente
einer Kollektion benutzt werden. Auch kollektionsgebundene Anfragen
(„queries on collections") lassen sich sofort in Anwendungsprogrammen
formulieren. Damit liefert das ODBS von sich aus die Funktionalität, die

```
class s_Atomicpart  :      public SdaiAppInstance {
protected:
    s_Integer  _id ;
public:
    SdaiPrimitiveH* GetAttr(const SdaiString& attName) {
    if (attName == "id")
        return new SdaiPrimitiveH(_id);
    else return 0;
    } //end GetAttr

    virtual void PutAttr(const SdaiString& attName,
                         const SdaiPrimitiveH& prim) {
    if (attName == "id")
        _id = SdaiInteger(prim);
    else return;
    } // end PutAttr

    s_Atomicpart ( );
    SdaiAppInstanceH Clone()
          { return new (db_express) s_Atomicpart(*this); }
    ...
    s_Integer  id();
    void id (s_Integer  x);
};
inline s_Atomicpart *
create_s_Atomicpart ()
          { return new (db_express) s_Atomicpart; }
```

Abbildung 5.18. Vom Präprozessor modifizierter Code für `AtomicPart`

von SDAI–Operationen auf Aggregaten, z. B. **Get current member**, **Add unordered** und zum Teil auch **SDAI Query**, verlangt wird – allerdings nicht unmittelbar auf normgerechte und portierbare Weise. Aus Sicht einer SDAI–Anwendung spricht jedoch nichts gegen die intensive Nutzung systemspezifischer Dienste an Stellen innerhalb einer SDAI–Implementierung, die nicht „nach außen dringen".

4. **ODBS ObjectStore**

Die sog. *ObjectStore–DML* enthält C++ als echte Untermenge. Da vorhandener C++–Code somit ohne weiteres in ObjectStore–Anwendungen benutzt werden kann, liegt hier ein entscheidendes technisches Argument für die Eignung dieses ODBS. Über die "seamless integration" von C++ hinaus lassen sich die folgenden Eigenschaften von ObjectStore gut für die Implementierung des SDAI–C++–Bindings ausnutzen:

– Persistenz orthogonal zum Typsystem
Anders als in ODBS, die Persistenz über Erreichbarkeit auf Typebene (durch Ableitung von einer speziellen Klasse) definieren, können in ObjectStore beliebige Instanzen in einer Datenbank db abgelegt werden.

Dies wird beim Erzeugen der Instanz i mittels **new (db)** i entschieden
– die Restrukturierung einer Klassenhierarchie ist nicht notwendig.

– Unterstützung referentieller Integrität

ObjectStore bietet sog. inverse Datenelemente und Relationship–Makros, die bei Änderung an Objekten auf der einen Seite einer 1:1-, 1:n-
bzw. n:m–Beziehung die korrespondierenden Objekte auf der anderen
Seite entsprechend aktualisieren. Da die Einhaltung referentieller Integritätsbedingungen zwischen SDAI–Instanzen im Gegensatz zu denen
zwischen Anwendungsinstanzen nicht im Verantwortungsbereich des
Benutzers liegt, vereinfacht sich hierdurch die Implementierung der
SDAI–Metaschemata.

– Kollektionsklassen

Wie bereits erwähnt und im folgenden Abschnitt demonstriert, stehen
Kollektionen verschiedenen Verhaltens (bezeichnet mit **os_Array<T>**,
os_Set<T>, **os_List<T>**, **os_Bag<T>**) in parametrisierter und nicht parametrisierter Form zur Verfügung. Ihre interne Speicherungsstruktur
(z. B. gepackte Liste, indiziertes Feld fester Größe, Hash–Tabelle) kann
vom System in Abhängigkeit von der Anzahl der Elemente und in
Erwartung des Operationsprofils optimiert werden.

Erschwert wird die SDAI–Entwicklung auf ObjectStore allerdings durch
die notwendige Unterscheidung von C++–Zeigern hinsichtlich der Beständigkeit des Objekts, auf das gezeigt wird. So sind Zeiger aus dem
transienten Speicherbereich auf persistente Daten grundsätzlich nur innerhalb einer ObjectStore–Transaktion gültig. Für Zeiger zwischen ObjectStore–Datenbanken gelten verschiedene Restriktionen, Performanceeinbußen und eine Sonderbehandlung (**allow_external_pointers**). Da
bei jedem Erzeugen eines persistenten Objekts die jeweilige ObjectStore–
Datenbank angegeben werden muß und sich die Verwaltung mehrerer
Datenbanken auf der Grundlage des von *fedex_plus* erzeugten Codes
als sehr aufwendig erwies, haben wir die Vereinfachung auf genau eine
ObjectStore–Datenbank vorgenommen.

Trotz zahlreicher Beschränkungen unserer „CachedDirect"–Implementierung des C++–Bindings N376 halten wir den gewählten Ansatz über die
(Wieder–)Verwendung eines Schemaübersetzers mit anschließender Quelltexttransformation und ODBS–gelieferter Persistenz für legitim. Kommerzielle SDAI–Entwicklungen dürfen weder den Aufwand für einen Schemaübersetzer scheuen, der den Sprachumfang von EXPRESS besser abdeckt und
schemaabhängigen Code direkt erzeugt, noch darf eine schemaunabhängige
SDAI–Klassenbibliothek von dem sich stabilisierenden SDAI–Standard (bzw.
einer angegebenen Konformitätsklasse) länger abweichen. Mit unserem frühzeitig entworfenen Prototyp wurde nicht nur der Grundstein für weiterführende Arbeiten an anderer Stelle gelegt [NW95, Nin95, Sch94a, LK95], sondern
auch eine Codebasis für SDAI–integriertes Archivieren geschaffen.

5.5.2 Umsetzung der Archivierungsfunktionalität

Die in Abschnitt 5.4 vorgeschlagenen Erweiterungen von SDAI um Archivierungsfunktionalität werfen bezüglich des C++-Bindings Fragen nach der Einordnung von neuen Klassen in die Vererbungshierarchie, der Auswirkungen
auf bestehende Klassen und der Zuordnung von neuen Methoden zu Klassen
auf. Wir diskutieren diese Modifikationen von [ISO96b] gleich unter Berücksichtigung unseres Prototyps.

5.5.2.1 Neue bzw. erweiterte C++-Klassen. Entsprechend der Spezifikation von Archiv–Repositories als Subtyp „normaler" Repositories (Abbildung 5.14) sehen wir eine neue **Klasse ArchiveRepository** vor, die von der
Klasse **Repository** abgeleitet wird. Damit ergibt sich die in Abbildung 5.19
dargestellte Klassenhierarchie, in der zusätzlich synonyme Bezeichner, die in
unserer Implementierung verwendet werden, als Kommentare aufgenommen
sind.

```
EntityInstance
      AppInstance                          // SdaiAppInstance
      SdaiInstance
         DictionaryInstance
         SessionInstance                   // SdaiSessionInstance
            Session                        // SdaiSession
            Repository                     // SdaiRepo
                  ArchiveRepository        // SdaiArchiveRepo
            Model                          // SdaiModel
            SchemaInstance                 // SdaiSchemaInstance
```

Abbildung 5.19. Erweiterte Klassenhierarchie im C++-Binding von SDAI

Einen Ausschnitt aus der Implementierung der Klasse **ArchiveRepository**
zeigt Abbildung 5.20. Hinter **SdaiArchiveTypeClass** verbirgt sich eine neu
implementierte Klasse, die den entsprechenden Aufzählungstyp zur Festlegung
der Art des Repositories (siehe Abschnitt 5.4.3) bereitstellt. Farrenkopfs
Implementierung bietet neben der Standardarchivierungssemantik (**AType**
= **rm_inst**: *move* Anwendungsdaten, *copy* SDAI–Metadaten) das wahlweise
Löschen von SDAI–Metadaten im aktuellen Repository [Far95]. Wir gehen
auf die Archivierungsmethoden weiter unten noch einmal ein.

Die gegebene **Klasse Session** wird um das Element **archive_servers**
und insbesondere um solche Methoden erweitert, die Archiv–Repositories öffnen, schließen, zur aktuellen SDAI–Sitzung hinzufügen und von dort wieder
entfernen. Man vergleiche Abbildung 5.21 mit der EXPRESS–Spezifikation
im Session–Schema, Abbildung 5.14.

Den Kern der Implementierung der Methode **OpenArchiveRepo** gibt Abbildung 5.22 wieder. Auffällig ist die **foreach**-Konstruktion mit den **insert**-
Methoden. Hierbei handelt es sich um Anweisungen der ObjectStore–DML

```
class SdaiArchiveRepo : public SdaiRepo {
protected:
    os_Set <SdaiArchiveTypeClass*> _characteristics;
public:
    SdaiArchiveRepo (const SdaiString&,
                          SdaiArchiveType type = readonly);
    ...
    SDAIAGGR(SdaiSet, SdaiArchiveTypeClass*) Characteristics();
    void Characteristics (SdaiArchiveTypeClass*&);
    ...
    SdaiBoolean Archive(const AType type,
                     const SdaiBoolean comp);
};
```

Abbildung 5.20. Auszug aus der implementierten Klasse **ArchiveRepository**

```
class SdaiSession : public SdaiSessionInstance {
protected:
    ...
    os_List<SdaiRepo*>*         _known_servers;
    os_Set<SdaiRepo*>           _active_servers;
    os_Set<SdaiModel*>          _active_models;
    os_List<SdaiArchiveRepo*>* _archive_servers;
    SdaiSchemaInstance*         _dictionary_schema_server;
private:
    ...
    void AddActiveServer(SdaiRepoH&);
    void AddActiveModel(const SdaiModelH&);
public:
    SdaiSchemaInstanceH CreateSchemaInstance (...);
    void AddArchiveServer(const SdaiArchiveRepoH&);
    const SdaiRepoH OpenRepo(const SdaiString& name);
    const SdaiArchiveRepoH OpenArchiveRepo(const
                                    SdaiString& name);
    ...
};
```

Abbildung 5.21. Auszug aus der implementierten Klasse **Session**

zur Verarbeitung von Kollektionen. Mit ihrer Hilfe wird das entsprechende Archiv–Repository aufgefunden und anschließend sowohl in die Menge der verfügbaren als auch geöffneten Repositories eingefügt.

```
if ( _archive_servers != 0 ) {
    foreach(SdaiArchiveRepoH repo, *_archive_servers) {
        if ( (int)( name == repo->_name) ) {
            _active_servers.insert((SdaiRepoH)repo);
            _known_servers->insert((SdaiRepoH)repo);
            repo->_tmp_session = this;
            found = 1;
            return repo;
        } // end if
    } //end foreach
} //end if
```

Abbildung 5.22. Kern der Methode `OpenArchiveRepo`

Die letzte erweiterte Klasse stammt aus dem Population–Schema. Abbildung 5.23 veranschaulicht einige Datenelemente und Elementfunktionen der **Klasse SchemaInstance**. Man beachte, daß in unserem Prototyp Schemainstanzen samt der auf sie anwendbaren Operationen tatsächlich *implementiert* sind und nicht auf Datenbanken eines zugrundeliegenden Systems „konzeptionell abgebildet" (damit gleichgesetzt [Lü96]) werden.

```
class SdaiSchemaInstance : public SdaiSessionInstance {
protected:
    SdaiString _name;
    persistent<db_express> os_List<SdaiSchemaInstance*>*
                           _schema_inst;
    os_Set<SdaiModel*> _contents;
    SdaiRepo* _repository;
public:
    void AddModel(SdaiModelH& model);
    void RemoveModel(SdaiModelH& model);
    void Select(SdaiArchiveRepoH&,
            os_database*, os_Set<SdaiModel*>&);
};
```

Abbildung 5.23. Auszug aus der implementierten Klasse `SchemaInstance`

5.5.2.2 Archivierungsmethoden. Bezüglich der **Zuordnung der Methode** `Select` wird in [FH95, Far95] begründet, weshalb `Select` jeweils in die Klassen `Model`, `SchemaInstance` und `Repository` eingehen sollte. Wir kürzen die Diskussion hier mit dem Hinweis ab, daß dieser Entwurf der Richtlinie folgt, eine Methode „so hoch wie möglich und so tief wie nötig" in einer Vererbungshierarchie anzusiedeln. Der SDAI–Anwendungsprogrammierer ruft für die Auswahl eines Modells somit die Methode **Select** der Klasse **Model** auf, für die Auswahl einer Schemainstanz das **Select** der Klasse **SchemaInstance** und zur Archivierung eines Repositories das **Select** der Klasse **Repository**. Die **Methode Archive** wird ausschließlich der Klasse **ArchiveRepository** zugeordnet, weil nur Objekte dieser Klasse die „Verantwortung" für die korrekte Ausführung der Archivierungsoperation übernehmen können.

Der **prototypischen Implementierung** der Methoden liegt eine Idee zugrunde, die von der in Abschnitt 5.4.2 skizzierten Vorgehensweise abweicht. Die Anwendungsinstanzen werden bereits bei der Auswahl in ein Archiv–Repository (mittels SDAI–Operation **Copy application instance**) kopiert. Auf diese Weise können Konflikte, z. B. das Vorhandensein eines Modells im Archiv, frühzeitig erkannt werden. Dieser zweifellos positive Effekt sollte in einer anderen Systemumgebung, wo weniger Randbedingungen (generierter Code, ObjectStore–Transaktionskonzept) gelten, gegen den nachteiligen synchronen Datentransport bei **Select** abgewogen werden.

In unserem Prototyp muß folglich das Archiv–Repository als Parameter bei **Select** angegeben werden. Auf der Ebene der Schemainstanzen ist die Deklaration von **Select** in Abbildung 5.23 enthalten. Auf Modellebene lautet sie:

```
void Select(SdaiArchiveRepoH&, os_database*, SdaiBoolean,
            SdaiInteger&, os_Set<SdaiModel*>&);
```

Im Falle des Benutzerwunsches nach Mitarchivierung der referenzierten Modelle wird **Select** intern rekursiv aufgerufen:

```
SdaiModelH mH = ap->FindEntityInstanceModel();
         // ermittelt Modell, in dem Instanz ap enthalten ist
mH->Select(archive_repoH, db_archive, arch_name,
         sdaiTRUE, 0, dop_mod);
```

Der Methode **Archive** (Abbildung 5.20) kommt dann nur noch die Aufgabe zu, entsprechend der gewählten Archivierungssemantik (**AType**) die Anwendungs– und ggf. Metadaten im aktuellen Repository zu löschen. Dazu werden die SDAI–Operationen **Delete SDAI model** bzw. **Delete schema instance** aufgerufen. Der C++–Code kann in [Far95] studiert werden. Der Parameter **comp** steht für die Spezifikation eines Komprimierungsalgorithmus, von dem in der vorliegenden Implementierung jedoch kein Gebrauch gemacht wird.

Ebenso auf den **Ausbau** des Prototyps ausgerichtet ist der Parameter **os_database*** in **Select**. Derzeit gilt auch für Archiv–Repositories die Beschränkung, daß sie in genau einer ObjectStore–Datenbank abgelegt werden, und zwar in derselben, die auch für die aktuellen Repositories verwendet wird. Eine SDAI–Implementierung, die auf mehreren ObjectStore–Datenbanken basiert, ist notwendig, aber kaum hinreichend für *tertiärspeicherresi-*

dente Archiv–Repositories. Dies liegt an den aktuellen Beschränkungen in ObjectStore: Es gibt z. B. kein Server–API, so daß das Einhängen (mount) von Dateisystemen der einzige „Weg" zur Auslagerung auf Tertiärspeicher ist. Hierfür kommen nur *ganze* ObjectStore–Datenbanken in Frage, und es treten wegen der fehlenden Abstimmung zwischen DBS und Speichersystem Performance– und Recovery–Probleme auf.

Festzuhalten bleibt, daß anwendungsorientiertes DB–Archivieren für EX-PRESS/SDAI–DBS konkretisiert werden konnte, indem SDAI–integriertes Archivieren über die Spezifikationsebene von [ISO96a] hinaus detailliert und auf konventionellem DB–Externspeicher demonstriert wurde. Ein Anwendungsbeispiel – das Archivieren von Stücklistendaten auf der Grundlage unseres Prototyps – ist im Anhang von Farrenkopfs Arbeit [Far95] enthalten.

5.6 Vergleich mit STEP–Datei–Archivierung

Obwohl die Produktdatenarchivierung erklärtermaßen von STEP unterstützt werden soll [GAP93, ISO94a], beschränkt sich die Unterstützung bislang auf die Definition des **STEP–Dateiformats**, was ursprünglich nur zum Datenaustausch gedacht war [ISO94c, Sch91]. Zum weiteren Verständnis genügt es zu wissen, daß es sich beim STEP–Dateiformat um eine klartext-codierte Materialisierungsvorschrift für Instanzen zu genau einem – in der „*Header Section*" der STEP–Datei benannten – EXPRESS–Schema handelt. Als Typinformation ist jeder Instanz in der „*Data Section*" der jeweilige Entity–Name mitgegeben. Zur Referenzierung, die nur zwischen Instanzen innerhalb derselben STEP–Datei möglich ist, dienen vorzeichenlose Integer-Zahlen mit dem Präfix # (siehe Abbildung 5.24 links oben).

Das Archivieren von Daten über SDAI als geeignet erweiterte Programmier- bzw. Datenbankschnittstelle unterscheidet sich grundlegend von dem Ansatz, *STEP–Dateien* einem dedizierten Archivsystem zu *übergeben*. SDAI-integriertes Archivieren ist ein Systemdienst, der unmittelbar auf die von einer SDAI–Implementierung verwalteten Daten angewendet werden kann. Die Daten sind aus Anwendungssicht logisch organisiert (SDAI–Metadatendefinitionen), und das physische Speicherformat der Instanzen ist weder sichtbar, noch mit den Anwendungen abzustimmen.

Dagegen müssen die Daten bei dem STEP–**dateibasierten Ansatz** in der vorgeschriebenen Form *vorliegen* – was durchaus der Fall ist, wenn sich z. B. Zulieferer und Hersteller auf die Übergabe von STEP–Dateien verständigt haben oder nur ein STEP–Prozessor zum Dateiimport bzw. -export an ein CAx–System angeschlossen werden kann [Hel93]. Nicht selten müssen STEP–Dateien jedoch erst aus lokalen Datenhaltungen heraus erzeugt werden, was i. allg. das systemspezifische Löschen der richtigen (!) Originaldaten nach erfolgreicher Übergabe der generierten STEP–Dateien an das Archivsystem nach sich zieht. Bei einer im Einsatz befindlichen STEP–Datenverwaltung, z. B. EXPRESS/SDAI–DBS, ist die Erzeugung von STEP–

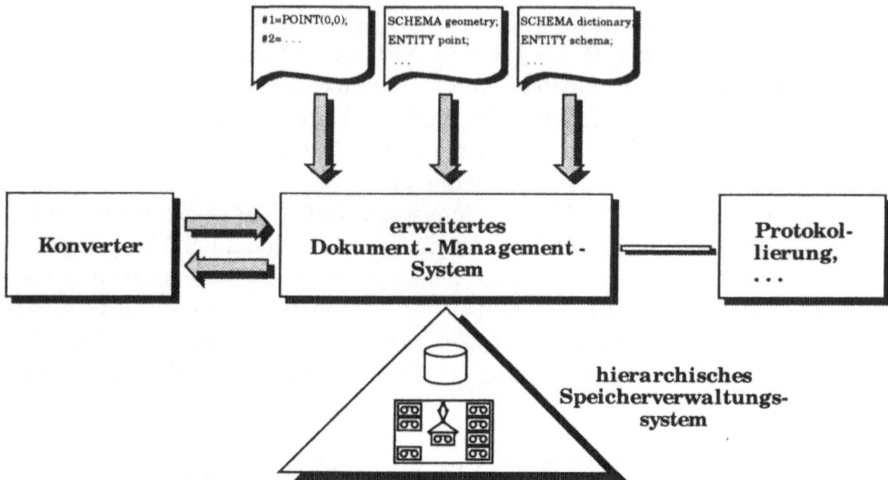

Abbildung 5.24. Archivierung von STEP–Dateien mit dediziertem Archivsystem

Dateien mit anschließender Entfernung von Anwendungsdaten ein *zusätzlich* zu implementierender Service, der nicht ohne weiteres informationsverlustfrei funktioniert: Konzepte wie SDAI–Modelle, Schemainstanzen und Repositories gibt es innerhalb einer STEP–Datei nicht. Über die Zuordnung von bspw. Modellen zu Dateien muß gesondert (auf nicht standardisierte Weise) Buch geführt werden. Im folgenden betrachten wir die Seite des Archivsystems beim Archivieren von STEP–Dateien etwas näher (Abbildung 5.24) [Her93, HM94b, Mal96].

Die einfachste Variante besteht in einer solchen Behandlung der STEP– Dateien, als wären sie beliebige andere elektronische Dokumente: Der Typ wird zwar noch als Beschreibungsinformation im Archivsystem vermerkt, aber Inhalt und Struktur werden nicht weiter analysiert. Bereits dieser Ansatz, also das Speichern im STEP–Format anstelle von z. B. (2D–)Rasterbildern, hat eine wesentlich andere Qualität als das Archivieren von NCI–Dokumenten. STEP–Dateien bewahren weit mehr (3D–, Struktur– und sonstige Produktmodell–)Informationen und sind damit potentiell in viel höherem Maße wiederverwendbar [GKR$^+$94]. Voraussetzung ist jedoch die Interpretierbarkeit der Instanzen. Konkret und im Sprachgebrauch von IRDS (Abschnitte 2.4 und 5.3.1) bedeutet das, dem Archivsystem nicht nur die Dateien mit den L4–Daten, sondern auch Dateien mit den zugehörigen Anwendungsschemata (L3) und möglichst auch Dateien mit den jeweils gültigen Metaschemata (L2) zu übergeben. Die Notwendigkeit für das Archivieren von Anwendungsschemata ergibt sich zwangsläufig, wenn Instanzen zu Entities gespeichert werden, die nicht oder in abgeänderter Form in einem STEP–AP definiert sind. Bei „Non STEP"–Anwendungen gibt es hierzu keine verläßliche Alternative. Analog stellt das Archivieren von Metaschemata klar, wie die Anwendungsschemata zu „lesen" sind.

Wie Abbildung 5.24 andeutet, raten wir für die L3– und L2–Daten zu einer ASCII–Codierung der üblichen EXPRESS–Notation – prinzipiell ist auch hierfür das STEP–Dateiformat anwendbar, da es sich wiederum um Instanzen eines EXPRESS–Schemas handelt. Gegen letzteres spricht die Beobachtung, daß die Syntax von EXPRESS stabiler ist als das STEP–Dateiformat. Es gibt zu [ISO94c] bereits einen nachträglich verabschiedeten Anhang (Corrigendum) mit technischen Änderungen! Außerdem sind mehr EXPRESS– als Instanzen–Parser verfügbar [Wil95]. Zu den Nachteilen bzw. Beschränkungen des STEP–dateibasierten Ansatzes zählen neben dem Granulat „Datei", den dateilokalen Referenzen, der Stringlängenbegrenzung und den ersten Korrekturen auch „Normungslücken": So ist etwa nicht festgeschrieben, wie sehr große STEP–Dateien aufgeteilt werden können. Beim Austausch über Disketten liegt die Grenze damit bei einige MByte pro Datei, oder es werden zwischen den Austauschpartnern bilaterale, nichtstandardisierte Konventionen vereinbart. Auch wenn Medien hoher Kapazität zum Einsatz kommen, empfiehlt sich häufig eine partielle Verarbeitung (Einlesen, Syntaxtest, Prüfung lokaler Regeln).

Zum Archivieren von STEP–Dateien sollte ein **Dokument–Management–System** um Funktionen **erweitert** sein bzw. werden, die das Auffinden einer interpretierbaren „Dateikombination" `<L4,L3,L2>` erlauben. Wir denken an eine automatische Indizierung der STEP–Datei–Header zur effizienten Suche nach diesen Beschreibungsinformationen als auch an Bereitstellungsoperationen für die zugeordneten (Meta–)Schemata, z. B. der Art „Finde Schema zu STEP–Datei". Um notwendige Formatänderungen vornehmen zu können, sollten leicht Konverter anschließbar sein. Die Konvertierungen sowie sonstige Archivzugriffe sind zu protokollieren. Für inhaltsbezogene, gegen die L4–Daten gerichtete Anfragen bietet die STEP–Datei–Archivierung auf Basis herkömmlicher Dokument–Management–Systeme kaum Ansatzpunkte. Eine über die Suche in den Beschreibungsinformationen hinausgehender Anfragemechanismus erfordert tiefe Eingriffe in das Dokument–Management–System, da dann sowohl die STEP–Dateien als auch die Schemadateien interpretiert werden müssen. Als Ablage–Server empfiehlt sich ein hierarchisches Speicherverwaltungssystem mit offengelegter und möglichst standardisierter Schnittstelle, um mindestens Geräteunabhängigkeit sicherzustellen (siehe Abschnitt 2.3.2). Die Formatabhängigkeit der L4–Daten, d. h. die Bindung an das STEP–Dateiformat, ist nur durch SDAI–integriertes Archivieren zu umgehen.

Trotz der genannten Beschränkungen sehen wir die STEP–Datei–Archivierung als *Einstiegsansatz* für die wachsende Zahl an Unternehmen, die von den Vorteilen der Speicherung in neutralen vs. systemspezifischen Formaten überzeugt sind [Nic95, Mal96]. Dafür sprechen die relativ leichte Realisierbarkeit (einer eingeschränkten Funktionalität) unter Verwendung verfügbarer Hard– und Softwarekomponenten. Die Formatabhängigkeit wird auch in den Arbeiten von Hardwick et al. in Kauf genommen [HSD$^+$94, HDKS95]:

Das dort vorgestellte Prototypsystem CECS/CE (STEP Entity Control System for Concurrent Engineering) verwendet das STEP–Dateiformat als Export- und Archivierungsformat. Der Forschungsschwerpunkt liegt auf einer Versionsverwaltung für Entwurfsdaten – einer Thematik, die wir bei SDAI–integriertem Archivieren vorerst ausgeklammert haben.

5.7 Ausblick auf zusätzliche SDAI–Erweiterungen

Abschnitt 5.4 ist bewußt mit *unmittelbaren Erweiterungen* überschrieben, weil wir zusätzliche Erweiterungen zur Archivierungsunterstützung, wie etwa eine Versionsverwaltung, *außerhalb der Norm* für notwendig halten. Diese Trennung bzw. die minimale Erweiterung der derzeitigen SDAI–Spezifikation erfolgte aus verschiedenen Gründen:

Die bisherige Komplexität von [ISO96a] und der dazugehörigen Sprachanbindungen sollte nicht mehr als notwendig erhöht werden, um SDAI–integriertes Archivieren konsensfähig in die Normung einbringen und länger stabilhalten zu können. SDAI–Implementierungen werden zwar wie andere Softwareprodukte der Evolution unterworfen sein, aber nur Änderungen in der Spezifikation – um diese geht es – sollten sich auf SDAI–Anwendungen bzw. die Art und Weise des Zugriffs auf archivierte Daten auswirken.

Ein weiteres Argument liegt in der Einschätzung, daß in realen Anwendungsumgebungen mehr Daten zu archivieren sind, d. h., ein größerer Kontext aufzubewahren ist, als sich unter Kontrolle von SDAI befindet. Eine übergeordnete Softwareschicht, die bspw. SDAI–verwaltete Produktdaten und außerhalb von SDAI liegende, korrespondierende Textdokumente oder Rasterbilder sowie weitere Daten aus anderen Datenhaltungen (über andere Schnittstellen) gemeinsam archiviert, ist der einzig sinnvolle Platz für eine Versionsverwaltung, die sich auch über das Archiv erstreckt. Man beachte, daß im Produktdatenumfeld Versions- und Konfigurationsverwaltung zentrale Funktionalitäten von EDM–Systemen sind, die speziell auf betriebliche Abläufe (Workflows, u. a. zertifizierte Freigabeprozesse) abgestimmt sind und nicht in SDAI hinein verlagert werden können [EL90, Cur94, Eig96]. Auch in der Forschung mangelt es nicht an verschiedensten Versionskonzepten und Vorschlägen für ihre Harmonisierung; jedoch konnte sich nicht einmal eine einheitliche Terminologie, wie z. B. von Katz [Kat90] ausgearbeitet, durchsetzen [AN91, Kä92, Wed94]. Der Versuch der Integration eines allgemein akzeptierbaren Versionskonzeptes in SDAI wäre folglich vermessen.

Es gibt aber auch solche **zusätzlichen Erweiterungen** SDAI–integrierten Archivierens, die weniger kritisch sind und entweder innerhalb der Norm oder in einer „SDAI–nahen" Softwareschicht („SDAI Extension Layer" [Far95]) realisierbar erscheinen. Hier sehen wir zunächst die Einführung einer Operation `Create archive_repository`, sobald eine SDAI–Operation `Create repository` normiert wird (vgl. Abschnitt 5.4.3). Im weiteren sollte dem SDAI–üblichen Zugriff über Namen von Modellen, Schemainstanzen und

Repositories ein *Abbildungsdienst* vorgeschaltet werden, der zum einen ein Auffinden benannter Objekte ermöglicht und zum anderen eventuelle Namenskonflikte aufzudecken und ggf. zu lösen vermag. Namenskonflikte treten z. B. dann auf, wenn ein neues SDAI–Repository mit gleichem Namen wie ein existierendes Archiv–Repository angelegt wurde und beide in einer SDAI–Sitzung geöffnet werden. Dann würden diese Repositories konzeptionell in die Menge `active_servers` (siehe Abbildung 5.14) aufgenommen werden, was aber durch die verlangte Eindeutigkeit der Namen für Repositories nicht erlaubt ist. Der Abbildungsdienst kann im Zusammenspiel mit einer aufgesetzten Versionsverwaltung für z. B. SDAI-Modelle gleichzeitig dafür sorgen, daß benutzerorientierte (sprechende) Modellnamen um Zeitstempel und/oder Versionsnummern angereichert und erst dann – eindeutig – der Kernimplementierung bekanntgemacht werden. Schließlich ist es illusorisch anzunehmen, daß das Auffinden von Modellen etc. über einen Namen, der vor Monaten oder Jahren vergeben wurde, ohne Rechnerunterstützung möglich ist.

Neben der besprochenen Versionsverwaltung für Anwendungsdaten zählt auch die Versionsverwaltung von (SDAI–)Metadaten, d. h. die Unterstützung einer *(EXPRESS–)Schemaevolution* zu den zusätzlich notwendigen Erweiterungen außerhalb von SDAI. Hierfür bieten eigenständige Archive – die wir für SDAI–integriertes Archivieren vorgeschlagen haben – bessere Voraussetzungen als integrierte Archive. Denn nachdem die Änderungen am EXPRESS–Schema feststehen und Abbildungsregeln zwischen dem ursprünglichen und dem veränderten Schema formuliert werden können, sollten alle Entity–Instanzen nach abzuleitenden Abbildungsregeln in ein neues Archiv–Repository kopierbar sein. Weitgehende Kontextabgeschlossenheit (grobe Archivierungsgranulate, keine Referenzen in andere SDAI–Repositories) erleichtert diesen Prozeß.

Trotz der Eigenständigkeit von Archiv–Repositories wird der zentrale Zugang auf sämtliche SDAI–verwaltete Daten nicht aufgegeben („Single Point of Control"). Auch eine *Zugriffsüberwachung* wäre hier anzusiedeln. Derzeit liegt eine Benutzerverwaltung einschließlich der Vergabe von Zugriffsrechten jenseits des Spezifikationsumfangs von SDAI. Betrachtet man zusätzlich die Archivierungszeiträume, erhöhen sich die Anforderungen an ein Zugriffskontrollkonzept: Es muß bei hoher Sicherheit so flexibel sein, daß Archivbenutzer und Archivadministratoren im Laufe der Jahre wechseln können. Außerdem dürfen Algorithmen zur Verschlüsselung von Daten oder zur Generierung von Zugangsschlüsseln keine solchen Systemabhängigkeiten aufweisen, daß Archiv–Repositories nach einer Migration im Sinne von Abschnitt 2.4 unbrauchbar werden. Natürlich bedürfen die eben genannten Erweiterungen und ihre Einordnung in eine *Schichtenarchitektur* (ausgehend vom DBMS über „SDAI-nahe" bis hin zu „SDAI-fernen" Schichten, die auch Daten aus anderen Systemen archivieren) noch intensiver Untersuchungen, die wir hiermit angeregt haben wollen.

6. Archivieren auf Tertiärspeicher

Anwendungsorientiertes DB–Archivieren wirft zahlreiche Implementierungsfragen auf, natürlich nicht nur im Fall entsprechend erweiterter RDBS oder EXPRESS/SDAI–DBS. In diesem Kapitel greifen wir davon die Tertiärspeicherintegration in DBS auf. Dabei handelt es sich um eine zentrale, den vorgestellten Archivierungsansätzen gemeinsame Problematik. Denn die Externspeicherverwaltung stellt eine „tiefe" DBS–Schicht dar, an der die logischen Datengranulate in der Regel nicht mehr sichtbar sind. Nach einem Überblick über das gesamte Spektrum der Auswirkungen von Archivierungsfunktionalität auf Komponenten eines DBS werden verschiedene Tertiärspeichertypen vorgestellt und die diesbezüglichen Auswirkungen identifiziert. Die Heterogenität von Tertiärspeichertypen hinsichtlich Funktionalität und Leistungsverhalten ist ein Grund für die Empfehlung der Einbindung eines log–strukturierten Tertiärspeichersystems in ein DBS. Im Unterschied zu einigen aktuellen Forschungsarbeiten, die auf die umfassende Restrukturierung von DBS zur laufzeiteffizienten Integration spezieller Tertiärspeichermedien ausgerichtet sind [Sar95, ML95, HS96a, SS96], zeichnet sich dieser neue Ansatz durch ein weniger „radikales" Vorgehen verbunden mit höherer Geräteunabhängigkeit aus.

6.1 DBS–Komponenten und Archiv–Manager

In Abschnitt 3.5.2 wurde zwischen datenbankbasiertem und datenbankintegriertem Archivieren unterschieden. Offensichtlich ist nur letzteres in puncto Tertiärspeicherintegration *in DBS* interessant. Wir diskutieren die wichtigsten implementierungstechnischen Konsequenzen aus (vollständig) datenbankintegriertem Archivieren anhand von Abbildung 6.1, und zwar ausgehend von den vorgeschlagenen SQL–Erweiterungen aus Kapitel 4. Man beachte, daß auch SDAI–integriertes Archivieren datenbankintegriert – also nicht als reine Aufsatzlösung – realisierbar ist. Zu Abbildung 6.1 ist anzumerken, daß die Anordnung der DBS-Komponenten nicht den Anspruch erhebt, eine streng hierarchische Schichtenarchitektur widerzuspiegeln. Hierzu verweisen wir auf die einschlägige Darstellung von Härder [Hä87].

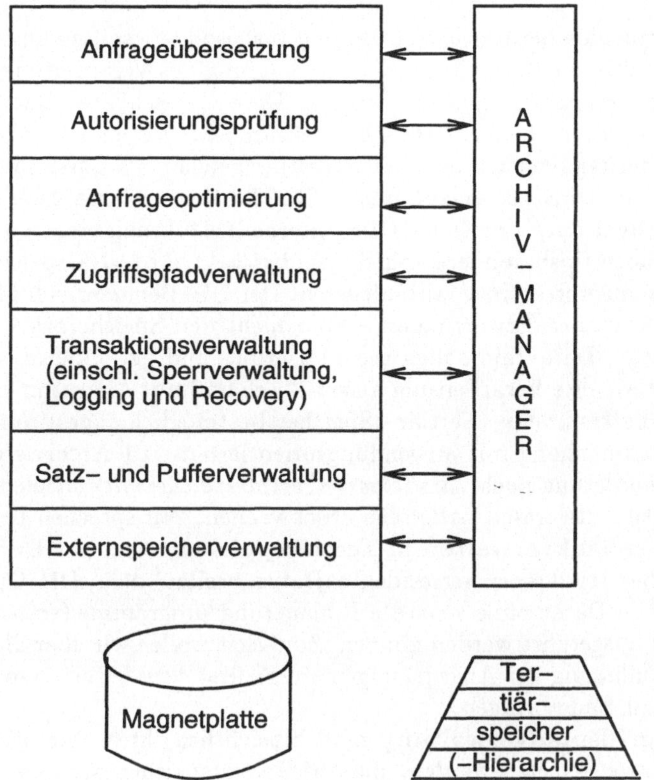

Abbildung 6.1. Archiv–Manager bei datenbankintegriertem Archivieren

– Die **Anfrageübersetzung** auf der obersten Ebene im DBS muß die in
Kapitel 4 vorgestellten Erweiterungen der SQL–Sprachsyntax und -se-
mantik akzeptieren. In [Bü96] wurde auf der Grundlage von [HKS95] ein
Parser entwickelt, der die SQL–Befehle SELECT und DELETE mit ARCHIVE–
Zusatz herausfiltert und die angegebene Semantik in eingeschränktem
Maße simuliert. Allgemeiner ausgedrückt: Die Anfrageübersetzung muß
DB–Operationen zum Auslagern in eine Archivdatenbank und zum Wiedereinlagern oder für den Durchgriff aufs Archiv erkennen und in Anfor-
derungen an tiefere DBS–Schichten umsetzen.
– Es müssen benutzerbezogene Zugriffsrechte und Zugriffsmöglichkeiten, wie
ebenfalls in Kapitel 4 skizziert, für archivierte Daten festgelegt werden.
Diese Festlegungen sind im Rahmen der **Autorisierungsprüfung** seitens
des ·DBS zu überwachen. (Zu den besonderen Anforderungen an ein Zugriffskontrollkonzept, die sich aus den langen Archivierungszeiträumen
ergeben, siehe Abschnitt 5.7.)
– Um kürzeste Antwortzeiten zu erzielen, müssen bei der **Anfrageoptimie-
rung** u. a. die Archivtabellen und die Charakteristika der zugeordneten

Speichermedien berücksichtigt werden. Insbesondere sollten Optimierungs-
regeln und Kostenformeln für die Abschätzung des Verarbeitungsaufwands
auf dem Archiv bereitgestellt werden. Deren „gleichberechtigte" Auswertung auf relativ hoher DBS–Architekturebene ist eine Konkretisierung
der Forderung von Carey et al., Tertiärspeicher als „first class storage
devices" in DBS zu akzeptieren [CHL93]. Das erklärte Ziel von Carey
et al. besteht darin, *optimale* DBS–interne Ausführungsstrategien für DB–
Operationen (insbesondere Joins) zu entwickeln, die tertiärspeicherresidente Daten auswerten bzw. aktualisieren. Der DB–Benutzer soll idealerweise
nur Performance–Erwartungen – aber nicht den Speicherort – dem DBS
„mitteilen". Daraufhin sollen die Plazierung und ggf. eine Migration der
Daten sowie ihre Verarbeitung automatisch und mit Algorithmen erfolgen,
die auf die konkreten (Tertiär–)Speicher bestmöglich abgestimmt sind.
Im Zusammenhang mit anwendungsorientiertem DB–Archivieren können
wir die Forderung nach *„first class"–Tertiärspeicherintegration* hinsichtlich
optimalen Antwortzeitverhaltens abschwächen. Wir sprechen bereits dann
von **datenbankverwaltetem Tertiärspeicher**, wenn das DBS die Kontrolle über tertiärspeicherresidente Daten besitzt, d. h., DB–Operationen
auf solchen Daten ohne separate Einlagerungsprogramme (transaktionsge-
schützt) ausgeführt werden können. Zunächst wollen wir aber die systema-
tische Auflistung der Auswirkungen einer „first class"–Tertiärspeicherintegration zu Ende bringen.

– Die **Zugriffspfadverwaltung** muß hinsichtlich ihres Operationsvorrats
  in die Lage versetzt werden, die auf Tertiärspeicher archivierten Daten
  einzubeziehen. Entsprechende Zugriffspfadimplementierungen sind vorzusehen (siehe unten). Zugriffspfaderweiterbarkeit wurde z. B. intensiv in
  Starburst [LH90, CS89] untersucht – allerdings nur für sekundärspeicher-
  residente Daten.

– Die Komponenten **Sperrverwaltung** und **Protokolldatenverwaltung**
  (Logging und Recovery) müssen im Fall von Tertiärspeicher die dort
  vorgegebenen Verarbeitungsgranulate kennen und u. a. beim Log–Schreiben berücksichtigen. Insgesamt kann dieser Themenkomplex unter dem
  Titel *Einbindung von Archivierung und Tertiärspeicher in die Transaktionsverwaltung* zusammengefaßt werden. Erste Überlegungen hierzu, der
  Einsatz von *ArchivTransaktionen*, sind in [KSH96] wiedergegeben.

– Desweiteren existieren Einflüsse auf die Komponenten **DB–Pufferverwaltung** und **interne Satzverwaltung**. Für optimale Ergebnisse erscheint es zweckmäßig, für Archivdaten eigene, von der operationalen
  DB–Verarbeitung getrennte Pufferbereiche mit dedizierten Seitenerset-
  zungsstrategien vorzusehen. Diese sollten auf Caching– und Prefetch–
  Algorithmen für tertiärspeicherresidente Daten abgestimmt werden [Sar95].

– Wie bereits betont, besteht in einigen DBS die Möglichkeit, über wohldefinierte Schnittstellen auf interner Ebene die **Externspeicherverwaltung** derart zu erweitern, daß neue Speichermedien eingebunden werden

können. Wir behandeln das Beispiel *Storage–Manager–Switch* im Fall des DBS Postgres in Abschnitt 6.5.

Zum Zweck einer modularen Erweiterung und leichten Wartbarkeit des DBS ist es wünschenswert, die Einflüsse und Abhängigkeiten zwischen Archivierungsfunktionalität und dem „Rest–DBS" in Grenzen zu halten. Eine Erweiterungsmöglichkeit an einer klar abgegrenzten Komponente im Stil des Storage–Managers von Postgres stellt einen wesentlichen Nutzen dar, insbesondere für datenbankintegriertes Archivieren auf Tertiärspeicher. Damit sind aber noch nicht die anderen oben genannten Fragestellungen erfaßt. Wir schlagen hier eine weitere Separierung gegenüber dem DBS vor, und zwar durch das Zusammenfassen von Archivierungsfunktionalität in der neuen Komponente **Archiv–Manager**. Im Archiv–Manager ist das Wissen über die mit Archivierung zusammenhängenden Aktionen konzentriert. Der Archiv–Manager wird aus den verschiedenen DBS–Ebenen bzw. –Komponenten heraus aufgerufen. Er steht somit in der DBS–Architektur, ähnlich wie oftmals die Katalogverwaltung, „neben" den üblichen Ebenen/Komponenten. Künftige Untersuchungen sollten sich damit beschäftigen, *welche Informationen* aus *welchen Komponenten* heraus *wann* an den Archiv–Manager übergeben werden müssen, *wie* dieser die erhaltenen Informationen verarbeitet und in welcher Form *Rückmeldungen* das „Rest–DBS" beeinflussen.

Speicher- und Zugriffsfragen hängen in vielen Teilen eng mit der fürs Archiv gewählten Speichertechnologie zusammen (Sekundärspeicher, Tertiärspeicher, welcher Typ von Tertiärspeicher?). Einige Aspekte sind jedoch unabhängig davon und sollen deshalb vorab betrachtet werden.

Datenkomprimierung ist bei diversen Anwendungen auch bezüglich des *aktuellen* Datenbestands prinzipiell ein Thema [RV93, IW94]. Dagegen wird oft argumentiert, daß der mit Komprimierung und Dekomprimierung beim aktuellen Datenbestand verbundene Laufzeitmehraufwand wesentlichen Umfang annehmen kann. Beim Archiv stellt sich die Situation anders dar: Die Zugriffshäufigkeit bezogen auf die archivierten Daten ist deutlich geringer als die Frequenz und die Performance–Forderungen bezogen auf die aktuellen Daten. Der Extremfall sind die nur aus „Vorsichtsgründen" archivierten Daten, auf die überhaupt nicht mehr zugegriffen wird. Folglich lohnt sich i. allg. eine Komprimierung, denn sie bedeutet, relativ betrachtet, nur einen geringen Laufzeitmehraufwand und deutliche Platzersparnis fürs Archiv. Das DBS sollte also (ausgewählte) Inhalte von Archivtabellen komprimiert ablegen. Denkbar sind auch zusätzliche DDL–Erweiterungen, die eine Steuerung durch den DBA erlauben (z. B. Komprimierung ja/nein, welche Inhalte, Art des Komprimierungsalgorithmus).

Wie in Abschnitt 4.1.4 diskutiert, müssen auf dem Archiv *mindestens* der zeitbezogene Zugriff und zeitbezogene Auswertungen möglich sein (mittels INSERTED_AT, ARCHIVED_AT, LAST_UPDATE_AT). Dies erfordert entsprechende **Zugriffspfade**. Eine sequentielle Suche mit Zeitbezug scheint auf Archivtabellen unter Leistungsgesichtspunkten nicht akzeptabel. Der Zugriffspfad muß die Aufrechterhaltung der Sortierordnung bieten (z. B. baumförmiger Index), um intervallbezogene Anfragen auswerten zu können (INSERTED_AT > '1993-04-01' AND INSERTED_AT < '1996-07-31'). Für die Zeitstempel INSERTED_AT, ARCHIVED_AT und LAST_UPDATE_AT wird jeweils ein eigener baumförmiger Index benötigt. In Betracht kommt statt dessen auch die Verwendung eines mehrdimensionalen Zugriffspfads, etwa des Grid–Files, was die einzelnen Zugriffsmöglichkeiten in symmetrischer und gleichberechtigter Weise unterstützt [NHS84].

Falls auf *Sekundärspeicher* archiviert wird, brauchen grundsätzlich keine speziellen Lösungen auf Speicher- und Zugriffsebene berücksichtigt werden, die über die in DBS standardmäßig vorhandenen Lösungen hinausgehen. Bei einer Archivierung auf *Tertiärspeicher* bleibt dagegen vor allem die Frage des hinreichend schnellen und direkten Zugriffs beim Wiedereinlagern von Daten bzw. beim Durchgriff aufs Archiv. Selbst wenn wir eine Softwareschicht zugrunde legen, die den Tertiärspeicher dem DBMS gegenüber funktional verbirgt (d. h., die gleiche Schnittstelle wie Sekundärspeicher bietet), bleibt immer noch ein wesentlicher Unterschied im Zugriffszeitverhalten abhängig vom Speichermedium, auf dem sich die Daten befinden. Zudem können effizienzsteigernde Zugriffspfade auf den meisten Tertiärspeichertypen nicht eingerichtet werden. Hier bietet sich folgende Lösung an: Der Zugriffspfad wird auf Sekundärspeicher angelegt, die Daten (Archivtabellen) selbst aber auf Tertiärspeicher. Diese Trennung von Zugriffspfaden und Daten bzgl. des zugrundeliegenden Speichermediums bietet den Vorteil der üblichen Zugriffspfadverwendung bei der Anfrageauswertung (hier bzgl. des Archivs) und gleichzeitig der kostengünstigen Speicherung der Daten. Sind die Zugriffspfade für die Archivtabellen gegenüber den archivierten Daten selbst verhältnismäßig klein, so ist ihr Belassen auf (kostspieligem) Sekundärspeicher tolerierbar. Der Ausnahmefall, das Auslagern eines Index auf ein Archivmedium, wurde von Stonebraker für Postgres konzipiert [Sto87], fand aber nicht Eingang in die Implementierung.

6.2 Klassifikation und Charakterisierung von Tertiärspeicher

6.2.1 Definition anhand der Speicherhierarchie

Im folgenden wollen wir präzisieren, worum es sich bei Tertiärspeicher handelt und zeigen, weshalb verschiedene Tertiärspeichertypen für anwendungsorientiertes DB–Archivieren prädestiniert sind. Als **Arbeitsdefinition** gelte:

Tertiärspeicher[1] ist die Gesamtheit jener digitalen[2] Speichermedien einschließlich der unmittelbar benötigten Hard- und Systemsoftware (z. B. Laufwerks–Controller), die „unterhalb" von Magnetplatten in der Speichergerätehierarchie (kurz Speicherhierarchie) liegen.

Die wesentlichen Kriterien zur Ordnung von Speichern in der Hierarchie sind *Kapazität* (eines Speichergeräts), *Preis* (insbesondere, aber nicht nur Kosten pro gespeichertem Byte) und *Zugriffszeit* (einschließlich ggf. Ladezeit, Umdrehungswarte- bzw. Latenzzeit, Positionierzeit, Übertragungszeit für einen Block). Für die Speichergerätehierarchie hat sich eine Pyramidendarstellung eingebürgert, siehe Abbildung 6.2. An der Spitze der Pyramide stehen schnelle, aber dafür teure Halbleiterspeicher relativ geringer Kapazität (in der Abbildung mit Si (Silizium) symbolisiert). Von der Technologie her handelt es sich meist um flüchtige DRAM–Chips (Dynamic Random Access Memory), die vor allem den Hauptspeicher eines Rechners ausmachen. Auch Register und Cache–Speicher, die wir im Rahmen dieser Arbeit nicht weiter berücksichtigen brauchen, gehören dazu. Der Übergang von diesem byteadressierbaren und daher unmittelbar vom Prozessor zugreifbaren **Primärspeicher** zum block- bzw. seitenadressierbaren **Sekundärspeicher** wird in erweiterten Speicherhierarchien z. B. durch Solid–State–Disks vollzogen [Rah94]. Deren Nichtflüchtigkeit wird durch Zusatzmaßnahmen (Reservebatterie) erreicht. Solid–State–Disks werden vom Betriebssystem wie herkömmliche Magnetplatten behandelt. Es fällt aber nur der Zeitaufwand für den Seitenaustausch mit dem Hauptspeicher an; die Umdrehungswarte- und Positionierzeiten werden eingespart. Auf diese Weise kann die „*Zugriffslücke*" bezüglich der um bis zu fünf Größenordnungen[3] auseinanderliegenden Zugriffszeit zwischen Hauptspeicher- und Magnetplattenzugriffen überbrückt werden. Auf die für DBS entscheidende Ebene der Magnetplatten (einschließlich der Organisationsformen Disk–Farm und Disk–Array, RAID [PGK88, Zab94]) gehen wir nicht näher ein, da sich hieraus für die Archivierung keine neuen, über die bekannten E/A–Techniken von DBS hinausgehenden Aspekte ergeben. Den Aufbau, die Arbeitsweise und Trends in den Leistungsmerkmalen von Magnetplatten kann man u. a. in [GR93, HS96b] und in der neu erscheinenden Auflage von [Hä87] finden.

Tertiärspeicher – in Abbildung 6.2 dunkel eingefärbt – unterscheidet sich nun um mindestens eine weitere Größenordnung von Sekundärspeicher,

---

[1] zur Begriffsverwendung: *der* Tertiärspeicher – Klassifikationsbezeichner analog zu Primär- bzw. Sekundärspeicher; *die* Tertiärspeicher – im Sinne von Medien, Geräte

[2] Bisher haben wir zur Abgrenzung zu klassischem Archivieren auf Papier, Mikrofilm etc. von *elektronischen* Speichermedien für *elektronisches* Archivieren geredet. Die Unterscheidung zwischen *digitalen* und *analogen* Speichermedien ist zwar nicht unumstritten, aber in diesem Kapitel angemessener: Digitale Speichermedien subsumieren magnetische, optische und *im speichertechnologischen Sinn* elektronische (Halbleiter-, IC-)Speicher.

[3] Ein Faktor von 10^k wird k Größenordnungen genannt.

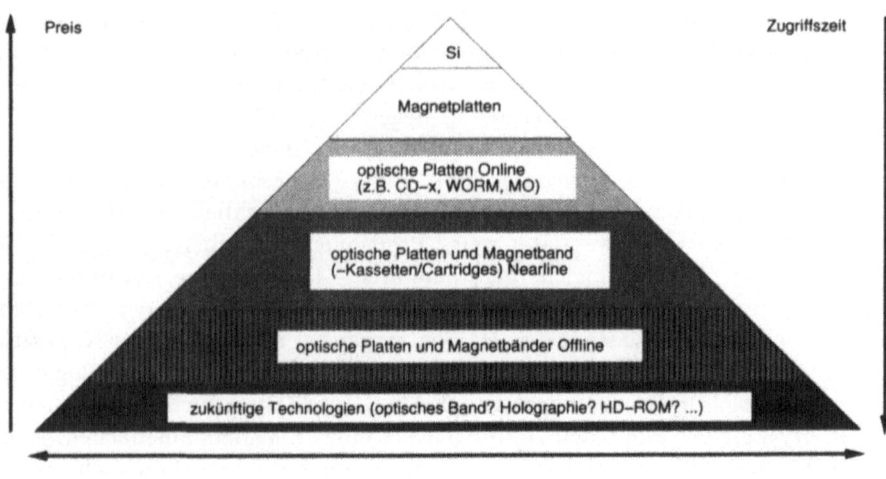

Abbildung 6.2. Platz von Tertiärspeichern in der Speicherpyramide

und zwar in den drei Dimensionen Speicherkapazität, Preis und Zugriffszeit [CHL93, HS96b]. Bevor hierzu konkrete Beispiele folgen, soll eine andere Definitionsmöglichkeit angesprochen werden: Für Tertiärspeicher charakteristisch sind **entfernbare** bzw. **austauschbare** (*removable/dismountable*) Datenträger [For96, ML95]. Dies trifft auf Bänder und optische Platten zu, würde aber auch magnetische Wechselplatten und Disketten einschließen, die nicht zu Tertiärspeichern gerechnet werden. Gemeint ist der Datenträgeraustausch durch Platten- oder Bandroboter. Offensichtlich scheiden stoßempfindliche Magnetplatten und Disketten aus. Der Robotermechanismus, der auf eine E/A–Anforderung hin einen Datenträger automatisch in ein Laufwerk befördert und somit das Lesen und Beschreiben des Mediums ermöglicht, führte schließlich zu der Bezeichnung *Nearline* als Bindeglied zwischen *Online* (unmittelbarer Speicherzugriff ohne mechanisches Montieren) und *Offline* (manueller Datenträgertransport).

Die Gleichsetzung von Tertiärspeicher und **Massenspeicher** liegt nahe, sofern nur die Speichermedien betrachtet werden [Wal94, CRH95]. In der Regel spricht man aber von einem Massenspeicher*system*, wenn viele Primär-, Sekundär- und (vor allem) Tertiärspeichergeräte derart vernetzt, verteilt und hierarchisch von Software verwaltet werden, daß enorme Speicherkapazitäten (Dutzende von TByte bis hin zu PByte) für Supercomputer bzw. in speziellen Rechenzentren zur Verfügung stehen [Mou94, SF95, SSU95].

Tertiärspeicher lassen sich grob in Plattenspeicher (Abschnitt 6.2.2) und Bandspeicher (Abschnitt 6.2.3) einteilen, wobei wir Magnetplatten, wie gesagt, hiervon ausnehmen. Für beide Gruppen gibt es entsprechende Roboter (Abschnitt 6.2.4). In Abschnitt 6.2.5 geben wir einen Ausblick auf potentielle Tertiärspeicher der Zukunft.

6.2.2 Optische einschließlich magneto-optische Platten

Optische Platten [Zab90, CP94, McC94, Ham96, Bel96] rotieren wie Magnetplatten unter einem (Schreib/) Lesekopf, um einen Bitstrom wiedergeben zu können. Sofern der Bitstrom überhaupt elektronisch aufgezeichnet (geschrieben) werden kann, geschieht dies wesentlich langsamer als seine Reproduktion (Lesen). Anders als bei Magnetplatten kommt dabei ein Laserstrahl zum Einsatz. Das zerstörungsfreie Lesen erfolgt ausschließlich in Auswertung des reflektierten Lichts, was auch die Namensgebung erklärt. Der Abstand zwischen Platte und Kopf kann viel größer als bei Magnetplatten sein, so daß keine Unterbringung in einer gemeinsamen Einheit erfolgen braucht. Zusammen mit der hohen Materialunempfindlichkeit gegenüber Feuchtigkeit, Magnetfeldern etc. resultiert daraus die lange Lebensdauer optischer Platten von mehreren Jahrzehnten. Oft garantieren Hersteller 30 bis 40 Jahre, was sich jedoch nur auf das Medium bezieht (vgl. Abschnitt 2.4). Funktional können optische Platten nach dem Grad ihrer **Wiederbeschreibbarkeit** klassifiziert werden:

Nach der Herstellung (Pressen, Mastering) überhaupt **nicht beschreibbar** sind verschiedene CDs, von denen für digitale Daten[4] die *CD-ROM (Compact Disk Read-Only Memory)* die größte Verbreitung gefunden hat. Als Distributionsmedium für Software sind CD–ROMs heute das Gegenstück zu den millionenfach verwendeten Audio–CDs. Nicht nur Formfaktor und Sektorenformat wurden frühzeitig genormt, auch das hierarchische CD–ROM-Dateisystem wurde mit ISO 9660 („High Sierra"-Standard) festgeschrieben. Auf 12 cm Durchmesser können ca. 600 MByte Daten gespeichert werden. Um die Speicherkapazität von CD–ROMs zu vergrößern, werden sowohl eine Erhöhung der Aufzeichnungsdichte (Double Density Recording) als auch eine Abkehr von der bis dato für CDs typischen Einschichttechnik diskutiert. Im Jahr 1991 wurde die *CD-I (CD Interactive)* definiert, die eine Verbundlösung aus CD und Abspielsystem für audio–visuelle Informationen darstellt. Eine CD–I speichert neben den Daten noch Anwendungsprogramme zur Steuerung der Wiedergabe. Letzteres ist bei der *CD-XA (CD Extended Architecture)* nicht der Fall. Dafür bietet dieses Format verschiedene Startverzeichnisse, was dem Einsatz auf verschiedenen Systemplattformen zugute kommt. Ende 1995 erzielten führende CD–Hersteller einen Konsens über den „Nachfolger der CD" unter dem Namen *DVD (Digital Video Disk)*. Zunächst wurde eine Kapazität von 4,7 GByte für Audio- und Videodaten definiert, künftig sollen bis zu 17 GByte durch eine Mehrschichttechnik speicherbar sein. Die Ausprägung als *DVD-ROM* für Computerdaten ist beabsichtigt, was zu einer Namensänderung Anlaß gab: DVD steht jetzt, das breitere Einsatzspektrum reflektierend, für „Digital Versatile Disk". Im Vorgriff auf unsere Untergliederung sei erwähnt, daß in den nächsten Jahren auch mit wiederbeschreibbaren *DVD-RAM (DVD Random Access Memory)* zu rechnen ist.

---

[4] Analoge CDs (Bildplatte, Videodisk) sind für datenbankintegriertes Archivieren irrelevant.

Heutige CDs der Gattung *CD-R (CD Recordable)* und *CD-WO (CD Write Once)* werden nicht in einem Mastering–Verfahren geprägt und gehören damit zu den **einmal beschreibbaren** optischen Platten. Im Gegensatz zu den angesprochenen *WORM*–Platten, werden diese CDs grundsätzlich in einem Durchgang beschrieben, d. h., der gesamte Datenbestand von ca. 600 MByte ist vorher bereitzustellen. Kleinere Schreibgranulate gewährleisten nur die als sog. Multisession–Disks formatierten CD–Rs und CD–Recorder, die ein herstellerspezifisches (also nicht mit ISO 9660 kompatibles) CD–Dateisystem verwenden. Bei konventionellen WORM–Platten können – je nach WORM–Dateisystem und Laufwerk – einzelne Blöcke (derzeit 512 Byte oder 1 KByte groß), meist aber nur ganze Dateien auf den noch nicht beschriebenen Sektoren aufgezeichnet werden. Durch die Einmalbeschreibbarkeit finden die bei Magnetplatten oder Disketten üblichen, aktualisierbaren Datei- bzw. Blockzuordnungsverzeichnisse (z. B. FAT: File Allocation Table) keine Anwendung. Wird keine komplette Datei aus einem Puffer auf die WORM–Platte geschrieben, müssen bei jedem Anhängen von Datenblöcken auch Kontrolldatenblöcke in einem dafür reservierten Plattenbereich fortgeschrieben werden. Die Gesamtkapazität von WORM–Platten rangiert zwischen 128 MByte und 15 GByte, ohne daß damit eine technische Obergrenze erreicht ist. Die meisten WORM–Platten sind zweiseitig ausgelegt. Anders als bei CDs, wo eine variable Rotationsgeschwindigkeit (CLV: Constant Linear Velocity) für das gleichschnelle Lesen der einzigen Spur sorgt, wird bei den meisten WORM–Platten mit konstanter Winkelgeschwindigkeit (CAV: Constant Angular Velocity) gearbeitet. Wie bei Magnetplatten sind die einzelnen Sektoren auf konzentrischen Spuren angeordnet. Die Positionierung dauert bei WORMs etwa 10mal länger. Ein Nachteil der WORM–Technologie ist die schwache Standardisierung. So gibt es die verschiedenen Kapazitäten auf Platten verschiedenen Durchmessers (3,5" bis 14"), und auch gleichgroße Platten verschiedener Hersteller sind in der Regel nicht kompatibel. In [RRP95] wird von einer betriebssystemunabhängigen Programmierschnittstelle für den Zugriff auf WORM–Platten berichtet, um die Anwendungen von den konkret genutzten Platten zu isolieren. Durch die Unmöglichkeit des nichtzerstörenden Änderns bereits geschriebener Daten genügt WORM–Technologie in hohem Maße den juristischen Anforderungen an Archivspeicher – sofern elektronische Medien überhaupt zulässig sind (siehe Abschnitt 2.1.2). Ein positiver „Nebeneffekt" der Nichtüberschreibbarkeit ist der Schutz vor Computerviren.

Wiederbeschreibbare optische Platten beruhen entweder auf rein optischen oder – zumeist – auf magneto-optischen Verfahren. Bei der sog. Phase–Change–Technik, einem Verfahren ohne Magnetismus, ruft ein Laserstrahl je nach Schreibstärke reversibel einen kristallinen oder amorphen Zustand mit entsprechend anderem Reflektionsverhalten hervor. Einzelne Sektoren können nicht geschrieben werden, so daß im Normalfall drei Umdrehungen für eine Datenänderung erforderlich sind: ganze Spur in den Puffer des

Controllers lesen, ganze Spur löschen, modifizierten Puffer auf die Platte zurückschreiben. Optimierungsmöglichkeiten ergeben sich, wenn eine ganze Spur geschrieben werden soll (die erste Umdrehung kann entfallen), oder wenn die Spur bekanntermaßen in gelöschtem Zustand ist (zweite Umdrehung wurde zu einem früheren Zeitpunkt vorweggenommen). Um optische Platten in einem Durchgang beschreiben zu können, wird an Laufwerken mit einem multifunktionalen Kopf (zum Lesen, Löschen und Schreiben) gearbeitet. Etwas schneller und preiswerter sind derzeit *MO- (magneto-optische)-Platten*. MO–Platten vereinigen einige Vorzüge rein magnetischer Verfahren (Überschreibbarkeit, wahlfreier Zugriff) mit den Vorteilen rein optischer Verfahren (höhere Schreibdichte, geringere „Headcrash"–Gefahr, längere Lebensdauer). Die Kombination kommt dadurch zustande, daß ein Schreibkopf zunächst ein (zu) schwaches magnetisches Feld erzeugt. Erst infolge der Erhitzung der magnetisierten Oberfläche durch einen „schreibenden" Laserstrahl ändert sich die magnetische Ausrichtung hinreichend. Unter einem „lesenden" Laserstrahl bewirken die so magnetisierten Bereiche der Platte – je nach Technologie – eine Phasenverschiebung oder eine Änderung der Polarisierung des reflektierten Lichts. Auch bei MO–Platten sollen neue Mehrschichtmedien und Aufzeichnungstechniken (z. B. LIMDOW: Laser Intensity Modulation, Direct Overwrite) den bislang erforderlichen separaten Löschvorgang ersparen. Vorerst erfolgt das Beschreiben von MO–Platten bis zu zehnmal langsamer als bei Magnetplatten, aber dafür betragen die Medienkosten für die gleiche Kapazität auch nur ein Zehntel. Auf einer beidseitig beschreibbaren MO–Platte können 1996 bis zu 4,6 GByte gespeichert werden. Ende 1997 sollen es 6 bis 7 GByte sein. Es wird erwartet, daß der 3,5"–Formfaktor den 5,25"–Formfaktor in naher Zukunft verdrängt. Eine generelle Trendaussage für MO–Platten im Vergleich zu Magnetplatten ist schwierig, da die Magnetplattentechnologie in den letzten Jahren einen stärkeren Preisverfall als zuvor prognostiziert erlebte und in puncto Aufzeichnungsdichte gegenüber den MO–Platten aufholte.

6.2.3 Magnetbänder

Die Speicherung auf Magnetband verschiedenster Ausprägung gilt noch immer als kostengünstigste Alternative bei großen Datenbeständen [Mal90, Sch94b, IBM95b, HS96a]. Die Speicherkapazität pro Magnetbandkassette oder Cartridge – Spulenbänder werden kaum noch eingesetzt – bewegt sich inzwischen im zweistelligen GByte–Bereich. Betrachtet man ausschließlich die Medienkosten, erfolgt die Speicherung typischerweise 700mal billiger als auf Magnetplatten (1,5 $/GByte nach [GB95], siehe aber auch Abschnitt 6.2.4). Die Übertragungsrate, also die Menge der *sequentiell* zu lesenden bzw. zu schreibenden Daten pro Zeiteinheit, *nachdem* die Übertragung erst einmal begonnen hat, unterscheidet sich nur unwesentlich von der bei Magnetplatten: einige MByte/s („Streamer"–Bandgeräte). Die Gründe dafür, daß Magnetbänder bis vor kurzem als datenbankverwalteter Externspeicher nicht betrachtet wurden, liegen in der langen Ladezeit (mindestens einige Sekunden), in der im Mittel um drei bis vier Größenordnungen längeren Positionierzeit sowie in der *append-only*-Charakteristik: Praktisch wird nur das Anhängen von Blöcken unterstützt, aber im Vergleich zu WORM–Platten besteht keine Garantie für die Nichtmodifizierbarkeit bereits geschriebener Blöcke. Die Blöcke haben entweder eine feste (häufig 512 Byte) oder variable (bis zu mehreren Hundert KByte) Länge. Sie sind in modernen Bändern auf Spuren so dicht angeordnet bzw. eine Folge von Blöcken (Datei) ist durch so kleine Bandmarken getrennt, daß ein Überschreiben oder Löschen von Blöcken „in der Mitte" die benachbarten Blöcke bzw. die angrenzenden Dateien beschädigen würde. Auch das schlechte Zeitverhalten bei wahlfreiem Lesen erklärt sich aus der Aufzeichnungstechnik. Hier gibt es im einzelnen Unterschiede, die wir zur **Klassifikation** heranziehen.

Anders als es bei optischen Platten der Fall ist, weisen alle Bänder die gleiche Grundfunktionalität auf. Ihr Leistungsverhalten hängt in entscheidendem Maße von der jeweiligen *Anordnung, Orientierung und Nutzung der Spuren* ab. Bei **linearer** bzw. **longitudinaler** Aufzeichnung verlaufen die 9 bis 128 (demnächst auch mehr) Spuren parallel zum Band. Wird das Band in Hin- und Rückrichtung benutzt – indem der Kopf leicht versetzt wird, um die logische Folgespur(engruppe) zu beschreiben –, entsteht eine **serpentinenförmige** Aufzeichnung. Als Folge sinkt die mittlere Positionierzeit. Allerdings liefert jetzt die Blocknummer keinen Anhaltspunkt dafür, wie weit entfernt ein Block physisch vom Anfang des Bandes angeordnet ist[5]. Einige Bandgeräte verwalten eine Liste fehlerhafter Blöcke, die beim Entladen des Bandes aus dem Laufwerk auf einen reservierten Bandbereich geschrieben wird. Das Abspeichern u. a. dieser Liste beim Bandentladen und Einlesen beim Laden ist Teil des Overheads, der sich nur durch viel sequentielle E/A „amortisiert". Bekannte Bandtypen mit longitudinaler Aufzeichnung sind DLT (Digital Linear Tape), QIC (Quarter Inch Cartridge) sowie IBM 3480. An aktuellen technischen Daten mögen Quantums DLT7000 mit 5,2 MByte/s Übertragungsrate und 35 GByte Kapazität sowie IBM 3590 (Magstar) mit 9 MByte/s und 10 GByte pro Cartridge genügen.

Die andere verbreitete Aufzeichnungstechnik wird **Helical–Scan** genannt. Auf dem Band stellen sich die Spuren als diagonallaufende Streifen dar, was anhand der Kopf- und Bandbewegung erklärt werden kann: Das Band wird verhältnismäßig langsam eine dreiviertel Umdrehung um einen Zylinder mit schräg versetzter Achse geführt, der mit hoher Geschwindigkeit in entgegengesetzter Richtung rotiert. Im Inneren des Zylinders befinden sich

---

[5] Ohne anderweitig bekannte Indexinformationen (z. B. separate Indexspuren bzw. -blöcke auf dem Band selbst) kann bei serpentinenförmiger Aufzeichnung kein Algorithmus zur Bestimmung der Entfernung eines Blocks von einem Bandende angegeben werden, um die Positionierzeit abzuschätzen: Bei unterschiedlich langen Blöcken ist dies offensichtlich. Bei fester Blocklänge kann ein Richtungswechsel durch Schreibfehler hervorgerufen werden, da im sofort erkannten Fehlerfall ein Block erneut geschrieben (angehängt) wird.

die Schreib-/Leseköpfe. Die resultierende extrem hohe Relativgeschwindigkeit erlaubt zwar höhere Datenübertragungsraten als bei longitudinaler Aufzeichnung, ist dafür aber denkbar ungeeignet für häufige Start/Stop–Operationen. Die stärkere Abnutzung des Bandmaterials führt zu einer begrenzten Zahl an Durchläufen, unter optimalen Bedingungen höchstens 1500. In [HS96a] wird von einer unakzeptablen Fehlerrate schon nach einigen Hundert Durchläufen berichtet und daraufhin diese Bandtechnologie für den Einsatz in DBS nicht weiter betrachtet. Für Backup–Zwecke, also ein einmaliges sequentielles Schreiben und möglichst überhaupt nicht erforderliches Lesen, eignen sich die populären 4mm– und 8mm–Bänder jedoch gut. Höhere Datenübertragungsraten und Kapazitäten lassen sich mit teureren 19mm– und 0,5"–Bändern erzielen, z. B. Sony DIR1000/Tri-Plex: bis 32 MByte/s, 96 GByte und StorageTek RedWood: bis 11 MByte/s, 50 GByte.

6.2.4 Platten– und Bandroboter

Einerseits *erlaubt* die Wechselbarkeit von optischen Platten und Magnetbandkassetten den Einsatz von Platten– bzw. Bandrobotern (auch Stacker, Jukeboxen, im Großrechnerbereich Archivsysteme, Libraries genannt) [Kat91, KPCD$^+$92, GR93, IBM95b]. Andererseits ist Nearline–Speicherung zum Aufbau von Archiven in dem hier betrachteten Umfang auch *unumgänglich*: Ausschließliche Offline–Speicherung, also eine manuelle Medienverwaltung ohne Automatisierung, ist nicht nur entschieden langsamer, sondern auch in hohem Maße bedienerfehleranfällig. Bei ausschließlicher Online–Speicherung übersteigt die Anzahl an Platten bzw. Bändern schnell die ökonomisch vertretbare Anzahl an Laufwerken.

Das Optimierungsproblem bei Nearline–Speicherung liegt nun in der dynamischen Zuweisung von maximal **n** aus **m** (**n<<m**) Platten bzw. Bändern – im weiteren zusammengefaßt unter *Medien*[6] – zu den verfügbaren n Laufwerken einer Jukebox. Sind alle n Laufwerke belegt und muß eine E/A–Anforderung für ein nicht geladenes Medium befriedigt werden, ist ein zeitaufwendiger **Medienwechsel** unvermeidlich. Dieser beginnt mit der Auswahl eines zu ersetzenden Mediums. Zur Bestimmung des „Tauschopfers" gibt Ford in [For96] einen Algorithmus an, der speziell auf Jukebox–Controller ausgerichtet ist. Die Rechenzeit hierfür kann vernachlässigt werden. Die folgenden Schritte in einem Medienwechsel sind in Tabelle 6.1 aufgelistet. Typische Werte für n liegen zwischen 2 und 5.

Auch falls ein Roboter mehr als einen Greifer besitzt und u. a. das neue Medium zeitgleich zum Herunterfahren des Laufwerks geholt werden kann, bringen Medienwechsel offensichtlich gravierende Diskontinuitäten (Zugriffszeitsprünge) mit sich. Medienwechselzeiten liegen insgesamt bei mindestens 4s, oft bei Dutzenden von Sekunden und im Falle preiswerter Bandgeräte im Minutenbereich. Wieviele Medienwechsel pro E/A–Auftrag

---

[6] Im Englischen steht häufig *Platter* als Oberbegriff.

Tabelle 6.1. Zeitanteile beim Medienwechsel in Platten- und Bandrobotern

Schritt	Aktivität	opt. Platte	Band
1	Herunterfahren des Plattenlaufwerks ggf. Zurückspulen des Bandes	1,5 bis 3,5 Sekunden	bis zu 10n Sekunden
2	Medium aus dem Laufwerk in den Greifer	n Sekunden	bis zu 10n Sekunden
3	Transport zu einem freien Ablageplatz	n Sekunden	n Sekunden
4	Aufnahme des angeforderten Mediums	n Sekunden	n Sekunden
5	Laden des Mediums einschl. Hochfahren bzw. einschl. Kalibrieren des Bandes	n Sekunden	bis zu 10n Sekunden

ein tolerierbares Maximum darstellen, hängt von der Anwendung ab. Bei streng sequentieller E/A sollte jeder Jukebox–Controller die erforderlichen Medien hinreichend effizient beschreiben, wechseln und lesen können. Anders verhält es sich bei einem hohen Anteil wahlfreier Zugriffe eines DBS. Falls das DBS die einzige mit der Jukebox arbeitende Anwendung ist, wird die optimale Medienanforderungsstrategie durch das DBS bestimmt, und zwar in Auswertung von DB–internen, semantisch reichhaltigeren Statistiken und unter Berücksichtigung der im System befindlichen Anfragen (mit den entsprechend generierten Zugriffsplänen). Bei paralleler Benutzung der Jukebox durch mehrere Anwendungen verringert sich die Bedeutung lokaler Optimierungen, und der Jukebox–Controller oder eine geeignet einzuführende Nearline–Speicherverwaltungsschicht (z. B. Tertiärspeichersystem) entscheidet über die Abarbeitung konkurrierender E/A–Anforderungen.

Unter **Kostengesichtspunkten** muß jetzt der Roboter gegen die relative Preisverringerung der Laufwerke pro gespeichertem GByte (vs. Online) bzw. gegen den Arbeitsaufwand (vs. Offline) ins Verhältnis gesetzt werden. Der reine Medienpreisvorteil gegenüber Magnetplatten geht bei Einsatz von Robotern natürlich stark zurück. Wir verweisen dazu auf eine Beispielrechnung aus [GB95]: Ein Bandroboter für 10 bis 1000 Bänder wird mit 10.000 $ bis 3.000.000 $ angenommen. Bei Kassetten mit je 20 GByte und 30 $ kommt man auf 20 $/GByte bis 200 $/GByte – eine immer noch 5 bis 50mal billigere Speicherung als auf Magnetplatte. Bei optischen Platten setzen Gray und Bell einen Roboter für 100 Platten mit 100.000 $ an. Für Platten mit je 2 GByte zu 200 $ erhält man eine Gesamtkapazität von 200 GByte für einen Preis von 550 $/GByte. Unter diesen Annahmen (Mitte 1995) ergibt sich zwar eine annähernd gleichteure Speicherung wie auf Magnetplatten, aber mit den zusätzlichen Vorteilen optischer Platten (siehe oben).

Zwei Beispiele illustrieren die enormen **Speicherkapazitäten**, die mit Nearline–Systemen realisierbar sind: Das Bandrobotersystem IBM 3495-L50 kann bis zu 18.910 Cartridges aufnehmen. Hier sind zwischen 4 und 32 Bandeinheiten für die 10 GByte fassenden Magstar–Bänder einbaubar. Die Firma Sony hat 1996 das Bandrobotersystem „PetaSite" angekündigt, mit dem eine Gesamtspeicherkapazität von 2,6 PByte verwaltbar sein soll.

Für optische Platten und Bänder eröffnet sich nicht nur die Möglichkeit des automatischen Transports in ein Laufwerk innerhalb einer Nearline–Speichereinheit, sondern auch die Möglichkeit des Austauschs der Medien mit einem Offline–Magazin. Dann kommt es erst recht darauf an, die Medien maschinenlesbar zu identifizieren, ihren Standort und Inhalt zu registrieren, Gebrauchsstatistiken zu führen etc. Beim (Wieder–)Einbringen von Offline–Medien in eine Speichereinheit werden die medieneigenen Metadaten eingelesen und die Medien der Speichereinheit (wieder) bekanntgemacht. Eine **Medienverwaltung** (*Volume Management* [KB96]) muß darüber hinaus Zusammenhangseigenschaften sicherstellen, z. B. der Art, daß Medien, die Teile einer Datei halten, zusammen getauscht werden.

6.2.5 Weitere Entwicklungen

Neben den jeweils den einzelnen Abschnitten dieses Kapitels zugeordneten Quellen verweisen wir auf [GSSZ93, SK96a, Win96, BLB96, HS96b] bezüglich vergleichender Übersichten und aktueller Daten verschiedener Tertiärspeicher. Zur Abrundung wollen wir weitere Entwicklungen erwähnen, die möglicherweise in Zukunft Bedeutung erlangen. Der Boden der Pyramide in Abbildung 6.2 hat zwangsläufig spekulativen Charakter, soll aber in erster Linie beliebige, heute noch nicht absehbare Innovationen in der Speichertechnologie symbolisieren.

Der Prototyp eines **optischen Bandes** wurde erstmals in [Spe88] vorgestellt. Die Gründung der „AIIM International Optical Tape Study Group" im Herbst 1995 ist ein Indiz dafür, daß sich optische Bänder und die dazugehörigen Laufwerke aus der Rolle von Nischenprodukten befreien [Pod95]. Die ursprüngliche Konzeption sah ein nichtüberschreibbares, flexibles WORM–Medium als offenes Spulenband vor. Derzeit wird auch an magneto-optischen Aufzeichnungsverfahren (256 Spuren serpentinenförmig) und an einer Unterbringung des Bandmaterials in einer 3480–Cartridge gearbeitet. Als Speicherkapazität pro Band wird fast immer 1 TByte angeben. Die Übertragungsrate soll von 3 MByte/s auf 15 MByte/s gesteigert werden, so daß die mittlere Zugriffszeit unter 30s fällt. Dies gilt natürlich nur für den sequentiellen Zugriff und eine fehlerfreie Aufzeichnung. Ein defekter Block führt zum wiederholten Leseversuch, wobei Dutzende von Sekunden vergehen. Erfolgte die Aufzeichnung jedoch korrekt (unter Beachtung von ECC), tritt der große Vorteil gegenüber Magnetbändern zutage: Optische Bänder sind, bei geringeren Medienkosten, entschieden robuster und eine Größenordnung langlebiger – auch ohne Umspulen.

Der extrem geringe Platzbedarf für die hohe Speicherkapazität optischer Bänder wird von zwei anderen „Speicherneuheiten" noch unterboten. Schon seit mehr als dreißig Jahren arbeiten Wissenschaftler mit wechselnder Intensität daran, **holographische Speicher** als Computerspeicher benutzbar zu machen [Sin93]. Problematisch sind hierbei die Herstellung eines geeigneten Trägermaterials und die Entwicklung von Schreib- und Leseapparaturen für das Erzeugen und nichtzerstörende, parallele Auslesen eines dreidimensionalen Hologramms. Pressemeldungen zufolge steht eine holographische 3D-Platte kurz vor der Marktreife [Nö96]. Gleichzeitig arbeiten u. a. Physiker der Universität Harvard an einem neuartigen Frequenzmultiplexverfahren zum Erzeugen und Auslesen von Hologrammen. Damit sollen Verarbeitungsraten im Bereich von GBit/s bis TBit/s ermöglicht werden, was sämtliche verfügbaren Übertragungs- und Verarbeitungstechnologien weit überfordert.

Noch weiter von einer industriellen Anwendbarkeit entfernt scheint die zum Patent angemeldete Ionenstrahltechnik des „Los Alamos Laboratory" [LSA95]. Die Kernidee bei einem **HD–ROM**-System besteht darin, daß Gruppen von Atomen (in Abständen im Nanometerbereich) aus einer korrosionsfreien Metalloberfläche ausgeätzt werden. Für Digitalaufzeichnungen entstehen Vertiefungen mit hoher Flankensteilheit. Das „Schreiben" muß im Vakuum erfolgen, und zwar mit auf 500.000 $ geschätzten Geräten. Die Hardware zum Lesen kann weniger kompliziert aufgebaut sein und soll je nach Qualität zwischen 200 $ und 5.000 $ kosten. Wie bereits in Abschnitt 2.4 begründet, sind die in den Vordergrund gestellten Jahrtausende Medienhaltbarkeit [Nö95] in erster Linie ein Marketing–Argument. Es bleibt jedoch die Perspektive, daß mit HD–ROMs überaus robuste und äußerst preiswerte WORM–Medien entstehen, deren Einsatzdauer allein von der Interpretierbarkeit der verwendeten Aufzeichnungs- und Anwendungsformate abhängt.

6.3 Konsequenzen für datenbankverwalteten Archivspeicher

Die vorstehenden Ausführungen über gegenwärtige und möglicherweise zukünftige Tertiärspeichermedien, -geräte und -technologien lassen die folgenden **allgemeinen Schlußfolgerungen** zu:

– Die einzelnen vorgestellten Tertiärspeicher sind den Magnetplatten als klassische Sekundärspeichergeräte hinsichtlich
  – Kosten (im weiteren Sinn: nicht nur Medienpreis pro gespeichertem GByte, sondern auch eingerechnet Aufwendungen für Laufwerke, Datenträgerverwaltung, Raumbedarf etc.),
  – Robustheit (Wechselbarkeit Nearline, Transport zu Offline–Archiven) und
  – Haltbarkeit (Fehleranfälligkeit u. a. bei Umwelteinflüssen)
  grundsätzlich überlegen. Ausnahmen, d. h. Nichteignung als digitaler Archivspeicher, ergeben sich dann, wenn fehlende Funktionalität softwaremäßig nicht kompensiert werden kann (z. B. kein Beschreiben von CD–ROMs zur Laufzeit, aber logisches Aktualisieren von Dateien auf WORM–Platten möglich).

– Es gibt nicht *das* optimale Tertiärspeichermedium, -gerät bzw. Aufzeichnungsverfahren. Auch bei der Einschränkung auf anwendungsorientiertes DB–Archivieren müssen je nach primärem Archivierungszweck und erwartetem Zugriffsprofil
  – die Funktionalität des Speichers (z. B. Überschreibbarkeit an beliebigen Stellen oder nur „am Ende", zeitliche oder anzahlmäßige Benutzbarkeit, Adressierung, übertragungstechnische Anschlußvoraussetzungen),
  – sein Leistungsverhalten (z. B. Zugriffszeit, Reaktion auf Schreibfehler, Übertragungsrate, Charakteristik bei sequentiellem vs. wahlfreiem Zugriff),
  – seine Kosten (siehe oben) sowie
  – weitere, nichttechnische Kriterien (z. B. Standardisierungsgrad, Herstellerpolitik)

  betrachtet werden. Auch die Grundregel, daß Magnetbandspeicherung ein besseres Preis/Leistungsverhältnis bietet als die Speicherung auf optischen Platten, stimmt nur bedingt: Alle 2–4 Jahre ist ein Umkopieren erforderlich, Helical–Scan–Bänder dürfen keinem häufigen Start/Stop–Betrieb ausgesetzt werden, und bei überwiegend wahlfreien Zugriffen schneiden Platten bedeutend besser ab.

– Einzelne Tertiärspeichertypen unterscheiden sich in den Leistungsmerkmalen nicht nur um Größenordnungen von denen bei Magnetplatten, sondern auch *untereinander* innerhalb der Kategorie Tertiärspeicher. Auch in Zukunft wird die Heterogenität in allen genannten Kriterien voraussichtlich nicht abnehmen. Administratoren müssen in die Lage versetzt werden, neue Speichertechnologien integrieren und weiterhin „Tradeoffs" abwägen zu können.

Die Konsequenzen für **datenbankverwalteten Tertiärspeicher** haben wir in Abschnitt 6.1 bereits angedeutet: Eine „first class"–Tertiärspeicherintegration [CHL93] von Speichern mit derart von Magnetplatten verschiedenem Leistungsverhalten hat nicht nur Auswirkungen auf die Externspeicherverwaltung eines DBS. Zwar können (und müssen) auf dieser DBS–Ebene lokale Ergänzungen vorgenommen werden, wie bspw. gerätespezifische Fehlertoleranzmaßnahmen, die Ausweitung der Blockadressierung und eines ggf. bestehenden DB–Dateikonzepts [Hä87] um den Tertiärspeicheradreßraum. Ohne persistente „Write Caches" – magnetplattenbasierte Speicher, die das Beschreiben von Tertiärspeicher in größeren physischen Blöcken bzw. Segmenten erlauben, als DB–Seiten typischerweise groß sind (4 oder 8 KByte) – ist ein befriedigender Durchsatz nicht zu erreichen. Hinzu kommt, daß optische Platten vielfach an einen SCSI–Bus angeschlossen sind und kleine Blocklängen pro E/A–Anforderung (SCSI–Befehl) einen zusätzlichen Overhead bedeuten. Um jedoch Anfragen an tertiärspeicherresidente Daten in *kürzester* Zeit beantworten zu können, müssen höhere DBS–Ebenen so verändert werden, daß das jeweilige Leistungsverhalten der Speichermedien und -geräte optimal ausgenutzt wird.

Aktuelle Forschungsarbeiten zu datenbankverwaltetem Tertiärspeicher zeigen, daß dies prinzipiell möglich ist. An den jeweils behandelten Teilaspekten der DBS–Tertiärspeicherintegration bzw. an den Beschränkungen auf ausgewählte Speichertechnologien wird deutlich, daß dieses junge Gebiet äußerst vielschichtig ist. Erste konzeptionelle Ansätze für die Verringerung der zwischen Primär-, Sekundär- und jetzt auch Tertiärspeicher klaffenden Zugriffslücke liegen vor. Die Arbeiten finden aber durch die beschränkten Eingriffsmöglichkeiten in DBS, die erforderliche detaillierte Systemkenntnis und den nicht zu unterschätzenden (Re–)Implementierungsaufwand pro Tertiärspeichertyp nur langsam Eingang in Prototypen oder gar Produkte. Als wichtigste Beiträge sind zu nennen:

Sarawagi [Sar95] untersucht die Zerlegbarkeit von Anfragen derart, daß Teilanfragen an jeweils zusammenhängend auf optischen Platten oder Bändern abgelegte Daten gebildet werden können. Für diese Granulate („Fragmente") gibt sie neue Prefetch- und Caching–Algorithmen an, greift also in die DB–Pufferverwaltung und Anfrageverarbeitung ein.

In [SS96] weiten Sarawagi und Stonebraker die Betrachtungen für den Mehrbenutzerbetrieb aus und schlagen eine dynamische Umordnung der vom Optimierer ermittelten Reihenfolge bei der Abarbeitung von Teilanfragen vor. Zu den Auswirkungen auf die DBS–Architektur zählen die Einführung einer neue Komponente (Teilanfragen–Scheduler) und weitere massive Modifikationen der Anfrageauswertung und -ausführung.

Myllymaki und Livny [ML95] studieren die Berechnung von Joins (optimieren speziell Nested–Loop- und Hybrid–Hash–Joins), bei denen eine Tabelle auf Band und die andere auf Magnetplatte residiert. Anders als Sarawagi verzichten die Autoren auf ein Caching, so daß ein Magnetbandgerät unter den angegebenen Algorithmen weitestgehend im sequentiellen Lesemodus betrieben werden kann.

Hillyer und Silberschatz [HS96a] widmen sich speziell Magnetbändern mit serpentinenförmiger Aufzeichnung. Simulationsstudien werden herangezogen, um das Verhalten verschiedener Scheduling–Algorithmen (Reihenfolge des Abarbeitens von Positionieraufträgen und Umspulzeitpunkten) unter einem wahlfreien Zugriffsprofil zu evaluieren und zu verbessern.

Bei Nearline–Speicherung schlagen nicht nur die Medienspezifika zu Buche, sondern (vor allem) auch die Organisation der Jukebox. Wir verweisen nochmals auf die Untersuchungen von Ford [For96] zu optimalen Algorithmen.

Bezüglich **datenbankverwaltetem Archivspeicher** (datenbankverwalteter Tertiärspeicher für archivierte Daten) ist folgendes zu beachten. Anwendungsorientiertes DB–Archivieren ist nicht in gleichem Maße laufzeitkritisch wie die primären, operationalen DB–Zugriffe. Natürlich darf der Auslagerungsprozeß die laufende DB–Verarbeitung nicht beliebig lange blokkieren. Einerseits können hier Archivierungssperren und asynchrones Kopieren helfen [KSH96, Bü96]. Andererseits ergibt sich als Konsequenz, daß die Auslagerung *schreiboptimiert* erfolgen sollte. Anschließend wird mit archivierten Daten seltener gearbeitet. Konkurrierende und zeitkritische Anfragen an tertiärspeicherresidente Archive stellen die Ausnahme dar – anders als bei klassischen OLTP–Anwendungen [PF93, GR93]. Dagegen dominiert unserer Auffassung nach die Forderung nach *Geräteunabhängigkeit* des DBS–Codes bzw. des Archiv–Managers (siehe Abschnitt 6.1).

Aus der hier vorgeschlagenen, für datenbankintegriertes Archivieren zweckmäßigen **Abstraktion von konkreten Tertiärspeichertypen** resultiert eine *geringere Komplexität* des DBS als bei „first class“–Tertiärspeicherintegration. Das bedeutet *weniger Aufwand* für Entwicklung und Wartung. Vielversprechender als das „Ausreizen“ verfügbarer Speichertechnologien erscheint uns die Möglichkeit, *neue Speicher* – wenn auch suboptimal – mit *minimalen Auswirkungen* auf ein DBS integrieren zu können. Dies führt uns auf den **Tertiärspeichersystem–Ansatz**: Dem DBS gegenüber werden die Unterschiede in der Funktionalität und dem Leistungsverhalten verschiedener Tertiärspeicher weitgehend verborgen. Die Optimierung des Leistungsverhaltens findet nicht im DBS statt, sondern unterhalb einer Schnittstelle, die sämtliche Tertiärspeicher überdeckt. Der folgende Abschnitt zeigt, daß sich auf diese Weise nicht nur verschiedene Tertiärspeicher transparent (z. B. hierarchisch organisiert) kombinieren lassen, sondern auch beachtliche Leistungssteigerungen erzielt werden können.

6.4 Einsatz eines log–strukturierten Tertiärspeichersystems (LTS)

6.4.1 Historie und Prinzip log–strukturierter Datenorganisation

Log–strukturierte Datenorganisation hat ihren Ursprung in sog. **log–strukturierten** Dateien auf WORM–Platten [Gai88] und verdankt ihren Namen der Vorgehensweise beim Schreiben des Logs (Protokolls) in transaktionsgeschützten Dateiverwaltungssystemen bzw. DBS. WORM–Platten können nicht anders als *sequentiell,* also ohne *update–in–place* beschrieben werden [Zab90]. Die Kernidee, Schreibaufträge solange zu puffern, bis sie (in größeren Granulaten und einschließlich Indexinformationen) sequentiell auf ein Zielmedium in *append–only*–Manier geschrieben werden, wurde Ende der 80er Jahre auf magnetplattenbasierte Dateiverwaltungen ausgedehnt. Für ein detailliertes Studium solcher **log–strukturierten Dateisysteme** (LFS: Log–structured File Systems) empfehlen wir die jetzt als Buch herausgegebene Dissertation von Rosenblum [Ros95]. Wiederbeschreibbare Medien erlauben die ringpufferartige Organisation der einzigen[7] Datenstruktur, des Logs. Die durch Aktualisierung (Neuschreiben am Ende des Logs!) ungültig gewordenen physischen Blöcke können wiederbenutzt werden. Verzichtet man auf jegliche

---

[7] Hier liegt der wesentliche Unterschied zu DB–Logs: Es handelt sich nicht um eine Kopie, sondern um die eigentlichen Daten.

Form der Reorganisation bzw. Umlagerung einmal geschriebener Daten – in diesem allgemeinen Sinn sprechen wir im folgenden von *Speicherbereinigung* – geht ein hoher Speicherplatzbedarf mit einer hohen Schreibeffizienz einher: Jede Änderung verbraucht neuen Speicherplatz, aber die Vorteile liegen in der einfachen Allokation neuer Blöcke auf dem Medium (Anhängen bei Bedarf) und der Einsparung jeglichen Umkopierens. Die Kehrseite des Verzichts auf Speicherbereinigung besteht in der zunehmenden *Fragmentierung* des physischen Adreßraums, was sich negativ auf das Auffinden einer zusammenhängenden Folge von Blöcken auswirkt (Problem des „sequential read after random write"). Seltzer [Sel93b] bezieht Speicherbereinigung erst in späteren Arbeiten ein und relativiert damit den effektiven Gewinn beim Einsatz eines LFS unter Transaktionslast (modifizierter TPC-B Benchmark). Seltzers nachträgliche Kritik am Performance–Verhalten von (magnetplattenbasierten) LFS **in DBS** wurde wiederum von Lomet in seinem „Positionspapier" [Lom95] relativiert. Außerdem hebt Lomet eine leichtere Skalierbarkeit, Realisierbarkeit variabler Blocklängen und einfacheres Recovery hervor. Auf der anderen Seite des Diskussionsspektrums nennt Härder in [Hä87] weitere Argumente dafür, daß LFS für DB–Dateien nur bedingt von Vorteil sind:

– Bei NOFORCE–Einbringverfahren (Schreiben von geänderten DB–Seiten nach dem Commit–Zeitpunkt, vgl. Abschnitt 3.2.1) können Blöcke asynchron verdrängt werden, so daß eine synchrone Schreiboptimierung weniger ins Gewicht fällt.
– Dynamische Blockadressierung (Blöcke werden nur über Indexinformationen erreicht, da sich ihre physische Adresse bei jeder Aktualisierung ändert) ist aufwendig, da auch Indexinformationen aktualisiert werden müssen. Außerdem wird statt einer dateiorientierten eine transaktionsorientierte Clusterbildung erzielt.
– Die Satzabbildung und die Implementierung spezieller Zugriffspfade gestalten sich schwieriger, wenn sich bei Verweisen auf andere Sätze Blockadressen ändern.

Bei Tertiärspeichern und bei dem erwarteten Lastprofil während des Archivierens wiegen die aufgeführten Nachteile jedoch weniger schwer. Die Schreiboptimierung ist insbesondere deshalb von größerer Bedeutung, weil Tertiärspeicher erstens viel *größere Blocklängen* aufweisen und zweitens die Anzahl der kostspieligen *Medienwechsel reduziert* werden kann.

Der erste Ansatz, eine log–strukturierte Organisation auf **Tertiärspeicher** anzuwenden, wurde mit dem Prototyp *HighLight* verfolgt [KSS93]. Die UNIX–basierte Dateisystemerweiterung („BSD LFS") migriert eine Folge von Blöcken des Sekundärspeichers als sog. *Segment* auf Tertiärspeicher. Segmente in HighLight sind 1 MByte groß. Sowohl die Vorbereitung der Segmente (u. a. Anordnung und Indexierung der Blöcke) als auch die Speicherbereinigung werden nur im Sekundärspeicher ausgeführt. Der Tertiärspeicher dient als eine Art Sicherungs- oder Hintergrundspeicher, auf den aber nicht unmittelbar zugegriffen wird. Dementsprechend zieht [KSS93] verschiedene automatische Migrationsstrategien (regelgesteuertes Übertragen von Segmenten) in Betracht. Im folgenden beschreiben wir einen Ansatz, bei dem Anwendungen direkt in ein **log–strukturiertes Tertiärspeichersystem (LTS)** schreiben bzw. Daten vom LTS lesen. Die Speicherbereinigung erfolgt unterhalb einer *wahlfrei zugreifbaren, blockorientierten* Schnittstelle.

6.4.2 Grundzüge eines LTS

In der Darstellung eines LTS konzentrieren wir uns auf die wesentlichen Punkte der Architektur und der Arbeitsweise des Prototyps von Ford und Myllymaki [FM96]. Wie in den bisher angesprochenen log–strukturierten Organisationen bedient sich auch ein LTS des Prinzips der dynamischen Blockadressierung [Hä87]. Es gibt also eine **Indirektion** zwischen logischen und physischen Blockadressen. Wir nennen die vermittelnde Indexstruktur der Einfachheit halber **Blocktabelle BT**. BT liefert zu einer logischen Blockadresse die Adresse des physischen Blocks und des Mediums, auf dem sich der Block befindet. In Abbildung 6.3 ist bspw. der logische Block L0 als physischer Block B0 auf Medium M1 gespeichert. Wenn für die physische Adresse (von Block und Medium zusammen) 4 Byte verwendet werden und eine Blocklänge von 8 KByte gewählt wird, erreicht BT bei Implementierung als lineares Feld eine Größe von 1 GByte, um 2 TByte Tertiärspeicher adressieren zu können. Das ist zwar nur ein Bruchteil des verwendbaren Tertiärspeichers, aber immer noch so groß, um nicht vernachlässigt werden zu können. Kompaktere Implementierungen von BT, etwa als B*–Baum, setzen entweder eine geringe Belegung des Adreßraums oder viele physisch aufeinanderfolgende Blöcke (schwache Fragmentierung) voraus. Im Gegensatz zur Speicherung von Indexinformationen *im Log* bei anderen log–strukturierten Organisationen wird BT *separat*, und zwar auf einem *überschreibbaren* persistenten, aber schnellen Speicher (Magnetplatte) gehalten. Interessanterweise genügen einfache Sicherungsmaßnahmen (z. B. RAID–Platten), da BT im Notfall aus Einträgen in den Tertiärspeichermedien rekonstruiert werden kann [FM95].

Bei der Aktualisierung eines logischen Blocks erfolgt dessen Neuschreiben an der *am besten geeigneten* Stelle und die Aktualisierung des BT–Eintrages. Der ursprüngliche physische Block kann nach der Speicherbereinigung wiederverwendet werden. Am geeignetsten ist zunächst ein freier Platz in einem magnetplattenbasierten **Segmentpuffer**. Erst wenn ein *Segment*, d. h. eine Folge von Blöcken einschließlich der **segmentinternen Blockzuordnungstabelle**, auf Tertiärspeicher ausgelagert werden kann bzw. muß, erhalten alle Blöcke des Segments auf einmal ihre physische Adresse auf einem Medium. Jetzt ist dasjenige Tertiärspeichermedium am besten zum Schreiben geeignet, das sich möglichst bereits in einem Laufwerk befindet und ausreichend Platz aufweist. In einem LTS handelt es sich bei dem Log folglich nicht mehr um eine klar identifizierbare lineare Struktur. Wir halten auch fest, daß trotz blockorientierter E/A an der Benutzerschnittstelle eines LTS stets ganze Segmente – 1 bis 10 MByte groß – auf Tertiärspeicher geschrieben werden.

Neben BT gehören zwei weitere Verwaltungstabellen zu einem LTS. Eine sog. **inverse Blocktabelle**, die zu einer physischen Blockadresse die logische Blockadresse liefert, wird für die Speicherbereinigung benötigt. Die inverse Blocktabelle reflektiert die Eintragungen aller segmentinternen Blockzuordnungstabellen. Bei Nearline–Speicherung wäre es ansonsten viel zu aufwendig, ungültige Blöcke erst durch das Laden der Medien (Lesen der segmentinternen Blockzuordnungstabellen und Vergleichen mit BT) zu erkennen. Die **Segmentstatistiktabelle** schließlich hält Informationen über die Anzahl an ungültigen Blöcken pro Segment, die Anzahl an Schreibzugriffen (wichtig für Tertiärspeichermedien, die hier Begrenzungen haben), Zeitstempel (wichtig für Refresh–Aktionen) etc. Zur Erklärung der Funktionsweise eines LTS anhand von Abbildung 6.3 können wir auf diese Tabellen verzichten.

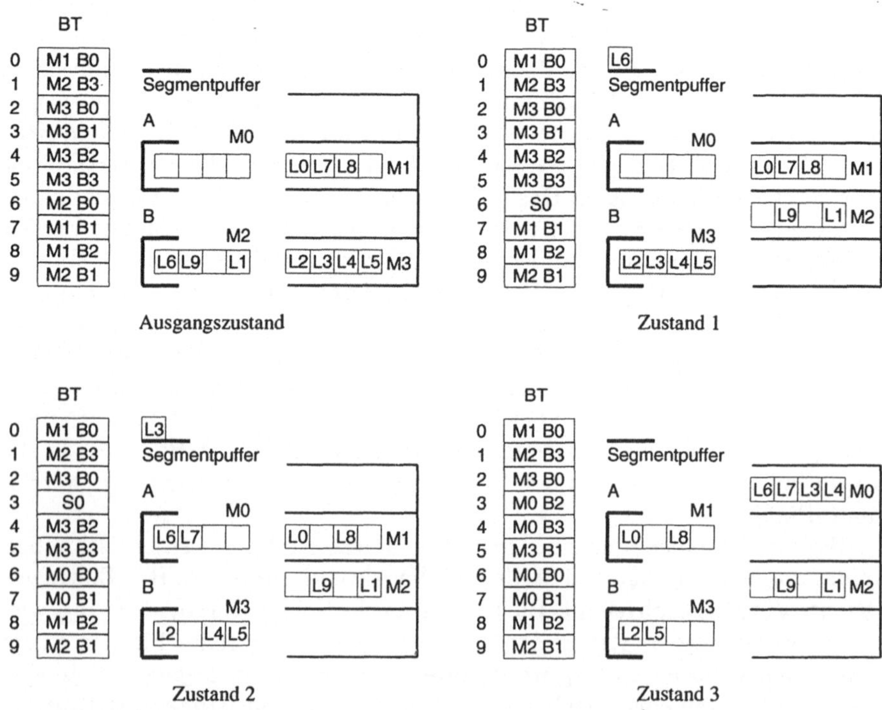

Abbildung 6.3. Beispiel zur Arbeitsweise eines LTS nach [FM96]

Eine symbolische **Beispielkonfiguration** für ein LTS bestehe aus einem Adreßraum von zehn logischen Blöcken L0 bis L9, die auf vier Medien M0 bis M3 gespeichert sind. Jedes Medium habe eine Kapazität für vier Blöcke B0 bis B3. Zwei Medien können gleichzeitig geladen werden, und zwar in die

Laufwerke A und B. Jedes Segment und der Segmentpuffer sollen jeweils zwei Blöcke aufnehmen können. Der **Ausgangszustand** ist in Abbildung 6.3 links oben dargestellt: Das in A geladene Medium M0 weist zwei leere Segmente auf, und M1 und M2 haben jeweils einen leeren (oder auch ungültigen) Block.

Als erste E/A–Anforderung soll Block L9 gelesen werden. Aus BT ist ersichtlich, daß dieser Block als B1 auf Medium M2 gespeichert ist. M2 befindet sich bereits in einem Laufwerk, und zwar in B. Als nächstes werde die zusammenhängende Blockfolge [L3,L4,L5] angefordert. Um M3 laden zu können, muß ein Medium entladen werden; dies sei M2. Jetzt erreicht eine Aktualisierungs– (Schreib–)Anforderung für L6 das LTS. Der von der Anwendung bereitgestellte Block wird zunächst in den Segmentpuffer übertragen und BT entsprechend aktualisiert: Der BT–Eintrag für L6 lautet S0. Diese Situation, **Zustand 1**, ist in Abbildung 6.3 rechts oben dargestellt.

Es folgen Schreibzugriffe auf L7 und L3. Da der Segmentpuffer nur noch L7 aufnehmen kann, wird er auf das geladene, unbelegte Medium M0 ausgegeben. L3 landet im Segmentpuffer, **Zustand 2**. Zu diesem Zeitpunkt ist die physische Sequenz der logischen Blockfolge [L3,L4,L5] zerstört (Fragmentierung). Eine erneute Leseanforderung von [L3,L4,L5] könnte nur noch solange von genau einem Tertiärspeichermedium befriedigt werden, wie L3 gepuffert ist.

Es schließe sich eine Aktualisierung von L4 an. Wenn der nun mit L3 und L4 ausgelastete Segmentpuffer ausgelagert wird, erfolgt dies wiederum auf M0. Da jetzt keine freien Segmente mehr zur Verfügung stehen, muß Speicherbereinigung einsetzen. Das LTS wählt M3, weil dieses Medium bereits geladen ist. Bei angenommener Überschreibbarkeit von M3 können die beiden allein gültigen Blöcke auf M3 (L2 und L5) so „umgeordnet" werden, daß ein volles und ein leeres Segment auf M3 entstehen, und zwar ohne kostspieligen Medienwechsel. Das Resultat ist **Zustand 3**.

6.4.3 Leistungsverhalten von LTS

Aus der oben skizzierten Arbeitsweise eines LTS ergeben sich die folgenden Aussagen bezüglich des Laufzeitverhaltens, zunächst betrachtet für reine Lese- und Schreibaufträge: Beim **wahlfreien Lesen** von Blöcken muß im Extremfall („worst case") für jede Anforderung ein neues Medium geladen werden. Bei der Zugriffszeit dominiert also die Medienwechselzeit (siehe Abschnitt 6.2.4). In diesem Punkt gibt es keinen wesentlichen Unterschied zu einer konventionellen Jukebox–Organisation. Letztere wickelt wahlfreies Schreiben in gleicher Weise ab wie wahlfreies Lesen – sofern ein Überschreiben von Blöcken überhaupt möglich ist. Dagegen arbeitet ein LTS schreiboptimiert, vor allem wegen der Einsparung von Medienwechseln durch das Auslagern des Segmentpuffers auf ein geladenes Medium.

Zur Quantifizierung des Laufzeitgewinns beim **wahlfreien Schreiben** durch die Logstruktur definieren Ford und Myllymaki in [FM95] die **Schreibeffizienz** eines LTS als Bruchteil von der Übertragungsrate (Bandbreite) eines Laufwerks während des laufenden Schreibvorgangs. Eine Schreibeffizienz von 0,8 bedeutet 20 % Einbußen infolge Medienwechselzeiten, Verzögerungen durch Speicherbereinigung oder anderen Systemaufwand. Unter **Auslastung (utilization)** wird das Verhältnis zwischen der Anzahl gültiger Blöcke und der physischen Kapazität des LTS pro Medium (*Medienauslastung*) bzw. über alle Medien hinweg (*Systemauslastung*) verstanden[8]. Im Laufe von Schreibanforderungen verringert sich die Medienauslastung eines entladenen Mediums, und es steigt die Medienauslastung eines geladenen Mediums. Denn dorthin werden Blockaktualisierungen geschrieben. Ein analytisches Modell für die Abschätzung der Auslastung sowie die Simulation eines LTS basierend auf einer MO–Jukebox enthält auch [FM96]. Allerdings wird nur in [FM95] die Abhängigkeit der Schreibeffizienz von der Systemauslastung untersucht. Eine Fallstudie (Medienwechselzeit 13s, Bandbreite 800 Blöcke/s, 650.000 Blöcke geschrieben) liefert bei einer Systemauslastung von 95 % noch eine Schreibeffizienz von 80 % der Bandbreite eines Online–Zugriffs. Erst eine Erhöhung der Systemauslastung über diesen Punkt hinaus führt zu einer massiven Verschlechterung der Schreibeffizienz. Der Grund liegt in der Unaufschiebbarkeit der Speicherbereinigung, um leere Segmente zu schaffen. Bei geringerer Systemauslastung ($<$ 85 %) kann dies vielfach präventiv und bei ausreichend verfügbaren Laufwerken auch parallel erfolgen. Zusammenfassend kann mit einem nur leicht überdimensionierten LTS eine um *eine Größenordnung höhere Schreibeffizienz* als bei konventioneller Nearline–Organisation[9] erzielt werden. Das bringt ein LTS auch bei wahlfreiem Schreiben in die Nähe des Zeitverhaltens von Sekundärspeicher.

Maßgeblich für schnelles **sequentielles Lesen nach wahlfreiem Schreiben** ist die Fragmentierung des physischen Adreßraums. Insbesondere bei optischen Platten schlagen die Medienwechsel beim Auseinanderreißen einer Blockfolge auf verschiedene Platten stark zu Buche (**Medienlokalität**, in [FM95] „media contiguity“ genannt). Im Fall von Bandspeichern gewinnt die Erhaltung der Reihenfolge der Blöcke auf einem Band wegen der langen Positionierzeiten an Gewicht (**Blocknachbarschaft**, „physical contiguity“). Fragmentierung, konkret die Zerstörung von Blocknachbarschaft bzw. Medienlokalität, entsteht jedoch nur durch eine nichtsequentielle Übergabe der Blöcke an das LTS und durch Überschreiben von Blöcken. Vor allem Blockaktualisierungen stellen im Archivierungskontext die Ausnahme dar. Aber sogar unter verschiedenen Transaktionslasten überrascht der sich nur moderat herausbildende Fragmentierungsgrad: Ford und Myllymaki geben in [FM95] als schlechtestes Szenario ein Lastprofil an, das bei ausschließlich wahlfreien Schreibzugriffen (jedoch mit mindestens 4 Blöcken pro Auftrag) für 65 bis 75 % der Blöcke die Blocknachbarschaft erhält. Das sich demnach nicht

---

[8] In der Beispielkonfiguration beträgt die Systemauslastung $\frac{10\ Bl\ddot{o}cke}{4*4\ Bl\ddot{o}cke} = 62,5\%$.

[9] kommerziell verfügbare Jukeboxen: keine Adreßindirektion, Cache meist mit LRU–Strategie

dramatisch verschlechternde Zugriffszeitverhalten des LTS kann außerdem dadurch verbessert werden, daß während der Speicherbereinigung oder in einem separaten Prozeß die (Wieder–)Herstellung einer geeigneten Clusterbildung angestrebt wird. Bei 2/3 der in [FM95] untersuchten Transaktionslasten blieb die Blocknachbarschaft sogar für > 94 % der Blöcke erhalten. Für die Medienlokalität gelten ähnliche Beobachtungen, sofern mindestens einige Blöcke pro Anforderung geschrieben werden. Damit bieten LTS für viele und insbesondere für Archivierungsanwendungen – trotz ihrer Optimierung bezüglich Schreibzugriffen – ein *Zeitverhalten beim sequentiellen Lesen*, das mit konventioneller Nearline–Organisation *vergleichbar* ist.

Zu unserer abschließenden **positiven Bewertung** von LTS als datenbankverwalteter Archivspeicher tragen nicht nur die durch Analyse und Simulation gewonnenen Aussagen über das Laufzeitverhalten bei. Entscheidend ist die durch die Indirektion über BT erreichte Geräteunabhängigkeit an der blockadressierbaren Schnittstelle. Dies ermöglicht

- das Verbergen von Medienspezifika
  (wahlfreie Zugriffe einschließlich „Überschreiben" von Blöcken auf WORM–Medien),
- das gezielte Ausnutzen von konkreten Tertiärspeichertypen
  (u. a. Schreiben großer Segmente, Beachten von Speicherbenutzungsstatistiken, Einsatz abgestimmter Fehlerkorrekturmaßnahmen, vorgezogenes Löschen von zu überschreibenden Sektoren auf MO–Platten) und
- das Kombinieren einzelner Tertiärspeichersubsysteme
  (transparenter Aufbau einer Tertiärspeicherhierarchie).

In Abschnitt 7.2 geben wir noch einen Ausblick auf einen Ansatz zur Erhöhung der Ausfallsicherheit und zur weiteren Steigerung der E/A–Leistung eines LTS durch Parallelisierung bzw. durch eine Array–Organisation.

6.5 Prototypische Integration eines LTS in Postgres

Das erweitert–relationale DBS Postgres [SR86, Sto87, SK91] wurde bereits in Abschnitt 3.4.2 kurz vorgestellt. Die folgenden Erklärungen zur Speicherverwaltung gelten sowohl für die letzte „offizielle" Postgres–Version 4.2 als auch für die Reimplementierung Postgres95 [YC95]. In der Tat begannen wir mit der prototypischen Integration eines LTS in Postgres 4.2 und fanden die interne, für uns wichtige Schnittstelle *Storage–Manager–Switch* im wesentlichen unverändert in Postgres95 vor [Win96]. Deshalb soll zwischen diesen Postgres–Versionen nicht weiter unterschieden werden.

6.5.1 Erweiterung der Speicherverwaltung von Postgres

In der Arbeit [Ols92] beschreibt Olson, wie die zuvor feste Bindung des *Data-Managers* an das magnetplattenbasierte Dateisystem des Betriebssystems aufgelöst und eine einheitliche Schnittstelle für verschiedene persistente Speicher eingezogen wurde. Der *Storage–Manager* ist in Postgres diejenige Softwarekomponente, die einen Auftrag des darüberliegenden *Data–Managers* (vereinfachend gleichzusetzen mit DB–Pufferverwaltung) insbesondere zur Ein- und Auslagerung einer DB–Seite entgegennimmt. An der Schnittstelle zwischen Data–Manager und Storage–Manager wird vermittelt, zu welcher Relation[10] eine DB–Seite gehört. Dies wiederum gibt Auskunft über den vom Benutzer gewünschten Externspeicher. Wo nämlich eine Relation residieren soll, wird zum Definitionszeitpunkt mittels einer DDL–Erweiterung spezifiziert (via `CREATE TABLE ... STORE = <Device>`)[11]. Der Storage–Manager wertet die `Device`-Information aus und leitet die Anforderung an den jeweils zugeordneten *Device–Manager* weiter. Während der Data–Manager also alle DB–Seiten „gleichberechtigt" behandelt, schaltet der **Storage–Manager–Switch** eine generische Anforderung auf den verantwortlichen Speicher um, indem er eine Device–Manager–abhängige Funktion aufruft (siehe Tabelle 6.2). Jede öffentlich zugängliche Version von Postgres ist mit dem Device–Manager für Magnetplatten ausgerüstet; von der Implementierung eines Device–Managers für eine Jukebox mit WORM–Platten wird in [Ols92] berichtet.

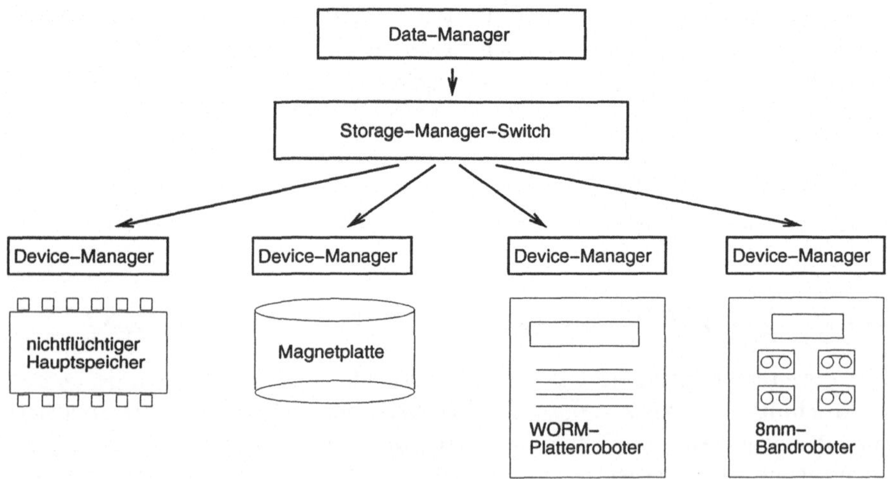

Abbildung 6.4. Speicherverwaltung von Postgres seit [Ols92]: Storage–Manager–Switch

---

[10] Da in technischen Berichten über Postgres–Interna sowie im Quelltext selbst von *Relationen* statt Tabellen oder Klassen die Rede ist, wollen wir dies in diesem Abschnitt beibehalten.

[11] Nur (komplette) Basisrelationen können einem Externspeicher zugeordnet werden. In stark eingeschränktem Maße können andere Granularitäten mit Hilfe des Postgres–spezifischen View–Mechanismus (Postgres–Regeln) „simuliert" werden.

Die Besonderheit der Transaktionsverwaltung in Abstimmung mit der Speicherverwaltung von Postgres besteht darin, daß kein Logging in konventioneller Form durchgeführt wird. Statt z. B. ein WAL–Protokoll einzuhalten (siehe Abschnitt 3.2.1), werden DB–Seiten ohne zusätzliches Log–Schreiben in die DB eingebracht. Die physische Konsistenz (Integrität der DB) wird dennoch gewahrt, weil grundsätzlich jede Seite neu, d. h. unter einer neuen Blocknummer, einem Device–Manager zur Abspeicherung übergeben wird. An die Stelle eines DB–Logs tritt zur Unterstützung des Recovery eine Statusdatei geringen Umfangs, in der im wesentlichen Transaktionsidentifikatoren, -zustände und -zeiten, aber nicht die eigentlichen Daten protokolliert werden. Wie bei den vorgestellten log–strukturierten Organisationen gibt es grundsätzlich kein „udapate–in–place" von persistent gespeicherten Datenblöcken. Ausnahmen von dieser Strategie, die in [Sto87] als **„no overwrite"** bezeichnet und in [Ols92] treffender als **„seldom overwrite"** charakterisiert wird, betreffen:

1. Beim Löschen und Aktualisieren von Tupeln werden die Identifikatoren der ändernden Transaktion direkt in die Sätze, also in den Block geschrieben.

2. Commit–Zeiten von Transaktionen werden in der Regel nachgetragen, ebenfalls als Bestandteil eines Satzes.

3. Neue Tupel werden intern an das „Ende einer Relation" (Heap–Struktur) angehängt und führen zum Mehrfachschreiben des letzten zu der Relation gehörenden Blockes.

Auch bei Anwendungen, die aus konzeptioneller Sicht keine Daten überschreiben (sondern höchstens neue Tupel einfügen), finden Postgres–intern Blockaktualisierungen statt! Indem der letzte Block einer Relation im Device–Manager für WORM–Platten in einem Magnetplatten–Cache gehalten wird, kann Ausnahme 3 gerade noch abgefangen werden. In den anderen Fällen versagt Olsons Implementierung und offenbart damit die zu verbergenden Gerätecharakteristika[12].

Unser Ansatz besteht nun darin, eine weitere Indirektionsebene einzuziehen, die erstens die (wenn auch seltene) Überschreibbarkeit zuläßt und zweitens generell die Geräteunabhängigkeit erhöht: Wir nutzen den Storage–Manager–Switch, um ein LTS einzubinden. Aus Sicht von Postgres handelt es sich um *einen* neuen Device–Manager, siehe Abbildung 6.5. Die primäre Verwendung des *LTS–Device–Managers* ist klar: Über ihn sollen Daten anwendungsorientiert archiviert werden.

---

[12] Ein bezeichnender Kommentar im Quelltext der Postgres–Datei *smgr.c* lautet: „In the best of all possible worlds, there would be no write-once [device manager]."

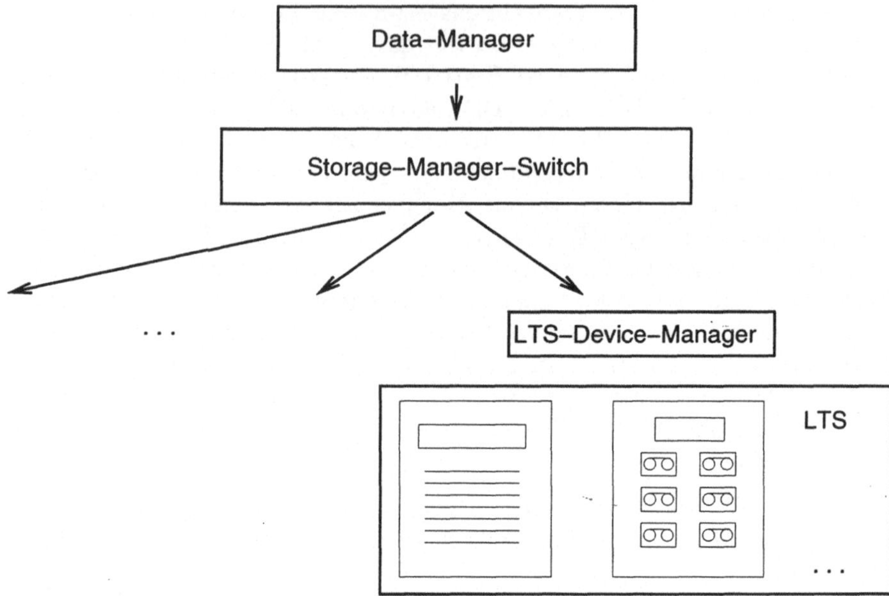

Abbildung 6.5. Postgres mit LTS–Device–Manager

6.5.2 Kopplung mit dem LTS–Prototyp

Um einen **neuen Device–Manager** in Postgres zu **integrieren**, muß zuerst dessen Name im Postgres-Quelltext vereinbart werden. Gegen die Einträge in einem dedizierten Feld (C array) prüft die Syntaxanalyse der Anfrageauswertung zur Definitionszeit einer Relation den STORE-Parameter der CREATE-Anweisung. Alle Device–Manager erhalten einen Index k, der einer Relation zugewiesen und dann intern ausschließlich verwendet wird (siehe unten). Jeder neu zu integrierende Device–Manager muß eine Call–Schnittstelle für einen Satz an Funktionen aufweisen, deren Semantik und Parameter einheitlich vorgegeben sind. Einen Ausschnitt aus der generischen Spezifikation der jeweils 14 Funktionen zeigt Tabelle 6.2. Dann kann die Datenstruktur für den Switch, ein Feld von n Feldern F_k ($0 \leq k \leq n-1$) für n Device–Manager, um das Feld F_n erweitert werden. Die Elemente des neuen Feldes F_n müssen 14 Zeiger auf den spezifischen Funktionssatz des neuen Device–Managers n sein. Schließlich ist (mindestens) der gesamte Storage–Manager erneut zu übersetzen und mit dem hinzugefügten Device–Manager zu binden. Im folgenden skizzieren wir ausgewählte Implementierungskonzepte des **LTS–Device–Managers** anhand von Tabelle 6.2 (rechte Spalte). Weitere Einzelheiten entnehme man der Arbeit von Wind [Win96].

Die Kommunikation zwischen Postgres (genauer: dem Backend–Prozeß von Postgres) und dem LTS (einem Prototyp des „IBM Almaden Research Center", der Tertiärspeicherzugriffe durch Magnetplattenzugriffe simulieren

Tabelle 6.2. Generische Funktionen des Storage–Manager–Switch
und Implementierung im LTS–Device–Manager (Auszug)

gener. Fkt. [smgr_....]	allgemeine Spezifikation	Implementierung für LTS [lts_....]
smgr_init	Device–Manager initialis. (beim Start von Postgres)	Initialisierung des LTS und der Prozeßkommunikation
smgr_create (r)	Speicher für Relation r vor- bereiten (ggf. allokieren)	keine Implementierung erforderlich
smgr_nblocks (r)	Anzahl Blöcke für die Relation r ermitteln	Anzahl Blöcke für Relation r ermitteln
smgr_extend (r,buf)	neuen Block für r anhängen u. buf dorthin schreiben	$b \leftarrow$ lts_nblocks(r) und lts_write(r,b,buf)
smgr_open (r)	Relation r öffnen	keine Implementierung erforderlich
smgr_read (r,b,buf)	Blocknr. b von Relation r in Puffer buf lesen	LTS–Blocknr. B=f(db,r,b) und *SendIORequest(Read,B,1,buf)*
smgr_write (r,b,buf)	Puffer buf unter Blocknr. b schreiben	LTS–Blocknr. B=f(db,r,b) und *SendIORequest(Write,B,1,buf)*
smgr_flush (r,b,buf)	wie smgr_write, aber stets synchron auszuführen	LTS–Blocknr. B=f(db,r,b) und *SendIORequest* *(WriteNoCache,B,1,buf)*
smgr_commit	erfolgreicher Transaktions- abschluß	Hilfsdatenstrukturen sichern (z. B. zur Blockabbildung)
smgr_abort	Änderungen können rückgängiggemacht werden	keine Implementierung erforderlich

kann [FM95, FMB96]) läuft über „Shared Memory" ab. In der Funktion
lts_init des LTS–Device–Managers werden u. a. diese Bereiche vereinbart,
Semaphore für die Synchronisation der Kommunikation initialisiert, LTS–
Subprozesse (Threads) gestartet etc. Das Zusammenspiel geschieht derart,
daß der Data–Manager von Postgres beim DBMS–Start die smgr_init-Funk-
tion des Storage–Managers aufruft, der seinerseits die ..._init-Funktion für
jeden verfügbaren Device–Manager aufruft.

Wenn smgr_create an den Device–Manager für Magnetplatten weiter-
geleitet wird, legt dieser pro Relation eine Datei an. Dagegen gibt es für
die Funktion lts_create nichts zu tun. Die Reservierung von Speicherplatz
geschieht in einer vorgelagerten LTS–Konfigurationsphase. Auch das Öffnen
einer Relation, lts_open, hat eine „leere" Implementierung.

Wieviele Blöcke (aus Sicht von Postgres) eine Relation aktuell belegt, soll
über den Aufruf von smgr_nblocks ermittelt werden können. Die Blocklänge
in Postgres beträgt stets 8 KByte. Um die Blockanzahl schnell bereitzustellen,
kommuniziert lts_nblocks nicht mit dem LTS, sondern speichert hierfür
(und für andere Zwecke) Hilfsdatenstrukturen persistent auf Magnetplatte
ab. In [Win96] wird gezeigt, daß ein Caching im Hauptspeicher möglich ist,
ohne die Konsistenz zwischen Postgres, den Hilfsdatenstrukturen des LTS–
Device–Managers und den im LTS abgelegten Daten zu gefährden.

Da in Postgres alle Relationen als Heap gespeichert werden (und z. B. keine Clusterbildung/Sortierung nach Schlüsselwerten erfolgt), werden neue bzw. aktualisierte Tupel in einem neuen Block untergebracht, dessen Nummer die des letzten für die Relation belegten Blockes + 1 ist. Offensichtlich kann deshalb das Anhängen eines Blocks, `lts_extend`, auf `lts_nblocks` und `lts_write`[13] zurückgeführt werden.

Um einen Block zu lesen, wird zur Postgres–Blocknummer b, die pro Postgres–Datenbank db und Relation r vergeben wird, zuerst eine LTS–Blocknummer B ermittelt. Wind [Win96] hat hierfür eine Hashfunktion f vorgeschlagen. Wir vertiefen die Abbildungsproblematik nicht weiter, weil dazu sowohl Postgres–Interna als auch der detaillierte Adressierungsmechanismus des LTS–Prototyps eingeführt werden müßten. Die Leseanforderung für den LTS–Block B = f(db,r,b) wird der LTS–eigenen Schnittstellenfunktion *SendIORequest* übertragen.

Sowohl in Postgres als auch im LTS–Prototyp werden **synchrones** und **asynchrones Schreiben** (`smgr_flush` und `smgr_write`) unterschieden. Im Falle von Postgres heißt synchron, daß der Block erst sicher auf dem Zielmedium abgespeichert sein muß, bevor die interne Abarbeitung fortgesetzt werden kann. Man beachte, daß das genaue Verarbeitungsprotokoll zwar in [Ols92] beschrieben ist, aber zur Implementierung eines neuen Device–Managers nicht weiter bekannt sein braucht. Im Falle des LTS wird beim synchronen Schreiben (Funktion *SendIORequest(WriteNoCache,B,1,buf)*) kein Cache benutzt bzw. dieser vor Fertigmeldung des Auftrages auf ein Tertiärspeichermedium ausgegeben.

Erklärungsbedürftig bleibt der Parameter *1* in allen drei LTS–Aufrufen: Wir realisieren einen E/A–Auftrag von Postgres durch genau einen E/A–Auftrag an das LTS und lassen die Blockinhalte und -größe dabei unverändert. Die *1* zeigt an, daß genau ein Block in *buf* steht und vom LTS geschrieben werden soll bzw. dorthin zu lesen ist. Würde Postgres **Mengenorientierung bei Block–E/A** aufweisen, d. h., würde der Data– bzw. Storage–Manager zusammenhängend zu übertragende Blöcke auf einmal anfordern oder auslagern, könnte das LTS damit unmittelbar beauftragt werden. Der Vorschlag, eine mengenorientierte E/A von Seiten zwischen Systempuffer und Externspeicherverwaltung eines DBS einzusetzen, tauchte bereits im Zusammenhang mit der Verwaltung komplexer Objekte auf, konkret für DASDBS [Wei89] (siehe auch Abschnitt 3.4.2). Während bei DASDBS der Performance–Gewinn bei Anforderung von Seitenmengen zum einen durch die großen Objekte (mehrere Seiten belegend) und zum anderen durch die gleichzeitige Anforderung von Teilobjekten (auf benachbarten Seiten) zustande kommt, würde in unserem Fall die LTS–Anbindung in starkem Maße profitieren: Erstens verringert sich der Kommunikationsaufwand für eine gegebene Datenmenge (ein *SendIORequest* für mehrere Blöcke), und zweitens wird damit der zunehmenden Fragmentierung des physischen Tertiärspeicher-

---

[13] Im Aufruf steht b statt b+1, da der erste Block einer Relation die Nr. 0 hat.

adreßraums entgegengewirkt. Dies wiederum beschleunigt sequentielles Lesen (siehe Abschnitt 6.4.3).

Die Postgres–interne **Transaktionsverarbeitung** wirft an der Schnittstelle zwischen Storage–Manager und einem beliebigen Device–Manager keine besonderen Probleme auf: Je nach Transaktionsausgang wird entweder die Funktion ..._commit oder ..._abort für jeden Device–Manager aufgerufen. Ein Commit ist die (pro Transaktion) letzte Aufforderung zur sicheren persistenten Abspeicherung der zuvor herausgeschriebenen Blöcke. Erst nach erfolgreicher Rückmeldung wird die Transaktion in Postgres als abgeschlossen registriert. Da das LTS durch seinen integrierten Cache–Manager und eine Recovery–Komponente die Persistenz bereits nach einer Schreibanforderung garantiert, gibt es für lts_commit nur „Aufräumarbeiten" zu erledigen. Selbst wenn ein Transaktionsabbruch (smgr_abort) seitens Postgres erfolgt, ignoriert Postgres die unnötigerweise persistent abgespeicherten Blöcke. Folglich braucht lts_abort keine Aktion ausführen.

In unserem Prototyp wird eine Archivrelation über den CREATE–Befehl von Postgres mit der Option STORE = "lts" angelegt. Im Gegensatz zu den Daten, die in Postgres herkömmlich „archiviert" (auf Archivspeicher „vakuumisiert", Abschnitt 3.4.2) werden, kann auf Daten in Archivrelationen gemäß unserem Ansatz grundsätzlich mit DB–Operationen zugegriffen werden. (Zu Problemen bei nicht abgeschlossenen Kontexten siehe Abschnitt 3.3.2.) Intern ist der Tertiärspeicheradreßraum des von uns eingesetzten LTS in sog. „Logical Units" (LUs) untergliedert. Eine LU kann z. B. mit einem bestimmten Platten- oder Bandrobotermodell, einer Untermenge der darin verwalteten Medien oder aber mit einer Menge von Jukeboxen assoziiert werden. Die Abbildung von Postgres–Blöcken erfolgt derzeit systemgesteuert auf eine LU. Hier ist eine **Erweiterung des Prototyps** dahingehend möglich, daß der Benutzer diese Abbildung pro Archivrelation selbst steuert, und zwar über die Option STORE = "lts LU<id>". Auf diese Weise läßt sich eine Archivrelation einer Klasse von Tertiärspeichern mit geeignetem Leistungsverhalten (Zugriffszeit, Lebensdauer etc.) zuordnen. Die konzeptionelle Eleganz des Integrationsansatzes wird durch diese Verfeinerung nicht beeinträchtigt: Es bleibt bei genau einem neuen (LTS–)Device–Manager als Indirektion für beliebige Tertiärspeichertypen – ohne die bei Olsons WORM–Device–Manager bestehenden Einschränkungen. Die Integration neuer Speichermedien erfolgt im LTS, weitestgehend isoliert vom LTS–Device–Manager und Postgres. Insbesondere entfallen die aufwendige Neuentwicklung von persistentem Caching einschließlich des Aufbaus von Segmenten aus Blöcken und die Implementierung komplexer Recovery–Mechanismen pro neuem Speichergerät bzw. Device–Manager. Im Vergleich zu einer medienspezifischen und stark ins DBS eingreifenden „first class"–Integration sind Performance–Einbußen nicht auszuschließen. Im Kontext von anwendungsorientiertem DB–Archivieren dominieren jedoch die Forderungen nach leichter Systemwartbarkeit, Erweiterbarkeit und Geräteunabhängigkeit.

7. Resümee

7.1 Ergebnisse der Arbeit

Bei der vorliegenden Arbeit handelt es sich um einen ersten Brückenschlag
– den Versuch einer **Synthese** – zwischen konventionellem Archivieren,
der „Datenbankwelt" und neuartigem Tertiärspeichereinsatz. Ausgangspunkt
war die Feststellung, daß sich das ursprüngliche Verständnis vom Archivieren (langfristiges Aufbewahren bedeutsamer Gegenstände) vor allem durch
die zunehmende Vielfalt der Archivalien extrem ausgeweitet hat. Längst
liegen bewahrenswerte Dokumente nicht mehr ausschließlich in Papierform
vor, und für viele Daten – die teilweise nur noch elektronisch anfallen –
besteht sogar eine gesetzliche Aufbewahrungspflicht. Außer zu Nachweis- und
Dokumentationszwecken werden Daten unterschiedlicher Erzeugersysteme
zunehmend aus betriebswirtschaftlichen Gründen (Wiederverwendung) und
aus systemtechnischen Erfordernissen heraus (Systementlastung) archiviert.
Exemplarisch haben wir qualitative und quantitative **Anforderungen aus
dem Produktdatenumfeld** zusammengetragen. Archivierungszeiträume
von 20 Jahren und Datenvolumina im TByte–Bereich sind als typisch anzusehen, bilden aber keine obere Grenze. Da es selbst bei einem abgegrenzten
Anwendungsgebiet weder *den* Archivierungsgrund noch *die* Archivierungssemantik gibt, kann es auch nicht *das universelle* Archivierungskonzept, -sy-
stem bzw. -speichermedium geben.

Derzeit eingesetzte elektronische Archivsysteme speichern in der Regel
Archivdaten auf optischen und Beschreibungsdaten auf Magnetplatten ab.
Ein Defizit marktgängiger Systeme liegt in dem immer schwieriger werdenden
Auffinden elektronischer Dokumente, da keine inhaltsbezogenen Anfragen,
die sich nicht anhand der separat gehaltenen Beschreibungsdaten auswerten
lassen, gestellt werden können. Nur ganze Dateien werden verwaltet und
in dieser Granularität zwischen Archivsystem und Anwendung kopiert. Wir
haben gezeigt, daß das Kernproblem elektronischer Langzeitarchivierung
weniger in der begrenzten Haltbarkeit digitaler Speichermedien liegt, als
in der **Werterhaltung** im Sinne von Lesbarkeit, Interpretierbarkeit und
Wiederverwendbarkeit archivierter Daten. Um Informationsverluste infolge
obsolet werdender Aufzeichnungs- und Datenformate so gering wie möglich
zu halten, empfehlen wir zum einen die Präferenz neutraler (hersteller- und
systemunabhängiger, möglichst genormter) Formate und Schnittstellen. Zum

anderen plädieren wir für die Organisation einer kontinuierlichen Technologie-
erneuerung einschließlich dazugehöriger Migrationsstrategien für alle an der
Archivierung teilhabenden Komponenten. Insbesondere genügt es nicht, bspw.
Magnetbänder regelmäßig umzukopieren, wenn die abgespeicherten Daten
nur von einer nicht mehr lauffähigen Software verarbeitet werden können. Die
Abstützung auf Standards verringert lediglich die Anzahl der im Laufe der
Zeit notwendigen Konvertierungen, hebt diese aber nicht auf. Auf weltweite
Aktivitäten im Kontext *dokumentorientierter* elektronischer Archivierungs-
ansätze haben wir Kapitel 2 verwiesen.

Zunehmend werden Daten modelliert, unter die Kontrolle von **DBS**
gebracht und in DBS feingranular gespeichert. Trotz anwachsender Datenbestände wurde eine adäquate **Archivierungsfunktionalität** in DBS bislang
nicht systematisch untersucht. Hier lag der Schwerpunkt der vorliegenden
Arbeit. Heutige DBS–Produkte sehen Archivierung durchweg als Datensicherung, und eine andere Semantik muß außerhalb eines DBS implementiert werden. Beispiele für praktiziertes *datenbankbasiertes* Archivieren haben
wir in Abschnitt 3.5.2 angegeben. Die Notwendigkeit einer reinen Zusatz-
bzw. DBS–Aufsatzimplementierung ist unbefriedigend und mit Nachteilen
verbunden. Wenn ein DBS Daten redundanzarm, transaktionskonsistent,
formatunabhängig, logisch zentral und sicher (gegen unberechtigten Zugriff
und Datenverlust geschützt) verwalten kann und ein DBS–Benutzer Anfragen
auf der Grundlage eines konzeptuellen DB–Schemas stellen kann, weshalb
sollte er dann auf diese Eigenschaften beim Archivieren bzw. Wiederzugreifen
auf archivierte Daten verzichten?

In deutlicher Unterscheidung von datenbanküblichem Backup/Restore
und Export/Import haben wir **anwendungsorientiertes DB–Archivieren**
eingeführt. Ein solcher Datenbankdienst liegt vor, wenn

- die Auswahl der zu archivierenden Daten auf der gleichen Abstraktionsebene erfolgt wie die sonstigen DB–Zugriffe, d. h., eine geeignete DDL–
  bzw. DML–Einbettung gegeben ist *(Archivieren logischer Datengranulate)*,
- ein DBS–Benutzer die Archivierung bewußt steuern kann *(Benutzerveran-*
  lassung),
- die Daten sowohl logisch als auch physisch – vorzugsweise asynchron –
  in ein Archiv bzw. auf kostengünstige Speichermedien verschoben werden
  (Datenauslagerung) und
- der Durchgriff aufs Archiv oder die Wiedereinlagerung von archivierten
  Daten mittels DB–Operationen, also unter Kontrolle des DBS und ohne
  separates Zurückladen durch ein Fremdsystem, möglich ist *(Archivzugriff)*.

Wir haben im Rahmen von Archivierungs- und Nutzungsmodellen diskutiert, daß bzgl. des aktuellen Datenbestandes die Transaktionskonsistenz,
d. h. die Gültigkeit von DB–Schema– und datenmodellinhärenten Integritätsbedingungen, durch eine Archivierungsoperation nicht gefährdet werden
darf. Auf Seiten des Archivs hingegen sind Konsistenzverletzungen unter
Umständen akzeptabel, sofern ein Archivschema überhaupt existiert. Die

wenigsten Probleme bei einer Nutzung, die die Einlagerung archivierter Daten in eine aktuelle DB–Umgebung verlangt, treten auf, wenn abgeschlossene Kontexte archiviert werden.

Auf wenige **Ansätze aus der Literatur und in existierenden Systemen** treffen einzelne der vorstehenden Charakteristika teilweise zu. Zu nennen sind Codds Vorschlag für Archivierung in RM/V2, Anfragekonzepte in temporalen Datenbanken (insbesondere in Postgres), die Archivierungsidee im Büroanwendungs–Frontend von DASDBS, Archivierungsfunktionen in PRODAT/APRIL und Archivierungsmethoden in VERSANT. Wir haben von diesen Ansätzen abstrahiert und anwendungsorientiertes DB–Archivieren umfassender **funktional und implementierungstechnisch klassifiziert**: Aus Sicht einer Anwendung können *Archive eigenständig* oder *integriert* sein. In beiden Fällen können Daten *explizit* oder *implizit ausgelagert* werden. Nur bei integrierten Archiven ist die Unterscheidung zwischen *Durchgriff* auf und *Wiedereinlagerung* von archivierten Daten sinnvoll. Wiedereingelagert werden kann mit *Copy–* oder *Move*-Semantik. Implementierungstechnisch gesehen, fängt anwendungsorientiertes DB–Archivieren strenggenommen erst bei einer *partiell integrierte*n Realisierung an, weil rein *datenbankbasierte*s Archivieren die Organisation des Datenflusses durch die Anwendung bedeutet und die Systemkontrolle fehlt. Ist ein Archiv–Manager – die Systemkomponente, die die Archivierungsfunktionalität erbringt – komplett unter der Benutzerschnittstelle des DBS verborgen, liegt eine *vollständig integrierte* Realisierung vor. Hier sind die besseren Voraussetzungen gegeben, Auswirkungen von Schemaänderungen an aktuellen Datenbanken auf Archivdatenbanken automatisch festzustellen und Schema- bzw. Datenkonvertierungen oder Schemaabbildungen vom DBS steuern zu lassen. Vollständig datenbankintegriertes Archivieren setzt in der Regel den Neuentwurf eines DBMS voraus, bietet das größte Forschungspotential, bedeutet aber auch den größten DBMS–Entwicklungsaufwand. Es verwundert daher nicht, daß erste Prototypen „nur" partiell datenbankintegriertes Archivieren verwirklichen.

In Kapitel 4 wurden Sprachvorschläge für **SQL–Erweiterungen** für die eingeführten Funktionsklassen unterbreitet. Dabei gehen wir weit über Codds und auch über unsere eigenen, bereits veröffentlichten Vorschläge hinaus. Das heißt nicht, daß wir u. a. unter Kostengesichtspunkten für Auswertungen auf dem Archiv keine Einschränkungen in SQL–Anfragen empfehlen (Primärschlüsselwerteauswahl, Zugriff über neue Attribute `ARCHIVED_AT` etc.). Offene Probleme, etwa die Abbildung zwischen aktuellen und Archivtabellen oder die Spezifikation übergreifender Integritätsbedingungen, wurden identifiziert und mögliche Lösungsansätze angerissen. Insgesamt haben wir einer inhaltlichen Breite in der Darstellung unter Verweis auf verwandte Arbeiten, die Teilaspekte bereits vertiefen oder gerade anlaufen, häufig den Vorzug gegeben. Erfreulicherweise ist DB–Archivieren zum Thema an verschiedenen Forschungseinrichtungen geworden.

Unsere frühen, in Kapitel 5 zusammengefaßten Untersuchungen zu **EX-PRESS/SDAI–DBS** beeinflußten datenbankbezogene Arbeiten zum Thema STEP u. a. an der Universität Erlangen–Nürnberg. Auch dort wurde zunächst der Ansatz verfolgt, den vom EXPRESS–Schemaübersetzer *fedex_plus* generierten C++–Code mittels eines *awk*–Präprozessors so zu modifizieren, daß zusammen mit einer schemaunabhängigen SDAI–Klassenbibliothek ein persistentes C++–Binding auf Basis eines ODBS entsteht. Eine SDAI–Implementierung auf RDBS, dann vorzugsweise des C–Bindings, ist ebenfalls möglich, aber mit größeren Abbildungsproblemen der strukturell–objektorientierten Konzepte von EXPRESS verbunden. Die Architektur unseres **ObjectStore–basierten Prototyps** schließt keinen separaten SDAI–Puffer ein, sondern nutzt das implizite Caching des Page–Servers. Folglich liegt eine „CachedDirect"–Implementierung eines EXPRESS/SDAI–DBS vor. Die Bezeichnung EXPRESS/SDAI–DBS wurde wegen des anwendungsunabhängigen Charakters von EXPRESS (als DDL) und SDAI (in der Rolle einer DML) gewählt. Von einer *STEP–Datenbank* sollte nur dann gesprochen werden, wenn einer STEP–spezifischen Semantik, die erst in einem STEP–AP festgelegt ist, Rechnung getragen wird. In Kooperation zwischen dem Wissenschaftlichen Zentrum der IBM in Heidelberg, der Universität Kaiserslautern und dem Forschungszentrum der Daimler–Benz AG in Ulm wurde unser Prototyp weiterentwickelt und eine Stücklistenanwendung implementiert.

Anders als an den genannten Forschungseinrichtungen haben wir keine Neuimplementierung eines (den aktuellen SDAI–Normungsstand strenger berücksichtigenden) Schemaübersetzers vorgenommen, sondern uns auf die Einbringung von Archivierungsfunktionalität in SDAI konzentriert. **SDAI-integriertes Archivieren** stellt eine weitere, hier am umfangreichsten behandelte, Ausprägung anwendungsorientierten DB–Archivierens dar. Die SDAI–Erweiterungen betreffen im einzelnen:

- Neue SDAI–Operationen **Select** und **Archive**
  (Logische Datengranulate sind die in den SDAI–Metadatendefinitionen wiederzufindenden und in einer SDAI–Implementierung verwalteten Einheiten *SDAI–Modell* und *Schemainstanz*, ggf. auch *SDAI–Repository*.)
- Einführung von *Archiv–Repositories*
  (Hiermit werden gemäß unserer funktionalen Klassifikation eigenständige Archive realisiert. Die Interpretation der Daten – unabhängig vom erzeugenden System – wird durch die implizite Mitarchivierung der SDAI–Metadaten erleichtert.)

Trotz des Ausnutzens vordefinierter SDAI–Strukturen und bei eingehaltenem Minimalitätsprinzip für die SDAI–Erweiterungen (aus normungspragmatischen Gründen und zwecks längerfristiger Schnittstellenstabilität) erwies sich die Thematik konzeptionell und implementierungstechnisch als relativ komplex. Wir haben gezeigt, daß und welche **Konflikte** auch dann noch auftreten, wenn komplette SDAI–Modelle oder Schemainstanzen ausgewählt werden. Die Auswahlkonflikte ergeben sich zum einen aus *modellübergreifenden Referenzen* zwischen SDAI–Instanzen und zum anderen aus *nichtdisjunkten Schemainstanzen*. Beispielsweise überlassen wir dem SDAI–Benutzer die Steuerung, ob er zu einem ausgewählten Modell sämtliche referenzierten Modelle (formal definierte *Referenzmenge RM*) automatisch archivieren möchte. Auf diese Weise wird das Streben nach Kontextabgeschlossenheit der archivierten Daten unterstützt. Zu den vorliegenden Ergebnissen zählen nicht nur die (zum Teil EXPRESS–)**Spezifikation** von SDAI–integriertem Archivieren, sondern auch die **Konkretisierung für das C++–Binding** und die **prototypische Umsetzung** der Archivierungsklassen bzw. -methoden. Im Vergleich zur *STEP–Datei–Archivierung* vermeidet SDAI–integriertes Archivieren den Verlust des „Single Point of Control", falls die Daten – wie zunehmend der Fall – bereits in einem EXPRESS/SDAI–DBS gehalten werden. Außerdem werden die Unabhängigkeit vom STEP–Dateiformat erreicht und der inhaltsbezogene Zugriff auf die Anwendungs- *und* SDAI–Metadaten (analog L2–L4 in IRDS) ermöglicht.

Physische Datenauslagerung auf datenbankverwalteten Tertiärspeicher konnten wir anhand unseres Prototyps nicht demonstrieren, weil der ObjectStore–Server für einen Benutzer nicht erweiterbar ist[1]. Da **DBS–Tertiärspeicherintegration** für sich allein ein aktuelles Forschungsgebiet darstellt und bei jeder Ausprägung von anwendungsorientiertem DB–Archivieren (datenmodellunabhängig) als Problem auftritt, haben wir diesen implementierungsnahen Aspekt weitgehend losgelöst von den SDAI– und SQL–Erweiterungen untersucht.

Die Geräteeigenschaften von Tertiärspeichern zu verbergen wird u. a. erschwert, weil sich die Zugriffscharakteristika von optischen Platten und Bändern nicht nur extrem von denen der Magnetplatten unterscheiden, sondern auch untereinander um Größenordnungen auseinander liegen. **Optische Platten** haben wir sogar nach Grundfunktionalität, nämlich nach **(Wieder–)Beschreibbarkeit** klassifiziert. Für datenbankintegriertes Archivieren müssen sie mindestens einmal–beschreibbar sein (z. B. CD–Rs, WORM– und MO–Platten). **Magnetbandspeicher** haben wir nach der **Aufzeichnung der Spuren** eingeteilt, weil daraus Anwendungsbeschränkungen resultieren. Longitudinal–Bänder sind bei häufigen Start/Stop–Operationen den „Streamern" mit Helical–Scan–Aufzeichnung vorzuziehen. Das ideale Tertiärspeichermedium existiert nicht, aber der um Größenordnungen geringere Preis pro GByte Kapazität und die Robustheit positionieren Tertiärspeicher für Archivierungszwecke grundsätzlich vor Sekundärspeicher, also vor Magnetplatten.

---

[1] Es genügt auch nicht, eine *ganze* ObjectStore–Datenbank – dies ist logisch das einzige „Verteilungsgranulat" und physisch genau eine Datei – über die Dateisystemschnittstelle des Betriebssystems anzusprechen und durch (meist nicht transaktionsgeschützte) Netzsoftware Tertiärspeicher–Dateisysteme einzuhängen.

Ein notwendiges, von optischen Platten und Magnetbandkassetten erfülltes Eignungskriterium ist ihre Einsetzbarkeit in Platten- bzw. Bandrobotern. Wir betrachten die zunehmende technologische Reife von *Nearline*-Speichersystemen als Voraussetzung und Motivation für anwendungsorientiertes DB–Archivieren. Nur so sind ein quasi–direkter Zugriff auf hohe Datenvolumina kostengünstig möglich und eine Medienverwaltung automatisierbar. Da Archivauslagerungen und –zugriffe nicht im selben Maße zeitkritisch sind wie OLTP–Anwendungen, fallen Performance–Einbußen durch Nearline– vs. Online–Speicherung weniger ins Gewicht. Dennoch müssen bei der Integration von Robotersystemen in DBS nicht nur Funktionalitätsbeschränkungen von Speichermedien kompensiert, sondern auch ein DBS–verträgliches Zugriffszeitverhalten[2] erzielt werden. In Robotersystemen haben *Medienwechsel* Zugriffszeitverzögerungen von Dutzenden von Sekunden zur Folge. Neben der Reduzierung der Anzahl zeitaufwendiger Medienwechsel gehört die Erhöhung der Geräteunabhängigkeit zu unseren Hauptargumenten für den **Einsatz log–strukturierter Tertiärspeichersysteme (LTS)**. Aktuelle Studien belegen nicht nur, daß LTS schreiboptimiert arbeiten (und dabei bezüglich der Zugriffszeiten in die Nähe von Sekundärspeichern kommen). Auch das Zeitverhalten beim sequentiellen Lesen nach transaktionslasttypischen Aktualisierungen (die beim Archivieren eher selten stattfinden) verschlechtert sich nicht wesentlich gegenüber einer konventionellen Nearline–Speicherorganisation. Im Falle von Mengenorientierung bei der Auslagerung von DB–Seiten – dem LTS werden mehrere Blöcke auf einmal übergeben – kann die sich negativ auf das Leistungsverhalten auswirkende Fragmentierung des physischen Tertiärspeicheradreßraums begrenzt werden.

Weiterhin beschreibt Kapitel 6 dieser Arbeit unserere **prototypische Integration eines LTS** in das erweiterbare DBMS Postgres. Im Vorfeld der Kopplung haben wir Postgres95 Version 1.0 auf AIX 4.1.3 (für IBM RISC System/6000) portiert, die notwendigen Änderungen auf dem E–Mail–Exploder für Postgres–Benutzer am 22. 11. 1995 bekanntgegeben und dadurch zur Lauffähigkeit der Folgeversionen von Postgres auf mehr Plattformen beigetragen. Zur Einbindung des **neu implementierten LTS–Device–Managers** benutzen wir den vorhandenen *Storage–Manager–Switch*. So wird es möglich, beliebige Postgres–Relationen, insbesondere Archivrelationen, auf einem breiteren Spektrum von Tertiärspeichern anzulegen und auf die Relationen mit DB–Operationen zuzugreifen. Durch die Adreßindirektion im LTS – unterhalb einer blockorientierten E/A–Schnittstelle – werden wahlfreie (auch Schreib–)Zugriffe unterstützt, so daß die Einschränkungen des zuvor an Postgres angeschlossenen WORM–Device–Managers entfallen.

In unserem **Architekturvorschlag** für ein **DBS mit Archiv–Manager** ist die Tertiärspeicherverwaltung auf unterster Ebene anzusiedeln, wobei das

---

[2] Man vergleiche hierzu „langlaufende Anfragen" (im Minutenbereich) und interne Zeitschranken in DBS, nach denen z. B. bei erfolglosen Plattenzugriffen Recovery–Maßnahmen eingeleitet werden, Deadlocks aufgelöst werden etc. („Time–Outs" im Sekundenbereich).

Einbringen von Archivierungsfunktionalität verschiedene Auswirkungen auf das „Rest–DBS" hat. Wir haben einen Ansatz vorgestellt, der gegenüber anderen „first class"–Integrationen von Tertiärspeicher die diesbezüglichen Auswirkungen minimal hält. Je weniger Eingriffe in das DBS vorgenommen werden müssen, desto leichter sollte die Systemwartung fallen und der Austausch von Komponenten möglich sein. Im Falle Postgres braucht kein neuer, gerätespezifischer Device–Manager (mit Recovery, Cache–Management etc.) implementiert und in das DBS „hineincodiert" werden, um von künftigen Fortschritten in der Speichertechnologie zu profitieren.

7.2 Ausblick

Natürlich konnten angesichts der Spannweite und Originalität der Themenstellung verschiedene Fragen nicht erschöpfend beantwortet werden. Anknüpfend an den gerade aufgegriffenen Architekturvorschlag müssen die Ebenen oberhalb der Tertiärspeicherverwaltung, insbesondere die Schnittstellen zwischen Archiv–Manager und „Rest–DBS", spezifiziert werden. Hieraus leiten sich **weiterführende implementierungsnahe Arbeiten** ab: Bereits erwähnt haben wir die wünschenswerte Einrichtung effizienzsteigernder *Archiv-Zugriffspfade*, die auf Sekundärspeicher liegen und auf tertiärspeicherresidente Daten verweisen. Nur mit dem Hinweis auf Archivierungssperren und ArchivTransaktionen [KSH96] wurde der *Mehrbenutzerbetrieb* „abgehandelt". Wir sehen zwar keinen dringenden Bedarf für konkurrierende Archivierungsaufträge (und keine Konflikte bei den überwiegenden, lesenden Archivzugriffen), aber die Notwendigkeit der Synchronisation zwischen laufendem DB-Betrieb und Archivierung. Im Falle von SDAI–integriertem Archivieren sollten Synchronisationsprotokolle im Zuge der Überarbeitung des SDAI-Transaktionskonzepts untersucht werden.

Aber auch an der **E/A–Schnittstelle zwischen DBS und LTS** besteht Optimierungspotential. Postgres ist insofern repräsentativ für viele Systeme, als typischerweise genau ein (einige KByte großer) Block pro E/A–Anforderung gelesen oder geschrieben wird. Wenn sich der Übergang zu mengenorientiertem Blockzugriff im DBS nicht durchsetzen läßt, schlagen wir die Beeinflussung der LTS-internen Caching- bzw. Prefetch-Strategie vor: Das DBS könnte dem LTS über spezielle Aufrufe mitteilen, daß nach dem nächsten angeforderten oder übergebenem Block mit hoher Wahrscheinlichkeit die nachfolgenden n Blöcke verarbeitet werden. Eine andere Strategie mit stärker deskriptivem Charakter besteht z. B. darin, einen Block möglichst erst dann aus dem LTS–Segmentpuffer auf ein Medium zu verdrängen, wenn mindestens zwei Schreibzugriffe auf den Block erfolgt sind. Hiermit wird die Postgres-Eigenart berücksichtigt, daß Commit–Zustände und Transaktionszeiten nachträglich eingetragen werden. Für andere DBS lassen sich vergleichbare Heuristiken formulieren.

Aktuelle Forschungsarbeiten auf dem Gebiet der Nearline–Speicherorganisation tragen zur **Aufwertung des LTS–Ansatzes** wie folgt bei. *Array*–Architekturen haben für Sekundärspeicher bereits Marktreife erlangt (Disk-Farms, RAID–Platten [Gib92, Zab94]). Für Tertiärspeicher hingegen zeichnet sich ab, daß die auf Magnetplatten zugeschnittenen *Striping*–Granulate und –Algorithmen für Medien in Robotersystemen nicht angemessen sind [SGM86, GMW95]. Aber auch hier verspricht die Kernidee, einen Datenstrom zu partitionieren und verschiedene Medien parallel zu beschreiben bzw. zeitgleich zu lesen, einerseits einen Performance–Gewinn und andererseits eine erhöhte Fehlertoleranz (durch Parität bzw. Redundanz). Bezüglich langfristiger Datenhaltung gewinnt die Restaurierbarkeit des Datenbestandes eines ggf. defekten Mediums aus den vorhandenen Medien an Bedeutung. Man beachte, daß konventionelle Datensicherung (simples Kopieren) angewendet auf ein TByte–großes Tertiärspeichersystem extrem zeitaufwendig ist und redundantes paralleles Schreiben sinnvoller erscheint [BS95]. Für eine in [SF95] (für das Deutsche Klimarechenzentrum Hamburg im Jahr 2005) prognostizierte Archivkapazität von mehreren PByte dürfte ein Komplett-Backup mit heutigen Verfahren undurchführbar sein. In [FMB96] werden Array–Architekturen dahingehend verallgemeinert, daß einzelne, möglichst kleine Robotersysteme (Jukeboxen) die Einheiten sind, über die das Striping erfolgt – es resultiert ein sog. *RAIL–System (Redundant Array of Independent Libraries)*. Der Einsatz mehrerer kleiner statt eines großen Robotersystems bietet bei annähernd gleichen Kosten verschiedene Vorteile: Erhöhung der Parallelität (mehr Greifer und Laufwerke gleichzeitig verfügbar), Verkürzung der Zugriffszeiten pro Jukebox (kürzere Wege, leichtere und deshalb schnellere Robotermechanik) und – je nach Datenpartitionierung – Tolerierbarkeit des Komplettausfalls einer Jukebox.

Zu den aufschlußreichen Folgearbeiten im Rahmen von datenbankintegriertem Archivieren zählt folglich die **Simulation** verschiedener zu archivierender Datenmengen und die vergleichende **Analyse des Zugriffszeitverhaltens, der Fehlertoleranz und des Kostenaufwandes** bei Einsatz

- von kommerziellen Jukeboxen,
- eines LTS wie in Abschnitt 6.4.2 skizziert bzw.
- eines RAIL–basierten LTS mit verschiedenen Partitionierungs/Striping–Strategien.

Weiterführende Konzeptarbeit regen wir im Zusammenhang mit den in den Abschnitten 4.3 und 5.7 aufgeworfenen Fragestellungen an: Zum einen für SQL– und zum anderen für SDAI–integriertes Archivieren sollten noch Überlegungen zur syntaktischen Spezifikation und Semantik komplexer **Beziehungen zwischen aktivem Datenbestand und Archiv** angestellt werden. Das schließt die mehrfach angesprochene Problematik der *Versionierung* von Daten und Metadaten – eine Form der Behandlung von *Schemaevolution* – ein. Eine Studie wert dürfte der Ansatz sein, Daten nicht komplett mit **Move**–Semantik zu archivieren, d. h., nur einen Teil der zu archivierenden Daten auszulagern und die zur Aufrechterhaltung von Integritätsbedingungen erforderlichen Daten in der aktuellen Datenbank *und* im Archiv vorzuhalten.

Das Archivieren von *logischen Datengranulaten*, wie wir es bewußt allgemein ausgedrückt und für „Standard"–RDBS und EXPRESS/SDAI–DBS konkretisiert haben, kann auf **Objekte in Multimedia–DBS** übertragen werden [MW91, KB96]. Nicht nur für Textdokumente wird im Rahmen der *SQL/MM*–Normung an ADT–Bibliotheken gearbeitet [Gal95]. Je mehr Objekte mit Raumbezug, Bilder, Töne etc. in DBS gespeichert werden, desto stärker werden auch Konzepte zu ihrer Archivierung und langfristigen Nutzung gefragt sein.

Die gegenwärtige Datenverwaltungspraxis sieht überwiegend so aus, daß Daten bzw. Objekte nicht nur in DBS residieren, sondern auf verschiedene Dateiverwaltungssysteme und heterogene DBS verteilt sind. An dieser Situation wird sich in naher Zukunft vermutlich nur langsam etwas ändern. Forschungs- und Entwicklungsprojekte laufen, um Referenzen zwischen Datenbankinhalten und externen Dateien (sowie weitgehend die Dateien selbst) unter DBS–Kontrolle zu bringen [NR95]. Auf dieser Basis dürfte die Arbeit an **systemübergreifenden Archivierungslösungen** – mit anwendungsorientiertem DB–Archivieren als „Baustein" – eine erfolgversprechende Herausforderung sein.

Abkürzungsverzeichnis

Aufgeführt sind nur jene Abkürzungen, die mehrfach verwendet werden und in engem Zusammenhang mit dem Thema stehen (also z. B. nicht ASCII, IEEE, MVS, ftp).

ADT	Abstrakter Datentyp
AM	Archiv–Manager
AO	Archive Object
AOC	Archive Object Content
AOD	Archive Object Description
AP	Application Protocol
API	Application Programming Interface
BLOB	Binary Large Object
BOT	Begin of Transaction
CAD	Computer Aided Design
CAx	Computer Aided ...
CGM	Computer Graphics Metafile
CI	Coded Information
COLD	Computer Output on Laser Disk
COM	Computer Output on Microfilm
DB	Datenbank
DBMS	Datenbank–Management–System
DBS	Datenbanksystem
DDL	Data Definition Language
DFR	Document Filing and Retrieval
DML	Data Manipulation Language
DTD	Document Type Description
E/A	Ein-/Ausgabe
ECC	Error Correction Code
EDB	Engineering–Datenbank
EDM	Engineering Data Management
EOT	End of Transaction
FITS	Flexible Image Transport System
HDF	Hierarchical Data Format
HD–ROM	High Density Read Only Memory
HTML	Hypertext Markup Language

IDL	Interface Definition Language
IR	Integrated Resource
IRDS	Information Resource Dictionary System
LTS	Log–strukturiertes Tertiärspeichersystem
MADT	Medienspezifischer Abstrakter Datentyp
MO	magneto-optisch
NCI	Non–Coded Information
NF^2	Non–First Normal Form
OCR	Optical Character Recognition
ODA	Office Document Architecture
ODBS	objektorientiertes Datenbanksystem
ODIF	Office Document Interchange Format
ODL	Object Definition Language
OID	Object Identifier
OLTP	Online Transaction Processing
OML	Object Manipulation Language
OQL	Object Query Language
PDES	Product Data Exchange Using STEP
RAID	Redundant Array of Inexpensive Disks
RDBS	relationales Datenbanksystem
SDAI	STEP Data Access Interface
SGML	Standard Generalized Mark-up Language
SQL	Structured Query Language
STEP	Standard for the Exchange of Product Model Data
TIFF	Tag Image File Format
VLDB	Conference on Very Large Databases
WORM	Write Once, Read Many (Times)
XBSA	X/OPEN Backup Services API

Abbildungsverzeichnis

Literaturverzeichnis

[ABD+89]   M. Atkinson, F. Bancilhon, D. J. DeWitt, K. Dittrich, D. Maier, S. Zdonik. The Object–Oriented Database System Manifesto. In *1st Int. Conf. on Deductive and Object–Oriented Databases*, Kyoto, Dezember 1989. Auch in [Sto94a].

[ABY95]   N. R. Adam, B. K. Bhargava, Y. Yesha (Hrsg.). *Digital Libraries*, *LNCS* Band 916. Springer–Verlag, Berlin, 1995.

[AFS89]   S. Abiteboul, P. C. Fischer, H.-J. Schek (Hrsg.). *Nested Relations and Complex Objects in Databases*, *LNCS* Band 361. Springer–Verlag, Berlin, 1989.

[AHBE+92]   E. Al-Hasani, M. Berneiser, G. Erlemann u.a. *Archivierung von DV–Informationen auf optischen Speicherplatten*. AWV–Eigenverlag, Eschborn, 1992.

[ALP91]   J. Andany, M. Leonard, C. Palisser. Management Of Schema Evolution In Databases. In *17th VLDB*, S. 161–170, Barcelona, September 1991.

[Alt96]   J. Alt. *Effiziente Konsistenzprüfung durch Funktionenmaterialisierung*. Dissertation, Universität Karlsruhe, Februar 1996.

[AN91]   R. Ahmed, S. B. Navathe. Version Management of Composite Objects in CAD Databases. In *ACM SIGMOD Int. Conference on Management of Data*, S. 218–227, Denver, CO, Mai 1991.

[And93a]   R. Anderl. *CAD–Schnittstellen*. Carl Hanser Verlag, München, 1993.

[And93b]   R. Anderl. STEP – Grundlagen der Produktmodelltechnologie. In *Datenbanksysteme in Büro, Technik und Wissenschaft*, S. 33–53, Braunschweig, März 1993. Springer–Verlag.

[AW95]   R. Anderl, A. Wasmer. Methoden zur Modellintegration im Produktentwicklungsprozeß. *Informationstechnik und Technische Informatik*, 37(5):18–24, 1995.

[Bak96]   B. Baker. Doing Business with the Web: The Informix/Illustra Approach. In *5th Int. Conference on Extending Database Technology (EDBT)*, S. 364–369, Avignon, März 1996.

[Bay95]   R. Bayer. Document Management as a Database Problem. In *21st VLDB*, S. 7–10, Zürich, September 1995.

[BBH+92]   E. Bohatiuk, F. K. Breitling, W. Herbold u.a. *Aufbewahrungspflichten und -fristen nach Handels- und Steuerrecht*. Erich Schmidt–Verlag, Berlin, 1992.

[Bee90]   C. Beerie. A Formal Approach to Object–Oriented Databases. *Data and Knowledge Engineering*, 5(4):353–382, 1990.

[BEG95]   R. Buck-Emden, J. Galimow. *Die Client/Server–Technologie des SAP–Systems R/3*. Addison–Wesley, Bonn, 1995.

[Bel96]   E. A. Bell. Next–Generation Compact Discs. *Scientific American*, 273(7):28–32, 1996.

[BFGR93]   S. A. Brown, M. Folk, G. Goucher, R. Rew. Software for Portable Scientific Data Management. *Computers in Physics*, 7(3):304–308, Mai 1993.

[BG95]   R. M. Botting, A. N. Godwin. Analysis of the STEP Standard Data Access Interface Using Formal Methods. *Computer Standards and Interfaces*, 17(5/6):437–455, 1995.

[BH92]   V. Brosda, A. Herbst. Der Complex Object Server im Projekt Integriertes Informationssystem Produktion. In *4. GI–Workshop Grundlagen von Datenbanken*, S. 12–16, Barsinghausen, 1992. ECRC-92-13.

[BH93a]   J. Bizer, V. Hammer. Elektronisch signierte Dokumente als Beweismittel. *Datenschutz und Datensicherung – Recht und Sicherheit der Informations- und Kommunikationssysteme*, 17(11):619–628, 1993.

[BH93b]   V. Brosda, A. Herbst. Werkzeugunterstützte Datenintegration – Die Realisierung eines CIM–Systems. In *Wirtschaftsinformatik'93*, S. 362–377, Münster, März 1993. Physica–Verlag.

[BHG87]   P. A. Bernstein, V. Hadzilacos, N. Goodman. *Concurrency Control and Recovery in Database Systems*. Addison–Wesley, Reading, MA, 1987.

[BK89]   P. Baumann, D. Köhler. APRIL: Another PRODAT Implementation. Technischer Bericht FAGD-89i007, Fraunhofer–Institut für Graphische Datenverarbeitung, Darmstadt, 1989.

[BKM94]   N. Brändli, W. Käfer, B. Malle. Enhancing Product Documentation with New Information Technology Systems Based on STEP. In *27th Int. Symposium on Automotive Technology and Automation, Dedicated Conf. on Mechatronics*, S. 429–436, Aachen, November 1994. Automotive Automation Ltd.

[Bla95]   J. A. Blakeley. OQL[C++]: Extending C++ with an Object Query Capability. In W. Kim (Hrsg.), *Modern Database Systems*, S. 69–88. Addison–Wesley, Reading, MA, 1995.

[BLB96]   H. Bögeholz, J. Loviscach, B. Behr. Report Wechselmedien: Wechselplatte, Datenband oder CD–R? *c't Magazin für Computertechnik*, (8):112–126, August 1996.

[Ble95]   L. Blenke. STEP – die Norm zur systemunabhängigen Produktdatenverwaltung. In V. Brosda, T. Jaspersen (Hrsg.), *Lean Information Management*, S. 120–135. Datacom–Verlag, Bergheim, 1995.

[BOVW95]   C. Böhm, A. Oppitz, P. Vogel, S. Wiesener. Prints of the 17th Century in a Distributed Digital Library System. In *6th International Conference on Database and Expert Systems Applications (DEXA'95)*, London, September 1995. Springer–Verlag.

[BR94]   K. Böhm, T. C. Rakow. Metadata for multimedia documents. *SIGMOD Record (Special Issue on Meta-data for Digital Media)*, 23(4):21–26, Dezember 1994.

[Bro95]   V. Brosda. Produktdaten und Online–Informationen. In V. Brosda, T. Jaspersen (Hrsg.), *Lean Information Management*, S. 111–119. Datacom–Verlag, Bergheim, 1995.

[BS95]   P. Braun, M. Stonebraker. BigSur: A System For the Management of Earth Science Data. In *21st VLDB*, S. 720–728, Zürich, September 1995.

[Bü96]   K. Bühnert. Archivierungsfunktionalität für Datenbanken; Konzepte zur Erweiterung eines DBMS. Diplomarbeit, Technische Universität Ilmenau, März 1996.

[Bur93]   W. C. Burkett. The Semantics of Subtypes and Supertypes. In *3rd Int. EXPRESS Users Group Conference*, Berlin, Oktober 1993.

[BY95]   W. C. Burkett, Y. Yang.   The STEP Integration Information Architecture. *Engineering with Computers*, 11(3):136–144, 1995.

[CACS94]   V. Christophides, S. Abiteboul, S. Cluet, M. Scholl. From Structured Documents to Novel Query Facilities.   In *ACM SIGMOD Int. Conference on Management of Data*, S. 313–324, Minneapolis, MN, Mai 1994.

[Cat96]   R. G. G. Cattell (Hrsg.). *The Object Database Standard: ODMG-93, Release 1.2.* Morgan Kaufmann, San Mateo, CA, 1996.

[CDF+91]   M. J. Carey, D. J. DeWitt, D. Frank, G. Graefe, J. E. Richardson, E. J. Shekita, M. Muralikrishna. The Architecture of the EXODUS Extensible DBMS.   In K. R. Dittrich, U. Dayal, A. P. Buchmann (Hrsg.), *On Object-Oriented Database Systems*, S. 231–256. Springer-Verlag, Berlin, 1991.

[CDK+95]   L. T. Chen, R. Drach, M. Keating, S. Louis, D. Rotem, A. Shoshani. Efficient Organization and Access of Multi–Dimensional Datasets on Tertiary Storage Systems. *Information Systems*, 20(2):155–83, April 1995.

[CDN93]   M. J. Carey, D. J. DeWitt, J. F. Naughton. The 007 Benchmark. In *ACM SIGMOD Int. Conference on Management of Data*, S. 12–21, Washington, DC, Juni 1993.

[CDRS86]   M. J. Carey, D. J. DeWitt, J. E. Richardson, E. J. Shekita. Object and File Management in the EXODUS Extensible Database System. In *12th VLDB*, S. 91–100, Kyoto, August 1986.

[CFP95]   A. Celentano, M. G. Fugini, S. Pozzi. Knowledge–Based Document Retrieval in Office Environments: The Kabiria System.   *ACM Transactions on Information Systems*, 13(3):237–268, Juli 1995.

[CH93]   R. A. Coyne, H. Hulen. An Introduction to the Mass Storage System Reference Model, Version 5. In *12th IEEE Symposium on Mass Storage Systems*, S. 47–54, Monterey, CA, April 1993. IEEE Computer Society Press.

[Cha96]   D. D. Chamberlin. *Using the New DB2: IBM's Object–Relational Database System.* Morgan Kaufmann, San Francisco, CA, 1996.

[Chi94]   T. Chiueh. Content-Based Image Indexing. In *20th VLDB*, S. 582–593, Santiago, September 1994.

[CHL93]   M. J. Carey, L. M. Haas, M. Livny. Tapes Hold Data, Too: Challenges of Tuples on Tertiary Store. In *ACM SIGMOD Int. Conference on Management of Data*, S. 413–417, Washington, DC, Juni 1993.

[Chr85]   S. Christodoulakis. Issues in the Architecture of a Document Archiver using Optical Disk Technology. In *ACM SIGMOD Int. Conference on Management of Data*, S. 34–50, Austin, TX, Mai 1985.

[Cod70]   E. F. Codd.   A Relational Model for Large Shared Data Banks. *Communications of the ACM*, 13(6):377–387, Juni 1970.   Auch in [Sto94a].

[Cod79]   E. F. Codd. Extending the Database Relational Model to Capture More Meaning. *ACM Transactions on Database Systems*, 4(4):397–434, 1979.

[Cod90]   E. F. Codd. *The Relational Model for Database Management: Version 2.* Addison–Wesley, Reading, MA, 1990.

[CP94]   D. K. Campbell, K. Proehl. Optical Advances. *Byte*, 19(3):107–116, 1994.

[CPM96]   R. Cochrane, H. Pirahesh, N. M. Mattos. Integrating Triggers and Declarative Constraints in SQL Database Sytems. In *22nd VLDB*, S. 567–578, Bombay, September 1996.

[CR95]   J. Catozzi, S. Rabinovici. OS Support for VLDBs: Unix Enhancements for the Teradata Database. In *21st VLDB*, S. 696–701, Zürich, September 1995.

[CRH95]   L. F. Cabrera, R. Rees, W. Hineman. Applying Database Technology in the ADSM Mass Storage System. In *21st VLDB*, S. 597–605, Zürich, September 1995.

[Cru84]   R. A. Crus. Data Recovery in IBM Database 2. *IBM Systems Journal*, 23(2):178–188, 1984.

[CS87]   W. B. Croft, D. W. Stemple. Supporting Office Document Architectures with Constrained Types. In *ACM SIGMOD Int. Conference on Management of Data*, S. 504–509, San Francisco, CA, Mai 1987.

[CS89]   W. W. Chang, H. J. Schek. A Signature Access Method for the Starburst Database System. In *15th VLDB*, S. 145–153, Amsterdam, August 1989.

[CS92]   R. G. G. Cattell, J. Skeen. Object Operations Benchmark. *ACM Transactions on Database Systems*, 17(1):1–29, März 1992.

[CS93]   D. M. Choy, A. Saxena. A Model for Backup, Archive, and Restore – A Proposal to X/OPEN. Technischer Bericht RJ 9620, IBM Almaden Research Center, San Jose, CA, November 1993.

[Cur94]   D. Curtis. *What About ProductManager?* Maximum Press, Gulf Breeze, FL, 1994.

[Dan93]   G. Daniel. Elektronische Archivierung mit ARCHIVmanager (Firmenvortrag DEC). In *Projekt–Workshop Langzeitarchivierung von Produktdaten*, Daimler–Benz AG, Stuttgart, 27. Juli 1993. ProSTEP AP5.

[Dat95]   C. J. Date. *Relational Database Writings 1991–1994.* Addison–Wesley, Reading, MA, 1995.

[DD93]   C. J. Date, H. Darwen. *A Guide to the SQL Standard.* Addison–Wesley, Reading, MA, 3. Auflage, 1993.

[DFMV90]   D. J. DeWitt, P. Futtersack, D. Maier, F. Velez. A Study of Three Alternative Workstation-Server Architectures for Object Oriented Database Systems. In *16th VLDB*, S. 197–121, Brisbane, August 1990.

[Dit88]   K. R. Dittrich. Preface. In *Advances in Object-Oriented Database Systems*, *LNCS* Band 334. Springer–Verlag, Berlin, 1988.

[DKA⁺86]   P. Dadam, K. Küspert, F. Andersen, H. M. Blanken, R. Erbe, J. Günauer, V. Y. Lum, P. Pistor, G. Walch. A DBMS Prototype to Support Extended NF2 Relations: An Integrated View on Flat Tables and Hierarchies. In *ACM SIGMOD Int. Conference on Management of Data*, S. 356–367, Washington, DC, Mai 1986.

[DMMT95]   S. Deßloch, N. M. Mattos, B. Mitschang, J. Thomas. Design and Implementation of Advanced Knowledge Processing in the KBMS KRISYS. In *Datenbanksysteme in Büro, Technik und Wissenschaft*, S. 403–422, Dresden, März 1995. Springer–Verlag.

[Dol92]   C. M. Dollar. *Archival theory and information technologies: the impact of information technologies on archival principles and methods.* University of Macerata, Macerata, Italy, 1992. Auch in „Veröffentlichungen der Archivschule Marburg", Nr. 19.

[Dre95]   I. Drews. Leistungsmessung von STEP/SDAI auf der Basis eines OODBS. Diplomarbeit, Universität Kaiserslautern, Januar 1995.

[DT87]   P. Dadam, J. Teuhola. Managing Schema Versions in a time-versioned Non-First-Normal-Form Relational Database. In *Datenbanksysteme in*

Büro, Technik und Wissenschaft, S. 161–179, Darmstadt, April 1987. Springer–Verlag.

[DY92]   W. F. Danner, Y. Yang. STEP Development Methods: Specification of Semantics for Information Sharing. Technischer Bericht 4915, NIST, Gaithersburg, MD, 1992.

[Edi96]   Stanford University (WWW Page Editor). Electronic Storage Media. Responses to „Ensuring the Longevity of Digital Documents". http://palimpsest/stanford.edu/bytopic/electronic-records/electronic-storage-media, 1996.

[Egg88]   J. A. Eggers. Implementing EXPRESS in SQL. ISO TC184/SC4/WG1 Document N292, Oktober 1988.

[EHSS91]   M. Eigner, C. Hiller, S. Schindewolf, M. Schmich. *Engineering Database – Strategische Komponente in CIM–Konzepten*. Carl Hanser Verlag, München, 1991.

[Eic96]   M. Eichstädt. Extended Backup Capabilities for RDBMSs by the Coupling with IBM's ADSM. Diplomarbeit, Fernuniversität Hagen, März 1996.

[Eig96]   M. Eigner. PDM als Instrument zur Verwaltung dynamischer Produktkonfigurationen. *EDM Report*, (2):14–21, 1996.

[EL90]   J. Encarnação, P. C. Lockemann. *Engineering Databases*. Springer–Verlag, Berlin, 1990.

[EN94]   R. Elmasri, S. B. Navathe. *Fundamentals of Database Systems*. Benjamin/Cummings, Redwood City, CA, 2. Auflage, 1994.

[Erb96]   J. Erb. *Rekonstruktion von Informationen für die frühen Phasen der Konstruktion aus Gestaltdaten*. Dissertation, Universität Karlsruhe, Februar 1996.

[ESV86]   J. Encarnação, C. Schuster, E. Vöge (Hrsg.). *Product Data Interfaces in CAD/CAM Applications*. Springer–Verlag, Berlin, 1986.

[fADF90]   The Committee for Advanced DBMS Function. Third–Generation Database System Manifesto. *SIGMOD Record*, 19(3):31–44, 1990. Auch in [Sto94a].

[Fal88]   J. R. Falcone. The Bitfile Server in the IEEE Reference Model for Mass Storage Systems. In *9th IEEE Symposium on Mass Storage Systems*, S. 8–13, Monterey, CA, Oktober 1988. IEEE Computer Society Press.

[Fal94]   C. Faloutsos. Efficient and Effective Querying by Image Content. *Journal of Intelligent Information Systems*, 3(3/4):331–355, Juli 1994.

[Far94]   A. Farris. Modeling Complex Astrophysics Data. In *7th Int. Working Conference on Scientific and Statistical Database Management*, S. 149–158, Charlottesville, VA, September 1994. IEEE Computer Society Press.

[Far95]   C. Farrenkopf. SDAI–integriertes Archivieren von Daten unter Ausnutzung eines objektorientierten Datenbanksystems. Diplomarbeit, IBM WZH / Universität Mannheim, Juli 1995.

[FC87]   C. Faloutsos, S. Christodoulakis. Description and Performance Analysis of Signature File Methods. *ACM Transactions on Office Information Systems*, 5(3):237–257, 1987.

[FFG+93]   E. Finckh, K. Forster, I. Geis u.a. *Prozeßrechtliche Aspekte des Dokumenten–Managements mit elektronischen Speichersystemen*. AWV–Eigenverlag, Eschborn, 1993.

[FH95]   C. Farrenkopf, A. Herbst. SDAI–integrated Archiving of Product Data with Focus on STEP's Part 23. In *28th Int. Symposium on Automotive Technology and Automation, Dedicated Conf. on Mechatronics*, S. 99–106, Böblingen, September 1995. Automotive Automation Ltd.

[FJP90]   J. C. French, A. K. Jones, J. L. Pfaltz. Summary of the Final Report of the NSF Workshop on Scientific Database Management. *SIGMOD Record*, 19(4):33–40, Dezember 1990.

[FLM91]   G. Feldmeier, M. Laube, G. Müller. Management von Produktmodelldaten für die Fahrzeugentwicklung. *Informatik–Spektrum*, 14(2):81–87, April 1991.

[FM95]   D. A. Ford, J. Myllymaki. A Log–Structured Organization for Tertiary Storage. Technischer Bericht RJ 9941, IBM Almaden Research Center, San Jose, 1995.

[FM96]   D. A. Ford, J. Myllymaki. A Log–Structured Organization for Tertiary Storage. In *12th Int. Conf. on Data Engineering*, S. 20–27, New Orleans, LA, Februar 1996.

[FMB96]   D. A. Ford, R. J. T. Morris, A. E. Bell. Redundant Arrays of Independent Libraries (RAIL): A Tertiary Storage System. In *IEEE Compcon '96*, S. 280–285, Santa Clara, CA, Februar 1996.

[FMZ+95]   F. Ferrandina, T. Meyer, R. Zicari, G. Ferran, J. Madec. Database Evolution in the O2 Object Database System. In *21st VLDB*, S. 170–181, Zürich, September 1995.

[For96]   D. A. Ford. Dismountable Media Management in Tertiary Storage Systems. *IEEE Trans. on Knowledge and Data Engineering*, 1996. To appear.

[Fur91]   C. Furlani. PDES: Representing and Managing Product Data (Industrial Session). In *ACM SIGMOD Int. Conference on Management of Data*, S. 448, Denver, CO, Mai 1991.

[fWV94]   Arbeitsgemeinschaft für Wirtschaftliche Verwaltung (Hrsg.). *Bits & Bytes, Mikrofilm und Papier. ORGATEC–Forum Informationsspeicher der Gegenwart und Zukunft*. AWV–Eigenverlag, Eschborn, 1994.

[Gai88]   J. Gait. The Optical File Cabinet: A Random–Access File System for Write–Once Optical Disks. *IEEE Computer*, 21(6):11–22, Juni 1988.

[Gal95]   L. Gallagher. SQL MULTIMEDIA. http://www.jcc.com/sql_mm.html, Oktober 1995.

[GAP93]   H. Grabowski, R. Anderl, A. Polly. *Integriertes Produktmodell*. Beuth–Verlag, Berlin, 1993.

[GB95]   J. Gray, G. Bell. A Survey of Parallel Database Techniques and Systems. In *21st VLDB (Tutorial)*, S. 1–17, Zürich, September 1995.

[Gei96]   I. Geis. Die Beweiskraft von digitalen Daten ist eine Ermessensfrage. *EDM Report*, (2):52–59, 1996.

[Gel89]   J. P. Gelb. System–managed Storage. *IBM Systems Journal*, 28(1):77–103, 1989.

[GEPA94]   H. Grabowski, J. Erb, A. Polly, R. Anderl. STEP – Grundlage der Produktdatentechnologie: Aufbau und Entwicklungsmethodik. *CIM Management*, 10(4):45–51, 1994.

[GFH+94]   H. Grabowski, A. Fischer, A. Herbst, J. Kunz, B. Malle, R. Nill, R. Römhild, S. Rude, W. Stenke, B. G. Wenzel. Konzept zur Langzeitarchivierung von produktdefinierenden Daten. Technischer Bericht ProSTEP RP9306.502P, Universität Karlsruhe, RPK, Februar 1994.

[Gib92]   G. A. Gibson. *Redundant Disk Arrays*. MIT Press, Cambridge, 1992.

[GKR+94]   H. Grabowski, J. Kunz, S. Rude, A. Herbst, B. Malle. Langzeitarchivierung in ProSTEP. *CAD–CAM Report*, 10(4):48–53, April 1994.

[Gla93]   H. M. Gladney. A Storage Subsystem for Image and Records Management. *IBM Systems Journal*, 32(3):512–540, 1993.

[GMB+81]   J. Gray, P. McJones, M. Blasgen, B. Lindsay, R. Lorie, T. Price, F. Putzolu, I. L. Traiger. The Recovery Manager of the System R Database Manager. *ACM Computing Surveys*, 13(2):223–242, 1981.

[GMW95]   L. Golubchik, R. R. Muntz, R. W. Watson. Analysis of Striping Techniques in Robotic Storage. In *14th IEEE Symposium on Mass Storage Systems*, Monterey, CA, September 1995.

[GR93]   J. Gray, A. Reuter. *Transaction Processing: Concepts and Techniques*. Morgan Kaufmann, San Mateo, CA, 1993.

[Gra93]   G. Graefe. Options in Physical Database Design. *SIGMOD Record*, 22(3):73–83, September 1993.

[Gra95]   J. Gray. Super–Servers: Commodity Computer Clusters Pose a Software Challenge. In *Datenbanksysteme in Büro, Technik und Wissenschaft*, S. 26–47, Dresden, März 1995. Springer–Verlag.

[GS91]   H. Grabowski, B. Schilli. Konzepte zur Implementierung genormter Schnittstellen für den Produktdatenaustausch. *Informatik Forschung und Entwicklung*, 6(2):90–101, 1991.

[GSSZ93]   J. Gulbins, M. Seyfried, H. Strack-Zimmermann. *Elektronische Archivierungssysteme*. Springer–Verlag, Berlin, 1993.

[GW96]   J. Garrett, D. Waters (Hrsg.). *Preserving Digital Information – Report of the Task Force on Archiving of Digital Information*. The Commision on Preservation and Access / The Research Libraries Group, Mai 1996.

[Hä78]   T. Härder. *Implementierung von Datenbanksystemen*. Carl Hanser Verlag, München, 1978.

[Hä87]   T. Härder. Realisierung von operationalen Schnittstellen. In *[LS87]*. 1987.

[Hal90]   J. A. Hall. Seven Myths of Formal Methods. *IEEE Software*, 7(5):11–19, 1990.

[Ham96]   N. Hampshire. CD–ROM Advances Fuel Growth of Optical Storage. *CeBIT News*, S. 57–58, 16./16. März 1996.

[HCL+90]   L. Haas, W. Chang, G. Lohman u.a. Starburst Mid–Flight: As the Dust Clears. *IEEE Trans. on Knowledge and Data Engineering*, 2(1):143–160, März 1990. Auch in [Sto94a].

[HD93]   M. Härtig, K. R. Dittrich. Objektidentifikation in heterogenen Datenbanksystemen. In *Datenbanksysteme in Büro, Technik und Wissenschaft*, S. 296–305, Braunschweig, März 1993. Springer–Verlag.

[HDKS95]   M. Hardwick, B. Downie, M. Kutcher, D. Spooner. Using Delta Files to Implement Concurrent Engineering: Results of an Experiment. *IEEE Computer Graphics and Applications*, 15(1):62–68, 1995.

[Hed91]   M. Hedstrom. Understanding Electronic Incunabula: A Framework for Research on Electronic Records. *American Archivist*, 54(1):334–354, 1991.

[Hei93]   K. Heilhoff. Storage–Management–Lösungen. In H. P. Löw, G. Partosch (Hrsg.), *Verteilte Systeme – Organisation und Betrieb*, S. 166–175. Deutscher Universitätsverlag, 1993.

[Hel93]   H. J. Helpenstein (Hrsg.). *CAD Geometry Data Exchange Using STEP*. Research Reports ESPRIT. Springer–Verlag, Berlin, 1993.

[Hen92]   R. G. Henzler. *Information und Dokumentation*. Springer–Verlag, Berlin, 1992.

[Her93]   A. Herbst. STEP–basierte Ansätze für Archivierungssysteme. Technischer Bericht TN 93.01, IBM WZH, Heidelberg, August 1993.

[Her94a]   A. Herbst. Archiving of Data in an EXPRESS/SDAI Database. In *4th Int. EXPRESS Users Group Conference*, Greenville, SC, Oktober 1994. U.S. Product Data Association (1995).

[Her94b]   A. Herbst. Long–Term Database Support for EXPRESS Data. In *7th Int. Working Conference on Scientific and Statistical Database Management*, S. 207–216, Charlottesville, VA, September 1994. IEEE Computer Society Press.

[Her95a]   A. Herbst. Anwendungsorientiertes Archivieren in Datenbanksystemen – vertieft am Beispiel von EXPRESS und SDAI. In *Datenbanksysteme in Büro, Technik und Wissenschaft*, S. 194–211, Dresden, März 1995. Springer–Verlag.

[Her95b]   A. Herbst. Datenbankarchivierung von Produktdaten. In V. Brosda, T. Jaspersen (Hrsg.), *Lean Information Management*, S. 136–153. Datacom–Verlag, Bergheim, 1995.

[Heu89]   A. Heuer. Equivalent Schemes in Semantic, Nested Relational, and Relational Database Models. In *2nd Symposium on Mathematical Fundamentals of Database Systems*, *LNCS* Band 364. Springer–Verlag, Berlin, 1989.

[Heu92]   A. Heuer. *Objektorientierte Datenbanken: Konzepte, Modelle, Systeme*. Addison–Wesley, Bonn, 1992.

[Heu95]   S. E. Heun. Elektronisch erstellte oder übermittelte Dokumente und Schriftform. *Computer und Recht*, 11(1):2–7, 1995.

[HH93]   A. Herbst, F. Hanewinckel. CIM–Datenintegration mittels komplexer Objekte. *CIM Management*, 9(5):29–34, Oktober 1993.

[HKS95]   A. Herbst, K. Küspert, R. Schaarschmidt. Datenarchivierungsfunktionalität in der SQLx–Norm. In *6. Kolloquium Software–Entwicklung*, S. 31–40, Ostfildern, September 1995. Technische Akademie Esslingen.

[HL93]   H. J. Habermann, F. Leymann. *Repository: Eine Einführung*. Oldenbourg Verlag, München, 1993.

[HM94a]   A. Herbst, B. Malle. Core Functions of a Long–Term Archiving System for Product Data. In *27th Int. Symposium on Automotive Technology and Automation, Dedicated Conf. on Mechatronics*, S. 381–388, Aachen, November 1994. Automotive Automation Ltd.

[HM94b]   A. Herbst, B. Malle. Perspektiven für die Archivierung von CAD–Daten in einer STEP–Umgebung. In *CAD'94*, S. 583–600, Paderborn, März 1994. Carl Hanser Verlag.

[HM95]   A. Herbst, B. Malle. Electronic Archiving in the Light of Product Liability. In *Intellectual Property Rights and New Technologies (KnowRight'95)*, S. 155–160, Wien, August 1995. Oldenbourg–Verlag.

[HMGT90]   W. B. Harding, C. M.Clark, C. L. Gallo, H .Tang. Object Storage Hierarchy Management. *IBM Systems Journal*, 29(3):384–397, 1990.

[HMNR95]   T. Härder, B. Mitschang, U. Nink, N. Ritter. Workstation/Server–Architekturen für datenbankbasierte Ingenieuranwendungen. *Informatik Forschung und Entwicklung*, 10(2):55–72, 1995.

[HMWMS87]   T. Härder, K. Meyer-Wegener, B. Mitschang, A. Sikeler. PRIMA: A DBMS Prototype Supporting Engineering Applications. In *13th VLDB*, S. 433–442, Brighton, September 1987.

[Hö96]   G. Höfling. *Schema–Evolution in objektorientierten Datenbanksystemen*. Dissertation, Technische Universität München, Juni 1996.

[Hon95]   W. H. Honan. At the National Archives, Technology Has a Flip Side. *New York Times*, S. 27, 1 October (Late Edition) 1995.

[HR83]   T. Härder, A. Reuter. Principles of Transaction–Oriented Database Recovery. *ACM Computing Surveys*, 15(4):287–318, 1983. Auch in [Sto94a].

[HR96]   T. Härder, J. Reinert. Access Path Support for Referential Integrity in SQL2. *VLDB Journal*, 5(3):196–214, Juli 1996.

[HS91]   S. Haber, W. S. Stornetta. How to Time–Stamp a Digital Document. *Journal of Cryptology*, (3):99–111, 1991.

[HS95a]   A. Heuer, G. Saake. *Datenbanken – Konzepte und Sprachen*. Internat. Thomson Publ., Bonn, 1995.

[HS95b]   B. Heussen, M. Schmidt.   Inhalt und rechtliche Bedeutung der Normenreihe DIN/ISO 9000 bis 9004 für die Unternehmenspraxis. *Computer und Recht*, 11(6):321–332, 1995.

[HS96a]   B. K. Hillyer, A. Silberschatz.   Random I/O scheduling in online tertiary storage systems.   In *ACM SIGMOD Int. Conference on Management of Data*, S. 195–204, Montreal, Juni 1996.

[HS96b]   B. K. Hillyer, A. Silberschatz.   Storage Technology: Status, Issues, and Opportunities.   Technischer Bericht, AT & T Bell Laboratories, Murray Hill, NJ, 1996. Eingereicht zur Veröffentlichung.

[HSD$^+$94]   M. Hardwick, D. Spooner, B. Downie, M. Ferris, Z. Jiang, T. DeWeese. A STEP Entity Control System for Concurrent Engineering. In *1st Int. Conference on Concurrent Engineering*, Pittsburgh, PA, August 1994.

[HSRM96]   M. Hardwick, D. Spooner, T. Rando, K. C. Morris. Sharing Manu- facturing Information in Virtual Enterprises. *Communications of the ACM*, 39(2):46–54, Februar 1996.

[Hva96]   S.-O. Hvasshovd. *Recovery in Parallel Database Systems*. Verlag Vieweg, Wiesbaden, 1996.

[IBM94]   IBM ITSO, San Jose. *Using ADSM to Back Up Databases*, 1994. GG24-4335-00.

[IBM95a]   IBM Corp. *DATABASE 2 Administration Guide for Common Servers Version 2*, Juni 1995. S20H-4580-00.

[IBM95b]   IBM ITSO, San Jose. *Magstar and IBM 3590 – High Performance Tape Subsystem Technical Guide*, 1995. GG24-2506-00.

[Inf94]   Informix Software, Inc., Menlo Park, CA.   *INFORMIX–OnLine Dynamic Server. Archive and Backup Guide*, Dezember 1994. 000- 7627.

[ISO94a]   *ISO 10303-1: Industrial automation systems and integration – Product data representation and exchange – Part 1: Overview and fundamental principles*. Geneve, 1994.

[ISO94b]   *ISO 10303-11: Industrial automation systems and integration – Product data representation and exchange – Part 11: Description methods: The EXPRESS language reference manual*. Geneve, 1994.

[ISO94c]   *ISO 10303-21: Industrial automation systems and integration – Product data representation and exchange – Part 21: Implementation methods: Clear text encoding of the exchange structure*. Geneve, 1994.

[ISO96a]   *ISO 10303-22: Product data representation and exchange – Product data representation and exchange – Part 22: Implementation methods: STEP Data Access Interface*. 1996. Aktueller Status: DIS.

[ISO96b]   *ISO 10303-23: Product data representation and exchange – Part 23: C++ Programming Language Binding to the Standard Data Access Interface Specification*. 1996. Aktueller Status: CD.

[IW94]   B. R. Iyer, D. Wilhite. Data Compression Support in Databases. In *20th VLDB*, S. 695–704, Santiago, September 1994.

[Jen94]   C. S. Jensen. Vacuuming in TSQL2. Commentary, TSQL2 Language Design Committee, September 1994.

[JM90]   C. S. Jensen, L. Mark.   A Framework for Vacuuming Temporal Databases.   Computer Science Technical Report Series 20742, University of Maryland, College Park, 1990.

[Kä92]   W. Käfer. *Geschichts- und Versionsmodellierung komplexer Objekte.* Dissertation, Universität Kaiserslautern, 1992.

[Kap94]   E. Kapetanios. Anforderungen an die Datenbanktechnologie zur Verwaltung von Satellitendaten für die Fernerkundung atmosphärischer Parameter (Klimaforschung). In H. Kremers (Hrsg.), *Umweltdatenbanken, Praxis der Umwelt–Informatik*, , S. 87–109. Metropolis–Verlag, 1994.

[Kat90]   R. H. Katz. Towards a Unified Framework for Version Modeling in Engineering Databases. *ACM Computing Surveys*, 22(4):375–408, 1990.

[Kat91]   R. H. Katz. High Performance Network and Channel–Based Storage. Technischer Bericht Sequoia 2000 91/2, Univ. of California, Berkeley, 1991.

[KB96]   S. Khoshafian, A. B. Baker. *Multimedia and Imaging Databases.* Morgan Kaufmann, San Francisco, CA, 1996.

[KC86]   S. Khoshafian, G. P. Copeland. Object Identity. In *ACM SIGPLAN Conf. on Object–Oriented Programming Systems and Languages*, S. 406–416, Portland, OR, September 1986. Auch in [ZM90].

[Kem94]   A. de Kemp. New ways in dissemination of information. In B. Blunden, M. Blunden (Hrsg.), *The electronic publishing business and its market*, S. 507–514. IEPRC/Pira International, Leatherhead, 1994.

[KHGMP91]   R. P. King, N. Halim, H. Garcia-Molina, C. A. Polyzois. Management of a Remote Backup Copy for Disaster Recovery. *ACM Transactions on Database Systems*, 16(2):338–368, 1991.

[Kho93]   S. Khoshafian. *Object–Oriented Databases.* John Wiley & Sons, New York, 1993.

[Kie95]   R. Kiehnlein. Konzeption einer STEP–Datenbank auf dem Datenbanksystem INFORMIX. Diplomarbeit, Friedrich-Alexander-Universität Erlangen–Nürnberg, November 1995.

[KKG90]   R. Koch, F. Kistenmacher, R. Grempe. Informationsmanagement und Archivierung im technischen Bereich. *VDI–Z*, 132(3):58–62, 1990.

[Kle92]   K. Klement. *Präsentation mit STEP.* Springer–Verlag, Berlin, 1992.

[KMMW93]   R. Käckenhoff, D. Merten, K. Meyer-Wegener. Eine vergleichende Untersuchung der Speicherungsformen für multimediale Datenobjekte. In *Datenbanksysteme in Büro, Technik und Wissenschaft*, S. 164–180, Braunschweig, März 1993. Springer–Verlag.

[KMMW94]   R. Käckenhoff, D. Merten, K. Meyer-Wegener. MOSS as a Multimedia-Object Server. In *2nd Int. Workshop on Advanced Teleservices and High Speed Communication Architectures*, Heidelberg, September 1994. Springer–Verlag.

[KNS94]   M. Koethe, A. Nieva, F. Schönefeld. Product Data Exchange in Open Systems: The PISA Approach. In *Softwaretechnik in Automatisierung und Kommunikation – Datenbanken unter Realzeit- und technischen Entwicklungsanforderungen*, S. 101–118, Ilmenau, März 1994. VDE–Verlag.

[Kot89]   A. M. Kotz. *Triggermechanismen in Datenbanksystemen, Informatik–Fachberichte* Band 201. Springer–Verlag, Berlin, 1989.

[Kow95]   V. J. Kowalski. The POSC Solution to Managing E&P Data. In W. Kim (Hrsg.), *Modern Database Systems*, S. 281–301. Addison-Wesley, Reading, MA, 1995.

[KPCD⁺92]   R. H. Katz, D. A. Patterson, A. Chervenak-Drapeau, J. Fine, E. Miller. An Approach to Cost–Effective Terabyte Memory Systems. In *Compcon Spring '92*, San Francisco, CA, Februar 1992.

[KSH96]   K. Küspert, R. Schaarschmidt, A. Herbst. ArchivTransaktionen: Ein Ansatz für asynchrones, transaktionsgesichertes Archivieren in Datenbanksystemen. In *4. ITG/GI/GMA–Fachtagung Softwaretechnik in Automatisierung und Kommunikation*, S. 195–211, München, März 1996.

[KSS93]   J. T. Kohl, C. Staelin, M. Stonebraker. HighLight: Using a Log–Structured File System for Tertiary Storage Management. In *12th IEEE Symposium on Mass Storage Systems*, S. 157–161, Monterey, CA, April 1993. IEEE Computer Society Press.

[Küs85]   K. Küspert. *Fehlererkennung und Fehlerbehandlung in Speicherungsstrukturen von Datenbanksystemen, Informatik–Fachberichte* Band 99. Springer–Verlag, Berlin, 1985.

[Lan90]   C. Landscheidt. *Das neue Produkthaftungsrecht.* Verlag Neue Wirtschaftsbriefe, Herne/Berlin, 1990.

[Lau94]   N. Laurance. A High–level View of STEP. *Manufacturing Review*, 7(1):39–46, 1994.

[LAV95]   T. Liebig, R. Amor, M. Verhoef. A Comparison of Mapping Methods Available Within the Product Modelling Arena. In *5th Int. EXPRESS Users Group Conference*, Grenoble, Oktober 1995. U.S. Product Data Association.

[Les94]   M. Lesk. Experiments on Access to Digital Libraries: How can Images and Text be Used Together? In *20th VLDB*, S. 655–667, Santiago, September 1994.

[Ley94]   F. Leymann. Towards the STEP Neutral Repository. *Computer Standards and Interfaces*, 16(4):299–319, 1994.

[LG96]   T. J. Lehmann, P. Gainer. DB2 LOBs: The Teenage Years. In *12th Int. Conf. on Data Engineering*, S. 192–199, New Orleans, LA, Februar 1996.

[LH90]   B. Lindsay, L. Haas. Extensibility in the Starburst Experimental Database System. In *Database Systems of the 90s*, *LNCS* Band 466, S. 217–248. Springer–Verlag, Berlin, 1990.

[LH94]   D. Loffredo, M. Hardwick. Efficient Database Implementation of EXPRESS Information Models. In *4th Int. EXPRESS Users Group Conference*, Greenville, SC, Oktober 1994. U.S. Product Data Association (1995).

[LK95]   H. Lührsen, T. Krebs. STEP Databases as Integration Platform for Concurrent Engineering. In *2nd Int. Conference on Concurrent Engineering*, S. 131–142, McLean, VA, August 1995.

[LLOW91]   C. Lamb, G. Landis, J. Orenstein, D. Weinreb. The ObjectStore Database System. *Communications of the ACM*, 34(10):1–14, Oktober 1991. Auch in [Sto94a].

[LM95]   D. M. Levy, C. M. Marshall. Going Digital: A Look at Assumptions Underlying Digital Libraries. *Communications of the ACM*, 38(4):77–84, April 1995.

[Loc93]   P. C. Lockemann. Weiterentwicklungen relationaler Datenbanken für objektorientierte Anwendungen. *Informatik–Spektrum*, 16(2):81–88, 1993.

[Loe95]   I. Loesch (Hrsg.). *Archivsysteme: Marktübersicht, Peripherie, Recht, Informationen.* Veryda–Verlag, Starnberg, 1995.

[Lom95]   D. B. Lomet. The Case for Log Structuring in Database Systems. In *6th High Performance Transaction Systems Workshop (HPTS)*, Asilomar, CA, September 1995.

[LRW93]   H. Lührsen, T. Ruf, H. Wedekind. STEP–Datenbanken. *CIM Management*, 9(5):9–13, 1993.

[LS87]   P. C. Lockemann, J. W. Schmidt (Hrsg.).   *Datenbank–Handbuch*. Springer–Verlag, Berlin, 1987. Neuauflage in Vorbereitung.

[LS93]   D. B. Lomet, B. Salzberg. Exploiting a History Database for Backup. In *19th VLDB*, S. 380–390, Dublin, 1993.

[LSA95]   B. C. Lamartine, R. A. Stutz, J. B. Alexander. Digital Documents With Geologic Longevity. Los Alamos National Laboratory. Unveröffentlichter Bericht als FAX am 20. September an Autor, 1995.

[Lü96]   H. Lührsen. *Die Entwicklung von Datenbanken für das Produktmodell der ISO–Norm STEP*. Dissertation, Friedrich-Alexander-Universität Erlangen–Nürnberg, Juli 1996.

[Luf96]   J. Lufter. Trigger in DB2 Version 2: Beschreibung, Analyse, Bewertung sowie Anwendung für die Datenarchivierung. Studienarbeit, Friedrich–Schiller–Universität Jena, August 1996.

[Lyn94]   M. S. Lynn. Digital Preservation and Access: Liberals and Conservatives. In *RLG Symposium on Digital Imaging Technology for Preservation*, S. 1–9, Ithaca, NY, März 1994. The Research Libraries Group, Inc.

[Mac91]   B. Machner. Die Anwendung von EXPRESS–Spezifikationen für den konzeptuellen Datenbankentwurf. Technischer Bericht 6, Institut für Informatik und Rechentechnik, Berlin, 1991.

[Mai83]   D. Maier. *The Theory of Relational Databases*. Computer Science Press, Rockville, MD, 1983.

[Mai88]   D. Maier. *Principles of Database and Knowledge–Base Systems*. Computer Science Press, Rockville, MD, 1988.

[Mal90]   J. C. Mallinson. Magnetic Tape Recording: Archival Considerations. In *10th IEEE Symposium on Mass Storage Systems*, S. 58–61, Monterey, CA, Mai 1990. IEEE Computer Society Press.

[Mal96]   B. Malle. *Langzeitarchivierung von Produktdaten*. Dissertation, Universität Karlsruhe, Mai 1996.

[Mas94]   P. R. Mason. Image System Components and Standards. In *RLG symposium on Digital Imaging Technology for Preservation*, S. 25–40, Ithaca, NY, März 1994. The Research Libraries Group, Inc.

[McC94]   J. A. McCormick. *The New Optical Storage Technology*. Irwin Professional, New York, 1994.

[Mel94]   J. Melton.   Object Technology and SQL: Adding Objects to a Relational Language. *IEEE Bulletin of the Technical Committee on Data Engineering*, 17(4):15–26, Dezember 1994.

[Mel96a] J. Melton. Assessing SQL3's New Object Direction: A Shift in the Landscape. *Database Programming and Design*, 9(8):51–54, 1996.

[Mel96b] J. Melton. Why Standardize? *Database Programming and Design*, 9(2):60–63, 1996.

[Met96a] R. Van Meter. A Brief Survey of Current Work on Network Attached Peripherals. *Operating Systems Review*, 30(1):63–70, 1996.

[Met96b] F. Metzger. On the Usefulness of Mapping Tables in APs. Technischer Bericht ISO TC184/SC4/WG10 N60, ETH Zürich, IWF, März 1996.

[MH95]   C. D. Müller-Hengstenberg. Gilt die Produzenten-/Produkthaftung auch im Softwarebereich? In *6. Kolloquium Software–Entwicklung*, S. 13–24, Ostfildern, September 1995. Technische Akademie Esslingen.

[MHL⁺92] C. Mohan, D. J. Haderle, B. G. Lindsay, H. Pirahesh, P. Schwarz. ARIES: A Transaction Recovery Method Supporting Fine–Granularity Locking and Partial Rollbacks Using Write–Ahead Logging.

ACM Transactions on Database Systems, 17(1):94–162, März 1992. Auch in [Sto94a].

[Mit88]   B. Mitschang. *Ein Molekül–Atom–Datenmodell für Non–Standard– Anwendungen*, *Informatik–Fachberichte* Band 185. Springer–Verlag, Berlin, 1988.

[ML95]   J. Myllymaki, M. Livny. Disk–Tape Joins: Synchronizing Disk and Tape Access. In *ACM SIGMETRICS Conference*, S. 279–290, Ottawa, Mai 1995.

[MM94]   R. Müller-Meernach. Anforderungen an das Zeichnungsmanagement. *CAD–CAM Report*, 13(10):109–114, 1994.

[MMDF94]   K. C. Morris, M. Mitchell, C. Dabrowski, E. Fong. Database Management Systems in Engineering. In J. J. Marciniak (Hrsg.), *Encyclopedia of Software Engineering*, S. 282–308. John Wiley & Sons, New York, 1994.

[MMH96]   F. Marcial, J. Matthes, R. Hartmann. Digitale Archivierung mit EDM–Systemen. *CAD–CAM Report*, 15(5):74–81, 1996.

[MN93]   C. Mohan, I. Narang. An Efficient and Flexible Method for Archiving a Data Base. In *ACM SIGMOD Int. Conference on Management of Data*, S. 139–146, Washington, DC, Juni 1993.

[Moh93]   C. Mohan. A Survey of DBMS Research Issues in Supporting Very Large Tables. In *4th Int. Conference on Foundations of Data Organization and Algorithms*, S. 279–300, Chicago, IL, Oktober 1993.

[Moh95]   C. Mohan. Disk Read–Write Optimizations and Data Integrity in Transaction Systems Using Write–Ahead Logging. In *11th Int. Conf. on Data Engineering*, S. 324–331, Taipei, März 1995.

[Mor90]   K. C. Morris. Translating EXPRESS to SQL: A User's Guide. Technischer Bericht 4341, NIST, Gaithersburg, MD, 1990.

[Mou94]   R. P. Mount. Data Storage and Management for High–Energy Physics. In *13th IEEE Symposium on Mass Storage Systems*, S. 32–36, Annecy, Juni 1994. IEEE Computer Society Press.

[MR86]   L. Mark, N. Roussopoulos. Metadata Management. *IEEE Computer*, 19(12):26–36, Dezember 1986.

[MR92]   A. Michelson, J. Rothenberg. Scholarly Communication and Information Technology: Exploring the Impact of Changes in the Research Process on Archives. *American Archivist*, 55(2):236–315, 1992.

[MS93]   S. Monk, I. Sommerville. Schema Evolution in OODBs Using Class Versioning. *SIGMOD Record*, 22(3):16–22, September 1993.

[MSRD91]   U. Mehlhaus, S. Schneider, U. Rembold, R. Dillmann. Die Schemabeschreibungssprache EXPRESS des STEP–Standards und technische Datenbanksysteme – Eine Analyse. In *Datenbanksysteme in Büro, Technik und Wissenschaft*, S. 454–461, Kaiserslautern, März 1991. Springer–Verlag.

[Mv96]   J. D. Murray, W. vanRyper. *Encyclopedia of Graphics File Formats*. O'Reilly, 2. Auflage, 1996.

[MW91]   K. Meyer-Wegener. *Multimedia–Datenbanken*. B.G. Teubner–Verlag, Stuttgart, 1991.

[N+93]   W. Niblack u.a. The QBIC project: querying images by content using color, texture and shape. In *SPIE – Int. Society for Optical Engineering*, S. 173–187, San Jose, CA, Februar 1993.

[Nas95]   R. Nass. Which interface connects the disk drive to a system? *Electronic Design*, S. 57–68, Juli 1995.

[NFW93]   R. Nill, M. Fischer, B. Wenzel. STEP–basierte Datenbanken. *CAD– CAM Report*, 12(12):84–91, 1993.

[NHS84]   J. Nievergelt, H. Hinterberger, K. C. Sevcik. The Grid File: An Adaptable, Symmetric Multikey File Structure. *ACM Transactions on Database Systems*, 9(1):38–71, März 1984.

[Nic95]   M. Nicholson. Summary of Survey Results. In PDES Inc. (Hrsg.), *Product Data Archival and STEP Workshop*, NIST Gaithersburg, MD, April 1995.

[Nin95]   U. Nink. SDAI auf DBS implementieren und anwenden. In *Datenbanksysteme in Büro, Technik und Wissenschaft*, S. 383–392, Dresden, März 1995. Springer–Verlag.

[Nin96]   U. Nink. Effizienzbetrachtungen zu SDAI auf OODBS. In *CAD'96*, S. 430–445, Kaiserslautern, März 1996. PRODUserv Springer Produktions–Gesellschaft.

[Nö95]   A. Nöldechen. Steinzeit für Daten. *Computer Zeitung*, (27):2, 6. Juli 1995. Siehe auch CZ (28):15, 13. Juli 1995.

[Nö96]   A. Nöldechen. Holographie für Archive. *Computer Zeitung*, (26):4, 27. Juni 1996. Siehe auch CZ (28):20, 11. Juli 1996 und CZ (32):24, 8. August 1996.

[NR95]   I. Narang, R. Rees. DataLinks – Linkage of Database and File Systems. In *6th High Performance Transaction Systems Workshop (HPTS)*, Asilomar, CA, September 1995.

[NS96]   T. Nguyen, A. Srinivasan. Accessing Relational Databases from the World Wide Web. In *ACM SIGMOD Int. Conference on Management of Data*, S. 529–540, Montreal, Juni 1996.

[NW95]   R. Nagel, D. Wollscheid. Regelbasierte Stücklistenverwaltung mit SDAI auf einem OODBS. Projektarbeit, Universität Kaiserslautern, Januar 1995.

[Ols92]   M. A. Olson. Extending the Postgres Database System to Manage Tertiary Storage. Master's thesis, University of California, Berkeley, CA, 1992.

[ONT94]   ONTOS Inc., Lowell, MA. *ONTOS DB 3.0 Reference Manual*, 1994.

[Ope95]   X / Open (Hrsg.). *Systems Management: Backup Services API (XBSA)*. 1995. Preliminary Specification.

[Ora92]   Oracle Corp., Redwood City, CA. *ORACLE7 Server Concepts Manual*, Dezember 1992. 6693-70-1292.

[Ora96]   Oracle Corp., Open Systems Division, Redwood Shores, CA. *ORACLE7 Enterprise Backup Utility Release 2.0*, Januar 1996. White Paper C10640.

[OV93]   K. Oroszy, P. Voß. *Informationsmanagement: Auswahl von Speichermedien nach Eigenschaft und Wirtschaftlichkeit*. AWV–Eigenverlag, Eschborn, 1993.

[Owe93]   J. Owen. *STEP – An Introduction*. Information Geometers, Winchester, 1993.

[OWS93]   C. U. Orji, M. A. Weiss, J. A. Solworth. Improved Traditional Mirror. In *4th Int. Conference on Foundations of Data Organization and Algorithms*, S. 329–344, Chicago, IL, Oktober 1993.

[Pac95]   P. Pace. Oracle from a DB2 Perspective. *Database Programming and Design*, 8(7):41–48, 1995.

[PDE91]   PDES Inc. *A High–level Architecture for Implementing a PDES/STEP Data Sharing Environment*, Mai 1991. PTI017.03.00.

[PF93]   C. Pearson, S. Finkelstein. Requirements for Automated Storage Management for OLTP Systems. In *5th High Performance Transaction Systems Workshop (HPTS)*, Asilomar, CA, September 1993.

[PGK88]   D. A. Patterson, G. A. Gibson, R. H. Katz. A Case for Redundant Arrays of Inexpensive Disks (RAID). In *ACM SIGMOD Int. Conference on Management of Data*, S. 109–116, Chicago,IL, Juni 1988.

[PGM94]   C. A. Polyzois, H. Garcia-Molina. Evaluation of Remote Backup Algortithms for Transaction–Processing Systems. *ACM Transactions on Database Systems*, 19(3):423–449, 1994.

[Pin90]   M. Pins. *Analyse und Auswahl von Algorithmen zur Datenkompression unter besonderer Berücksichtigung von Bildern und Bildfolgen.* Dissertation, Universität Karlsruhe, 1990.

[Pis93]   P. Pistor. Objektorientierung in SQL3: Stand und Entwicklungstendenzen. *Informatik–Spektrum*, 16(2):89–94, 1993.

[PM88]   J. Peckham, F. Maryanski. Semantic Data Models. *ACM Computing Surveys*, 20(3):153–189, 1988.

[Pod95]   F. Podio. Minutes of the 1st Meeting of the AIIM International Optical Tape Study Group. Weiterleitung per E–Mail am 3. November an Autor, August 1995.

[Pri93]   A. Primbs. STEP/EXPRESS–Datenverwaltung mit einem objektorientierten Datenbanksystem. Diplomarbeit, IBM WZH / Universität Mannheim, Dezember 1993.

[PS91]   R. Paul, B. Sutter. Technisches Modellieren – Ein Zugang zur integrierten Produktdatenverwaltung. In *Datenbanksysteme in Büro, Technik und Wissenschaft*, S. 288–307, Kaiserslautern, März 1991. Springer–Verlag.

[Rah94]   E. Rahm. *Mehrrechner–Datenbanksysteme. Grundlagen der verteilten und parallelen Datenbankverarbeitung.* Addison–Wesley, Bonn, 1994.

[RDMP94]   T. C. Rakow, P. Dettling, F. Moser, B. Paul. Development of a Multimedia Archiving Teleservice using the DFR Standard. In *2nd Int. Workshop on Advanced Teleservices and High Speed Communication Architectures*, Berlin, September 1994. Springer–Verlag.

[Rei93]   J. Reinert. Referentielle Integrität – Schemaklassifikation und Algorithmen. *Informatik Forschung und Entwicklung*, 8(2):79–96, 1993.

[Reu81]   A. Reuter. *Fehlerbehandlung in Datenbanksystemen. Datenbank–Recovery.* Carl Hanser Verlag, München, 1981.

[Reu87]   A. Reuter. Maßnahmen zur Wahrung von Sicherheits- und Integritätsbedingungen. In *[LS87]*. 1987.

[RM94]   T. Rando, L. McCabe. Issues in Implementing the C++ Binding to SDAI. *Computer Standards and Interfaces*, 16(4):331–340, 1994.

[Rö96]   W. Röder. Datenbankbasiertes Archivieren. In *GI–Fachgruppentreffen Datenbanksysteme*, Darmstadt, März 1996. Datenbank–Rundbrief, Ausgabe 17, S. 169–178.

[Ros95]   M. Rosenblum. *The Design and Implementation of a Log–structured file system.* Kluwer Academic Publ., Norwell, 1995.

[Rot95]   J. Rothenberg. Ensuring the Longevity of Digital Documents. *Scientific American*, 272(1):24–29, 1995.

[Rot96]   J. Rothenberg. Metadata to Support Data Quality and Longevity. In *1st IEEE Metadata Conference*, Silver Spring, MD, April 1996.

[RP94]   T. Rando, M. Paoloni. Mapping EXPRESS/SDAI into the CORBA Standard. In *4th Int. EXPRESS Users Group Conference*, Greenville, SC, Oktober 1994. U.S. Product Data Association (1995).

[RRP95]   G. Russo, S. Russo, B. Pirenne. An Operating System Independent WORM Archival System. *Software–Practice and Experience*, 25(5):521–531, 1995.

[Run94]   N. Runge. Physical Database Design for ObjectStore Applications: A First Approach. Technischer Bericht TR 75.94.03, IBM WZH, Heidelberg, Juni 1994.

[RV93]   M. A. Roth, S. J. VanHorn. Database Compression. *SIGMOD Record*, 22(3):31–39, September 1993.

[RW95]   R. Reschke, M. West. STEP based Data Management for Petrochemical Industries. In *6th Int. Conf. on CALS and Enterprise Integration in Europe*, S. 184–198, Hamburg, Oktober 1995.

[Sä92]   U. Sälzer. Archivierungstechniken heute – Umfang, Art, Organisation, Volltextspeicherung, Scanner, Microfilm. *DIN–Mitteilungen 71*, (3):200–203, 1992.

[Sä93]   U. Sälzer. Rechnergestützte Erstellung und Austausch von Dokumenten. In *NormDOC'93*, S. 1.1–1.12, Berlin, November 1993. Beuth–Verlag.

[SAH87]   M. Stonebraker, J. Anton, M. Hirohama. Extendability in POSTGRES. *Data Engineering Bulletin*, 10(2):16–23, 1987.

[Sal93]   P. Salje. *Umwelthaftungsgesetz*. Beck–Verlag, München, 1993.

[Sam93]   U. E. Samel. Produkthaftungsgesetz und CAD–Archivierung. *CAD–CAM Report*, 12(5):138–144, 1993.

[Sar95]   S. Sarawagi. Query Processing in Tertiary Memory Databases. In *21st VLDB*, S. 585–596, Zürich, 1995.

[SB93]   F. Schönefeld, C. Böhm. Using EXPRESS Database Technology for Accessing NCBI Genomic Data. In *3rd Int. EXPRESS Users Group Conference*, Berlin, Oktober 1993.

[SCF+86]   P. Schwarz, W. W. Chang, J. C. Freytag, G. Lohman, J. McPherson, C. Mohan, H. Pirahesh. Extensibility in the Starburst Database System. In *Int. Workshop on Object–Oriented Database Systems*, S. 85–92, Pacific Grove, CA, September 1986.

[Sch91]   E. G. Schlechtendahl. STEP/EXPRESS/STEP–Datei. *Informatik–Spektrum*, 14(2):104–106, 1991.

[Sch94a]   U. Schuster. Entwicklung einer STEP–Datenbank auf dem objektorientierten System ObjectStore. Diplomarbeit, Friedrich-Alexander-Universität Erlangen–Nürnberg, Dezember 1994.

[Sch94b]   T. Schwarz. Linear Tape Systems Review. In National Media Lab (Hrsg.), *NML Storage Technology Assessment Final Report*. Juli 1994. http://www.nml.org/publications/NML_TR/.

[Sel93a]   P. G. Selinger. Predictions and Challenges for Database Systems in the Year 2000. In *19th VLDB*, S. 667–675, Dublin, 1993.

[Sel93b]   M. I. Seltzer. Transaction Support in a Log–Structured File System. In *9th Int. Conf. on Data Engineering*, S. 503–510, Vienna, April 1993.

[SF95]   W. Sell, H. Fichtel. Datenservices an einem Höchstleistungsrechenzentrum. In D. Wall (Hrsg.), *Organisation und Betrieb von DV–Versorgungssystemen*, S. 224–237. Deutscher Universitätsverlag, 1995.

[SGM86]   K. Salem, H. Garcia-Molina. Disk Striping. In *2nd Int. Conf. on Data Engineering*, S. 336–342, Los Angeles, CA, Februar 1986.

[Sha90]   P. Shaw. Database Language Standards. In *Database Systems of the 90s*, LNCS Band 466, S. 55–80. Springer–Verlag, Berlin, 1990.

[Sin93]   G. T. Sincerbox. Holographic Storage Re-visited. Technischer Bericht RJ 9274, IBM Almaden Research Center, San Jose, CA, März 1993.

[SK91]   M. Stonebraker, G. Kemnitz. The POSTGRES Next–Generation Database Management System. *Communications of the ACM*, 34(10):78–92, Oktober 1991. Auch in [Sto94a].

[SK95]   G. Sauter, W. Käfer. EXPRESS as the Common Data Model in
            Federated Database Systems. In *5th Int. EXPRESS Users Group
            Conference*, Grenoble, Oktober 1995. U.S. Product Data Association.

[SK96a]   K. Sandkuhl, P. Kindt. *Telepublishing.* Springer–Verlag, Berlin, 1996.

[SK96b]   G. Sauter, W. Käfer. BRIITY - A Mapping Language Bridging
            Heterogeneity. In *4. ITG/GI/GMA–Fachtagung Softwaretechnik in
            Automatisierung und Kommunikation*, S. 213–227, München, März
            1996.

[SM96]   M. Stonebraker, D. Moore. *Object–Relational DBMSs. The Next Great
            Wave.* Morgan Kaufmann, San Francisco, CA, 1996.

[Smi92]   J. M. Smith. *SGML and Related Standards.* Horwood, New York,
            1992.

[Sno95]   R. T. Snodgrass (Hrsg.). *The TSQL2 Temporal Query Language.*
            Kluwer Academic Publ., Boston, 1995.

[Spe88]   K. Spencer. Terabyte Optical Tape Recorder. In *9th IEEE Symposium
            on Mass Storage Systems*, S. 144–146, Monterey, CA, Oktober 1988.
            IEEE Computer Society Press.

[SPSW90]   H.-J. Schek, H. B. Paul, M. H. Scholl, G. Weikum. The DASDBS
            Project: Objectives, Experiences, and Future Prospects. *IEEE Trans.
            on Knowledge and Data Engineering*, 2(1):25–43, 1990.

[SR86]   M. Stonebraker, L. A. Rowe. The Design of POSTGRES. In
            ACM SIGMOD Int. Conference on Management of Data, S. 340–355,
            Washington, DC, Mai 1986.

[SR96]   R. Schaarschmidt, W. Röder. Datenbankbasiertes Archivieren im
            System SAP R/3 von SAP. Forschungsergebnisse der Fakultät
            für Mathematik und Informatik, Friedrich–Schiller–Universität Jena,
            September 1996.

[SS86]   H.-J. Schek, M. H. Scholl. The Relational Model with Relation–valued
            Attributes. *Information Systems*, 11(2):137–147, Juni 1986.

[SS96]   S. Sarawagi, M. Stonebraker. Benefits of Reordering Execution in
            Tertiary Memory Databases. In *22nd VLDB*, S. 156–167, Bombay,
            September 1996.

[SSP94]   L. P. Schardt-Sahelijo, M. Pastowsky. *Der IARD–Marktreport: Opto-
            elektronische Systeme für Imageverarbeitung, Archivierung, Informa-
            tion Retrieval, Dokumentenmanagement.* InnoVatio Verlags AG,
            Bonn, 2. Auflage, 1994.

[SSU91]   A. Silberschatz, M. Stonebraker, J. Ullman. Database Systems:
            Achievements and Opportunities. *Communications of the ACM*,
            34(10):110–120, Oktober 1991. Auch in [Sto94a].

[SSU95]   A. Silberschatz, M. Stonebraker, J. Ullman (Hrsg.). *Database Re-
            search: Achievements and Opportunities Into the 21st Century.* Report
            of an NFS Workshop on the Future of Database Systems Research, Mai
            1995. http://db.stanford.edu/pub/ullman/1995/lagii.ps.

[Sto87]   M. Stonebraker. The Design of the Postgres Storage System. In *13th
            VLDB*, S. 289–300, Brighton, September 1987. Auch in [Sto94a].

[Sto91]   M. Stonebraker. Managing Persistent Objects in a Multi-Level Store.
            In *ACM SIGMOD Int. Conference on Management of Data*, S. 2–11,
            Denver, CO, Mai 1991. Auch in [Sto94a].

[Sto94a]   M. Stonebraker (Hrsg.). *Readings in Database Systems.* Morgan
            Kaufmann, San Mateo, CA, 2. Auflage, 1994.

[Sto94b]   M. Stonebraker. Sequoia 2000 – A Reflection on the First Three Years.
            In *7th Int. Working Conference on Scientific and Statistical Database*

Management, S. 108–116, Charlottesville, VA, September 1994. IEEE Computer Society Press.

[Stö95]   U. Störl. Datensicherung (Backup und Restore) in relationalen und objektorientierten Datenbanksystemen sowie in TP–Monitoren: Forschungspläne, -ziele und -status. In *7. Workshop 'Grundlagen von Datenbanken'*, Hildesheimer Informatik–Berichte, 12/95, Bad Salzdetfurth, Juni 1995.

[STPS95]   U. Störl, A. Telschow, H.-B. Paul, N. Südkamp. DFR–Dokumentenverwaltung mit verschiedenen Datenhaltungssystemen: Konzepte, Vergleich und Erfahrungen. In *Datenbanksysteme in Büro, Technik und Wissenschaft*, S. 91–110, Dresden, März 1995. Springer–Verlag.

[SW49]   C. E. Shannon, W. Weawer. *The Mathematical Theory of Communication*. University of Illinois Press, 1949.

[SW94]   D. A. Schenck, P. R. Wilson. *Information Modeling: The EXPRESS Way*. Oxford University Press, New York, 1994.

[Syb94]   Sybase, Inc. *SyBooks – SQL Server and Open Client/Open Server, Release 10.0*, 1994.

[TCG$^+$93]   A. Tansel, J. Clifford, S. Gadia, S. Jajodia, A. Segev, R. Snodgrass. *Temporal Databases: Theory, Design, and Implementation*. Benjamin/Cummings, Menlo Park, CA, 1993.

[Tex96]   Open Text. Livelink Search – Technical Overview. White Paper, März 1996.

[TK78]   D. C. Tsichritzis, A. Klug. The ANSI/X3/SPARC DBMS Framework Report of the Study Group on Database Management Systems. *Information Systems*, 3(3):173–191, 1978.

[TPL95]   M. Tresch, N. Palmer, A. Luniewski. Type Classification of Semi– Structured Documents. In *21st VLDB*, S. 263–274, Zürich, September 1995.

[Tre94]   L. A. Treinish. Interactive Archives of Scientific Data. *Informatics and Telematics*, 11(4):333–349, November 1994.

[TS93]   M. Tresch, M. H. Scholl. Schema Transformation without Database Reorganization. *SIGMOD Record*, 22(1):21–27, März 1993.

[VD94]   J. Vuoskoski, M. Dach. Using EXPRESS in a High Energy Physics Research Environment. In *4th Int. EXPRESS Users Group Conference*, Greenville, SC, Oktober 1994. U.S. Product Data Association (1995).

[Vel95]   R. Velpuri. *Oracle Backup & Recovery Handbook*. Osborne McGraw– Hill, Berkeley, 1995.

[Ver95]   Versant Object Technology, Menlo Park, CA. *C++ VERSANT Reference Manual (Release 4)*, 1995.

[vGK94]   J. S. van Geuns, E. J. H. Kerckhoffs. Criticizing a Collaborative Standard System: The STEP Standard Data Access Interface. *System Research*, 11(4):3–16, 1994.

[Vos94]   G. Vossen. *Datenmodelle, Datenbanksprachen und Datenbankmanagement–Systeme*. Addison–Wesley, Bonn, 2. Auflage, 1994.

[VS91]   S. Vajna, W. Stenke. Wirtschaftliche Nutzung des digitalen Archivs. *CAD–CAM Report*, 10(5):143–149, 1991.

[Wal94]   S. Wallace. Managing Mass Storage. *Byte*, 19(3):78–89, 1994.

[WC95]   J. Widom, S. Ceri. *Active Database Systems*. Morgan Kaufmann, San Mateo, CA, 1995.

[Wed94]   H. Wedekind. Are the Terms „Version" and „Variant" Orthogonal to One Another? – A Critical Assessment of the STEP Standardization. *SIGMOD Record*, 23(4):3–7, Dezember 1994.

[Wei89]   G. Weikum. Set–Oriented Disk Access to Large Complex Objects. In *5th Int. Conf. on Data Engineering*, S. 426–433, Los Angeles, CA, Februar 1989.

[Wil95]   P. R. Wilson. EXPRESS Tools and Services. Technischer Bericht, NIST, Gaithersburg, MD, September 1995.

[Win93]   D. Winkelmann. Rechtssicherheit für CAD–Archive. *CAD/CAM–Journal*, (1):104–105, 1993.

[Win94]   R. Winter. The Future of Very Large Database. *Database Programming and Design*, 7(12):27–31, 1994.

[Win96]   K. Wind. Integration von Archivspeicher in Datenbanksysteme – Allgemeine Konzepte und eine POSTGRES–basierte Realisierung. Diplomarbeit, IBM WZH / Universität Mannheim, Januar 1996.

[WKVB95]   S. Wiesener, W. Kowarschick, P. Vogel, R. Bayer. Semantic Hypermedia Retrieval in Digital Libraries. In *Advances in Digital Libraries (ADL'95)*, McLean, VA, Mai 1995. Springer–Verlag.

[Wol96]   D. Wollscheid. Entwurf und Implementierung eines STEP–OODBS. Diplomarbeit, Universität Kaiserslautern, Juli 1996.

[YC95]   A. Yu, J. Chen. The POSTGRES95 User Manual. University of California at Berkeley, September 1995.

[Zab90]   P. Zabback. Optische und magneto–optische Platten in File– und Datenbanksystemen. *Informatik-Spektrum*, 13(5):260–275, 1990.

[Zab94]   P. Zabback. *I/O–Parallelität in Datenbanksystemen – Entwurf, Implementierung und Evaluation eines Speichersystems für Disk–Arrays*. Dissertation, ETH Zürich, April 1994.

[Zep93]   G. Zepf. Handelsrechtliche Fragen beim Einsatz von Imaging–Systemen. In A. Bölscher (Hrsg.), *Imaging*, S. 107–116. Oldenbourg–Verlag, München, 1993.

[ZM90]   S. B. Zdonik, D. Maier (Hrsg.). *Readings in Object–Oriented Database Systems*. Morgan Kaufmann, San Mateo, CA, 1990.

[ZPD90]   P. Zabback, H.-B. Paul, U. Deppisch. Office Documents on a Database Kernel – Filing, Retrieval, and Archiving. In *5th Conf. on Office Information Systems*, S. 261–270, Cambridge, April 1990.

Springer und Umwelt

Als internationaler wissenschaftlicher Verlag sind wir uns unserer besonderen Verpflichtung der Umwelt gegenüber bewußt und beziehen umweltorientierte Grundsätze in Unternehmensentscheidungen mit ein. Von unseren Geschäftspartnern (Druckereien, Papierfabriken, Verpackungsherstellern usw.) verlangen wir, daß sie sowohl beim Herstellungsprozess selbst als auch beim Einsatz der zur Verwendung kommenden Materialien ökologische Gesichtspunkte berücksichtigen.
Das für dieses Buch verwendete Papier ist aus chlorfrei bzw. chlorarm hergestelltem Zellstoff gefertigt und im pH-Wert neutral.

Springer